창의력
논리력
사고력 UP

게임으로 배우는
스크래치
2.0

게임으로 배우는
스크래치 2.0

발 행 일	2014년 12월 5일(1판 1쇄)
개 정 일	2019년 1월 3일(1판 15쇄)
I S B N	978-89-8455-834-2(13000)
정 가	10,000원
발 행 처	(주)아카데미소프트
발 행 인	유성천
주 소	경기도 파주시 정문로 588번길 24
대표전화	02)3463-5000
대표팩스	02)3463-0400
홈페이지	www.academysoft.co.kr

구성

이런 내용으로 구성되어 있어요!

스크래치 2.0의 다양한 기능들을 학습할 수 있도록 구성하였습니다.

완성작품 미리보기 다 함께 읽어봅시다.

각 차시별로 배울 내용에 대한 간단한 기능 설명과 함께 완성된 이미지를 보여줍니다.

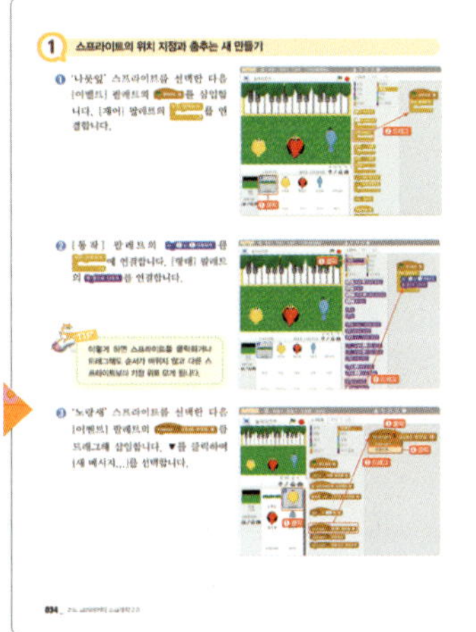

쉽게 따라하기

각 차시에서 배울 내용을 재미있는 예제를 통해 쉽게 따라하며 배울 수 있습니다.

연습문제

각 차시가 끝나면 앞에서 배운 내용을 변형 또는 추가하여 변화된 결과를 확인하는 코딩 문제를 제공합니다.

차례

01 키보드로 조정하는 헬리콥터 만들기 · 6
1 스크래치의 전체 화면
2 X와 Y좌표를 위한 배경 삽입하기
3 새로운 스프라이트 만들기
4 스프라이트 위치 정하기
5 키보드로 스프라이트 움직이기
6 프로젝트 저장하기

02 마우스를 따라 다니는 고양이 · 14
1 배경 불러오기
2 마우스를 따라 움직이는 생쥐 만들기
3 생쥐를 따라다니는 고양이 만들기

03 선생님 몰래 춤추기 ❶ · 21
1 배경과 캐릭터 삽입하기
2 배경 음악 삽입하기
3 스페이스를 눌렀을 때 춤추기

04 선생님 몰래 춤추기 ❷ · 27
1 선생님 스프라이트
2 스프라이트 모양 확인하기

05 숲속의 연주 · 33
1 스프라이트의 위치 지정과 춤추는 새 만들기
2 스프라이트를 클릭했을 때 소리내기
3 스프라이트 복사하기

06 풍선런 · 40
1 스프라이트의 위치 지정하기
2 풍선이 굴러가는 모양 만들기
3 압정에 닿으면 터지게 만들기
4 풍선이 뛰어오르는 모양 코딩하기
5 그림자 크기 바꾸기

07 달걀받기 · 48
1 왼쪽과 오른쪽으로 움직이는 늑대 코딩하기
2 여러 개의 달걀이 나오도록 코딩하기
3 양을 따라다니는 바구니 코딩하기
4 키보드로 움직이는 '양' 스프라이트 코딩하기

08 양궁 ❶ · 56
1 게임 준비하기
2 과녁을 왼쪽과 오른쪽으로 움직이기
3 선수 모양 바꾸기

09 양궁 ❷ · 63
1 화살 움직이기
2 준비를 받았을 때 화살 숨기기
3 점수 계산하기

10 두더지잡기 ❶ · 69
1 게임 준비하기
2 마우스를 따라다니는 망치

11 두더지잡기 ❷ · 74
1 뛰어오르는 두더지 만들기
2 두더지가 망치에 맞았는지 확인하기
3 스프라이트 복사하기

12 늑대와 풍선 ❶ · 80
1 게임 준비하기와 [병아리] 준비하기
2 풍선을 따라 하늘로 올라가기
3 풍선이 터지면 떨어지는 병아리 코딩하기

13 늑대와 풍선 ❷ · 86

❶ 키보드로 움직이는 양 코딩하기
❷ 풍선 코딩하기
❸ 화살 코딩하기와 게임 준비하기

14 레이싱 · 95

❶ 자동차의 시작위치 지정과 변수 만들기
❷ 키보드를 누르면 앞/뒤로 움직이기
❸ 복사하여 코딩 수정하기
❹ 왼쪽과 오른쪽으로 회전하기
❺ '통과불과' 스프라이트에 부딪혔을 때
　　이전 위치로 돌아가기

15 허들게임 ❶ · 103

❶ 게임 준비하기
❷ 달리는 모양 코딩하기
❸ 뛰어넘는 모양 코딩하기

16 허들게임 ❷ · 109

❶ 넘어지는 모양 코딩하기
❷ 허들 움직이기
❸ 게임을 시작하기 위한 카운터 만들기

17 눈싸움 ❶ · 115

❶ 게임 준비하기
❷ '눈사람' 스프라이트 코딩하기
❸ 스크립트를 복사하여 수정하기

18 눈싸움 ❷ · 122

❶ 눈 던지는 사람 모양 코딩하기
❷ 날아가는 눈덩이 코딩하기
❸ 마우스를 따라 디니는 괴녁

19 러시아워 ❶ · 129

❶ 내자동차의 왼쪽과 오른쪽이 비어있는지 확인하기
❷ '내자동차' 스프라이트를 오른쪽으로 이동하기
❸ '내자동차' 스프라이트를 왼쪽으로 이동하기

20 러시아워 ❷ · 136

❶ 위/아래에 빈 부분이 있는지 확인하기
❷ 위/아래로 움직이기
❸ 왼쪽과 오른쪽으로 움직이는 자동차
❹ 다른 차 코딩하기

21 우주여행 ❶ · 145

❶ 게임 준비하기
❷ 아이템과 유성을 표시하기
❸ 점수에 따라 유성이 떨어지는 속도 바꾸기
❹ 우주선 코딩하기
❺ 유성과 닿으면 에너지 감소하기

22 우주여행 ❷ · 154

❶ 우주선을 향해 날아오는 유성
❷ 위에서 아래로 내려오는 유성
❸ 속도를 줄이는 아이템
❹ 유성을 모두 숨기는 아이템

23 헤드축구 ❶ · 164

❶ 키보드를 누르면 움직이는 공격수
❷ 공격수머리를 따라다니는 공격수몸
❸ 이리저리 튀는 축구공
❹ 축구공이 공격수, 수비수, 골대에 맞으면 팅기기

24 헤드축구 ❷ · 173

❶ 수비수 머리 코딩하기
❷ 공이 가까이 오면 뛰기
❸ 수비수머리를 따라다는 몸
❹ 골인되면 점수 올리기
❺ 점수판 만들기

01 키보드로 조정하는 헬리콥터 만들기

무선 조정 헬리콥터처럼 키보드로 조정하는 헬리콥터를 만들어 보겠습니다. 그리고 스크래치에서 스프라이트의 위치를 지정하는 방법에 대해서도 알아보겠습니다.

학습목표

- 배경 라이브러리를 이용하여 무대를 꾸밀 수 있습니다.
- 스프라이트를 추가하고 명령 블록을 이용하여 코딩할 수 있습니다.

- **완성 파일** : 헬리콥터(완성).sb2
- **사용 방법** : ↑ 키(위로 이동)과 ↓ 키(아래로 이동)를 이용하여 헬리콥터를 조정합니다.

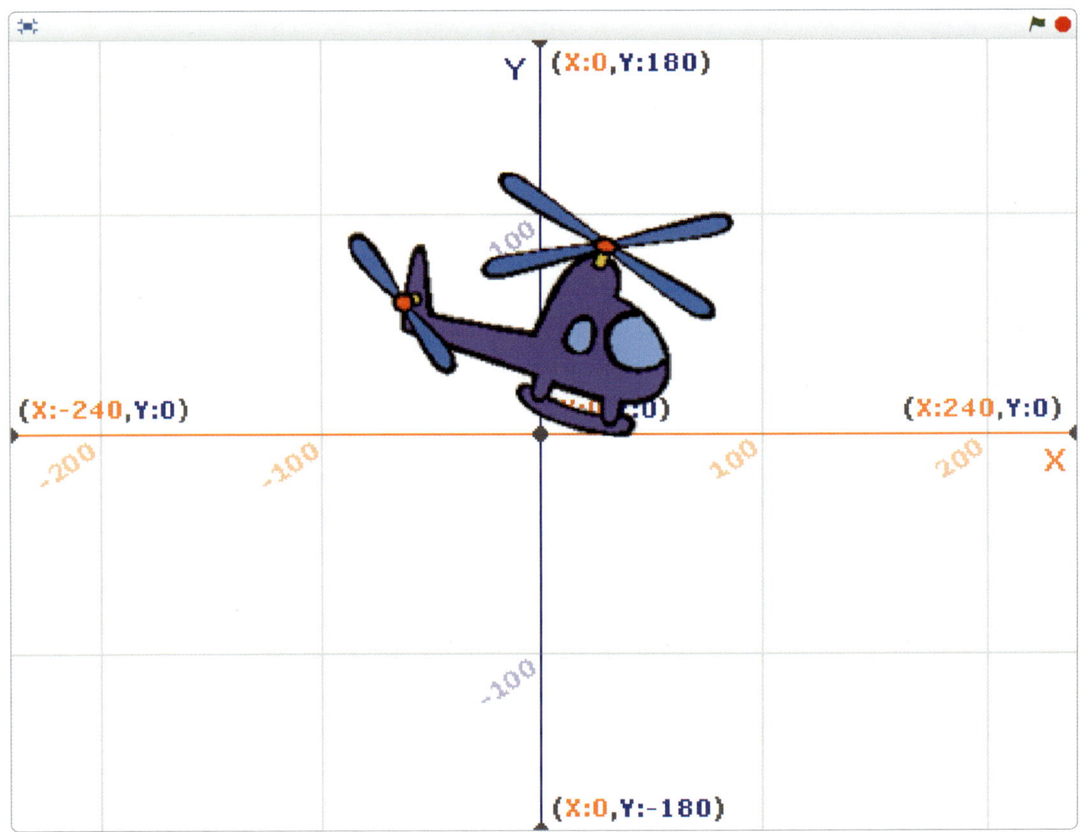

스크래치 화면은 다양한 요소로 구성되어 있습니다. 복잡해 보일 수 있지만 알고 나면 쉽게 프로그램을 작성할 수 있습니다.

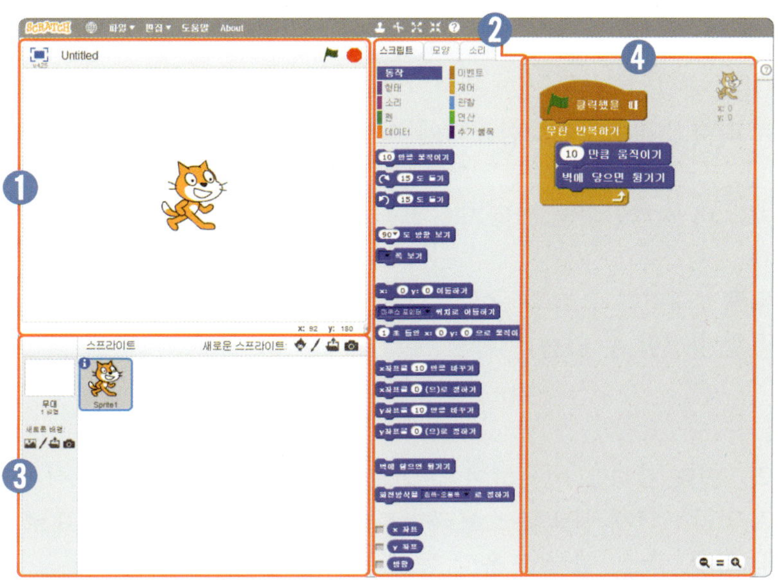

❶ **무대** : 만든 프로그램을 확인하는 곳입니다.
① [화면 확대(▣)] 버튼 : 무대를 전체 화면으로 표시합니다.
② [실행(▶)] 버튼 : 완성된 프로그램을 실행합니다.
③ [정지(●)] 버튼 : 실행 중인 프로그램을 일시 정지합니다.
④ 미리보기 : 스프라이트의 위치를 임의로 지정하거나 스프라이트가 동작하는 모양을 미리 볼 수 있습니다.
⑤ 마우스 포인터 위치 : 현재 마우스 포인터의 x 좌표와 y 좌표가 표시됩니다.

❷ **팔레트 영역**
① 영역 탭
  • [스그립트 탭] : 필레드에서 명령 블록을 끌어다 놓아 코딩을 할 수 있습니다.
  • [모양 탭] : 스프라이트에서 사용할 그림을 편집할 수 있습니다.
  • [소리 탭] : 스프라이트에서 사용할 소리를 편집할 수 있습니다.
② 팔레트 : 프로그래밍을 위한 10개의 팔레트가 있으며, 팔레트 이름을 클릭하면 팔레트 내의 명령 블록이 표시됩니다.

❸ **스프라이트 영역** : 무대에 삽입된 배경과 캐릭터, 소품 등이 표시됩니다.
① 무대 : 프로그램의 배경이 되는 곳으로 위치를 이동하거나 이름을 바꿀 수 없습니다.
  • 무대에 포함된 배경의 개수가 표시됩니다.
② 새로운 배경
  • 라이브러리에서 무대 선택 : 스크래치에서 기본으로 제공되는 라이브러리에서 무대 배경을 골라 사용할 수 있습니다.
  • 배경 새로 그리기 : 새로운 무대 배경 스프라이트를 직접 그릴 수 있습니다.

- 배경 파일 업로드하기 : 컴퓨터에 저장되어 있는 이미지를 업로드하여 무대 배경으로 사용할 수 있습니다.
  - 카메라로부터 새로운 배경 만들기 : 컴퓨터에 장착된 웹캠으로 사진을 찍어 배경으로 사용할 수 있습니다.
③ 새로운 스프라이트 버튼
  - 라이브러리에서 스프라이트 선택 : 스크래치에서 기본으로 제공되는 라이브러리에서 스프라이트 모양을 골라 사용할 수 있습니다.
  - 새 스프라이트 색칠 : 새로운 스프라이트를 직접 그릴 수 있습니다.
  - 스프라이트 파일 업로드하기 : 컴퓨터에 저장되어 있는 이미지를 업로드하여 스프라이트로 사용할 수 있습니다.
  - 카메라로부터 새 스프라이트 만들기 : 컴퓨터에 장착된 웹캠으로 사진을 찍어 스프라이트를 만들 수 있습니다.
④ 스프라이트 목록 : 캐릭터와 소품들이 표시되는 공간으로 원하는 스프라이트를 클릭하여 스크립트나 모양, 소리 등을 지정할 수 있습니다.

❹ 스크립트 영역

① 스크립트 영역 : 명령 블록을 이용하여 코딩을 작성할 수 있습니다.
  - 스프라이트 위치 : 현재 선택된 스프라이트의 위치가 x 좌표와 y 좌표로 표시됩니다.
  - 복사, 삭제, 확대, 축소, 블록 도움말 등이 표시됩니다.
② 스프라이트 도구 막대 : 스크립트 영역을 확대하거나 축소할 수 있습니다.

2 X와 Y좌표를 위한 배경 삽입하기

❶ 필요없는 스프라이트를 삭제하기 위해 'Sprite1' 스프라이트(고양이)에서 마우스 오른쪽 단추를 눌러 [삭제]를 선택합니다.

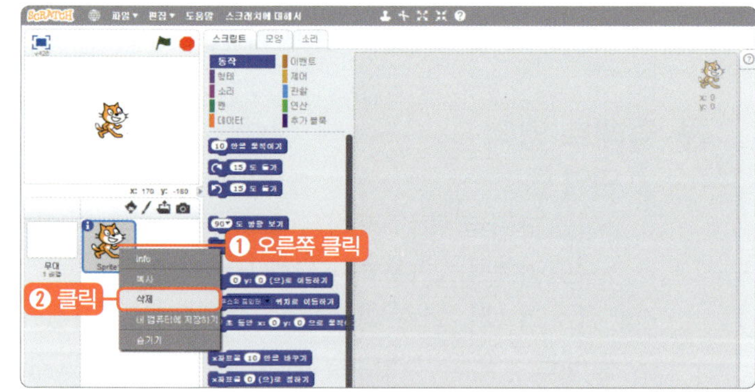

❷ 새로운 배경의 '저장소에서 배경 선택( )'을 클릭합니다.

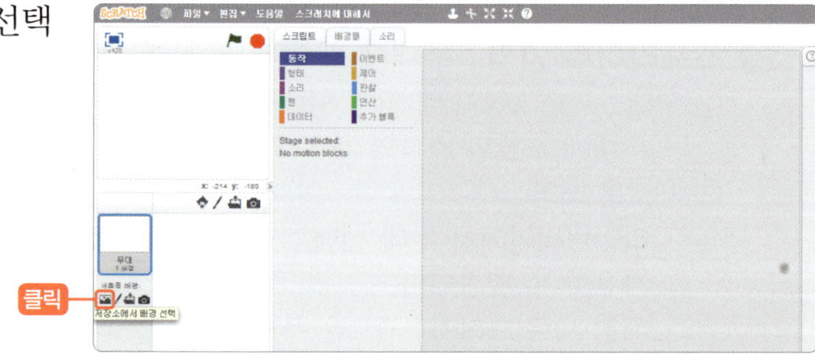

❸ [배경 저장소] 창이 나타나면 화면을 아래로 드래그해 'xy-grid'를 선택한 다음 [확인]을 클릭합니다

❹ 새로운 배경이 나타납니다. 필요없는 배경을 삭제하려면 [배경] 탭에서 삭제할 배경을 클릭한 후, 마우스 오른쪽 단추를 눌러 [삭제]를 선택합니다.

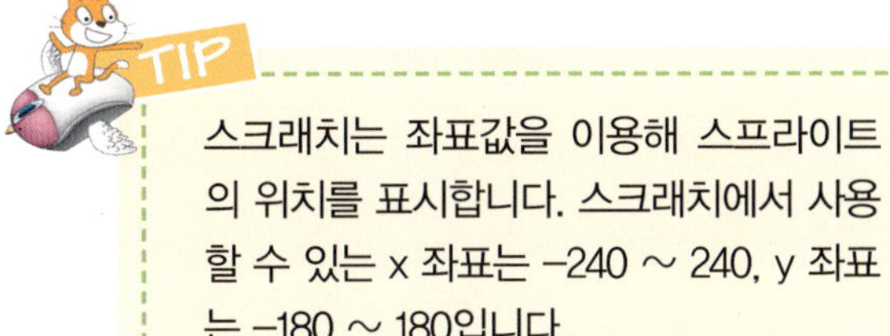

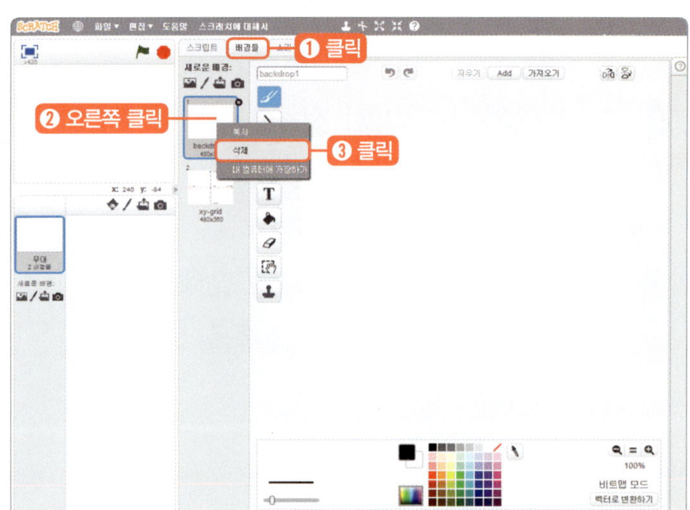

TIP

스크래치는 좌표값을 이용해 스프라이트의 위치를 표시합니다. 스크래치에서 사용할 수 있는 x 좌표는 −240 ~ 240, y 좌표는 −180 ~ 180입니다.

❸ 새로운 스프라이트 만들기

❶ 새로운 스프라이트를 추가하기 위해 스프라이트 영역의 '저장소에서 스프라이트 선택(   )'을 클릭합니다.

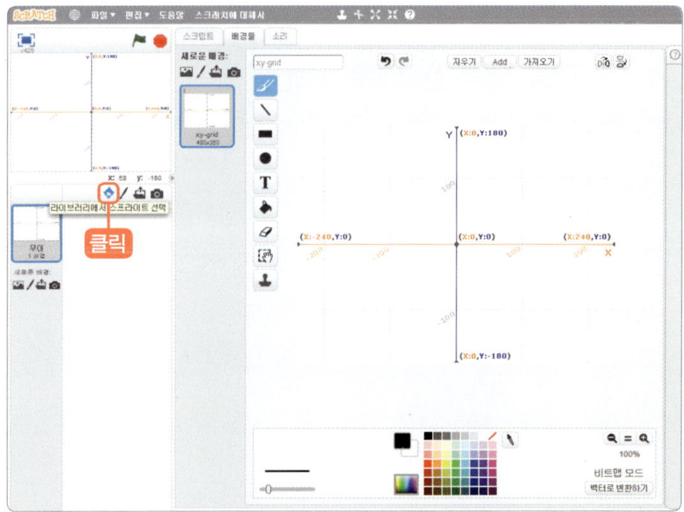

❷ [스프라이트 저장소] 창이 나타나면 'Helicopter'를 선택하고 [확인]을 클릭합니다.

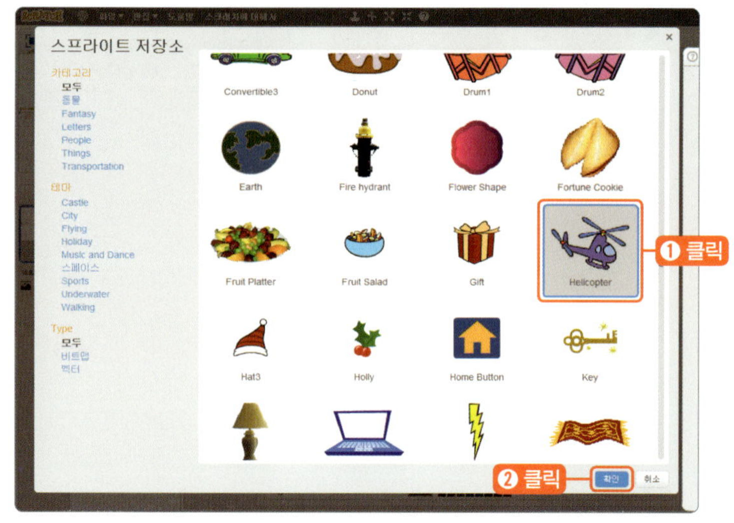

4 스프라이트 위치 정하기

❶ [스크립트] 탭을 클릭한 다음 [이벤트]를 클릭합니다. [이벤트] 팔레트가 나타나면 클릭했을 때 명령 블록을 드래그합니다.

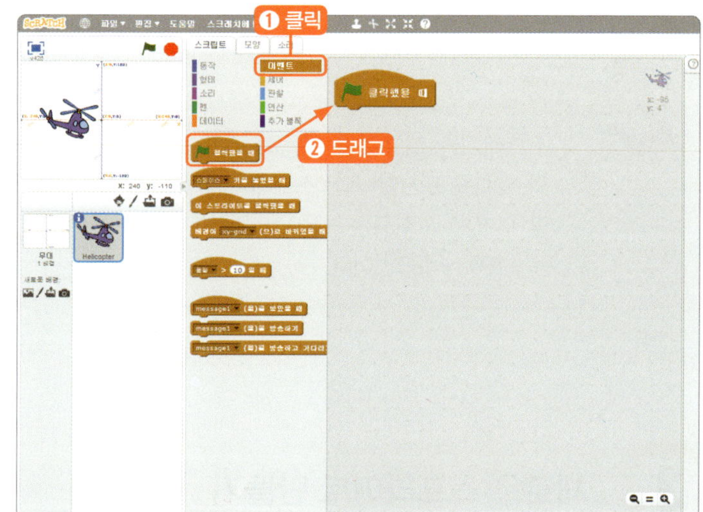

❷ [동작] 팔레트를 클릭하여 x: 0 y: 0 이동하기 명령 블록을 드래그해 그림과 같이 연결한 다음 값을 '0, 0'으로 변경해 줍니다.

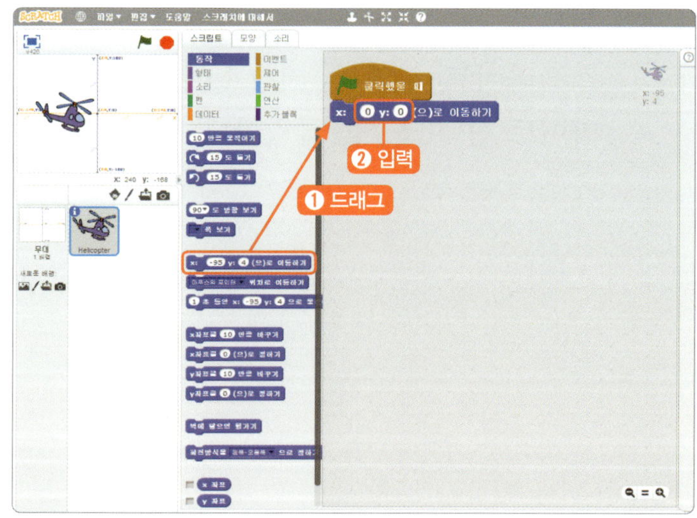

❸ 무대에서 'Helicopter' 스프라이트를 드래그해 위치를 변경한 다음 [실행(🏳)] 버튼을 클릭합니다.

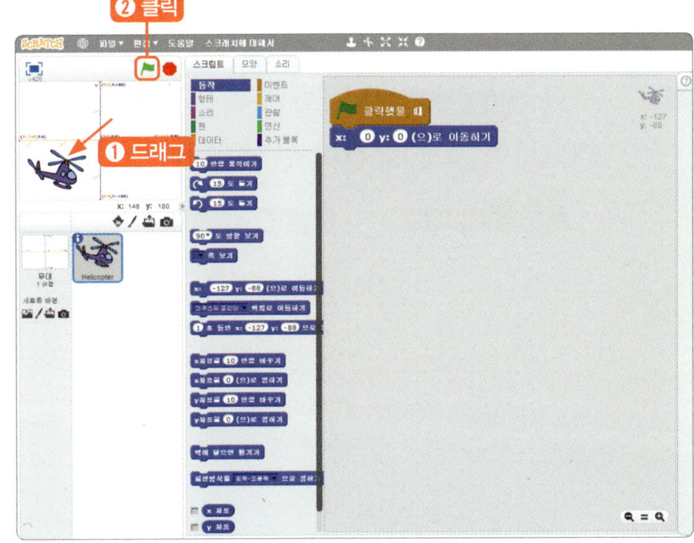

❹ 'Helicopter' 스프라이트가 무대의 가운데인 x: 0, y: 0으로 이동한 것을 확인합니다.

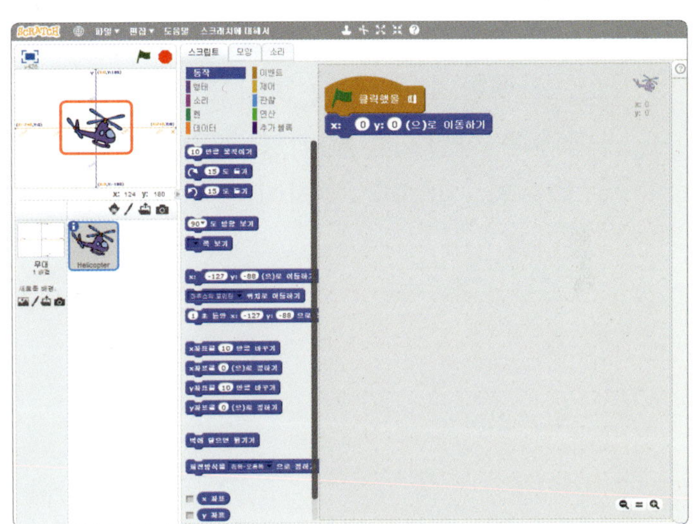

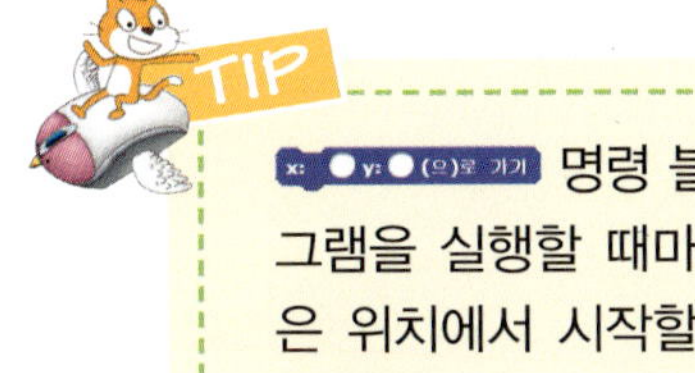

TIP

x: ● y: ● (으)로 가기 명령 블록을 이용하면 프로그램을 실행할 때마다 스프라이트가 같은 위치에서 시작할 수 있도록 만들 수 있습니다.

⑤ 키보드로 스프라이트 움직이기

❶ [이벤트] 팔레트의 스페이스▼ 키를 눌렀을 때 명령 블록을 드래그합니다. 스페이스▼ 키를 눌렀을 때 명령 블록의 ▼를 클릭하여 '위쪽 화살표'를 선택합니다. 이어서, [동작]을 클릭한 후 y좌표를 ● 만큼 바꾸기 명령 블록을 드래그해 그림과 같이 연결합니다.

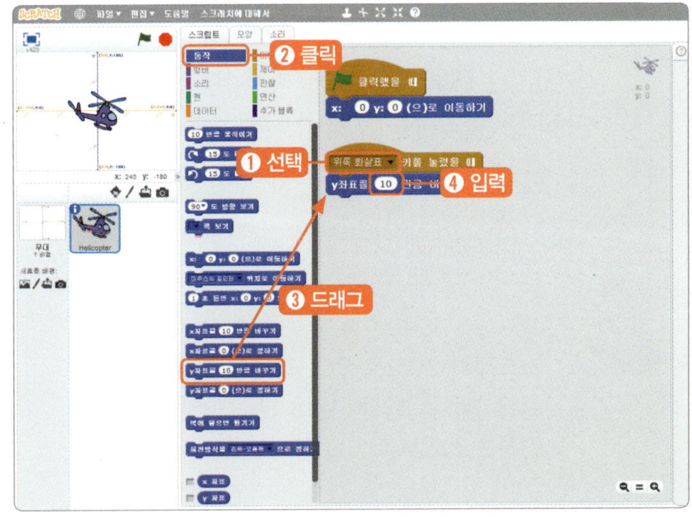

❷ 동일한 방법으로 명령 블록과 명령 블록을 각각 드래그하여 그림과 같이 연결합니다.

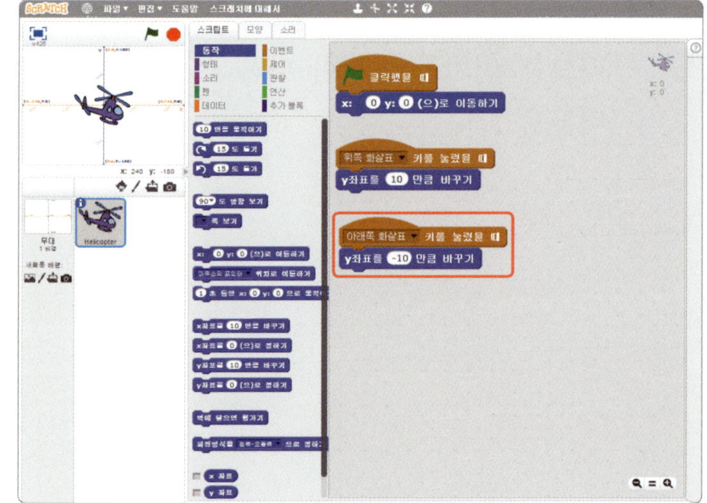

❸ [실행(⚑)] 버튼을 클릭하여 프로그램을 실행한 다음 위쪽 화살표 (↑)키와 아래쪽 화살표 (↓)키를 눌러 헬리콥터가 위·아래로 움직이는 것을 확인합니다.

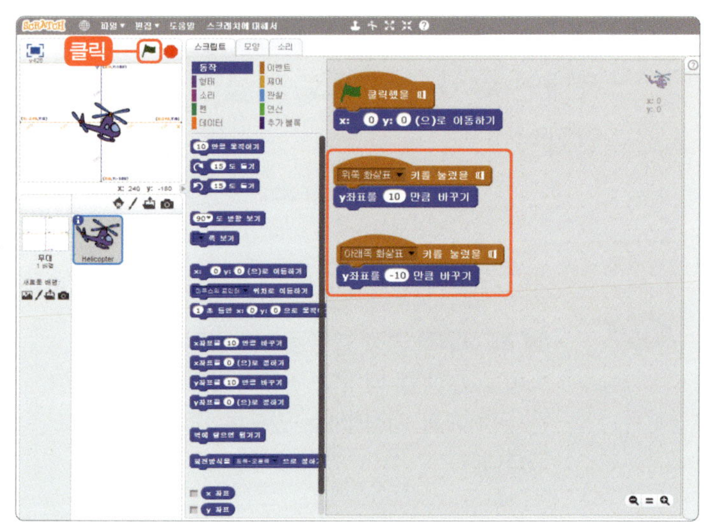

⑥ 프로젝트 저장하기

❶ [파일]-[저장하기] 명령을 클릭합니다. [Save Project] 대화상자가 나타나면 저장할 폴더를 선택합니다. 파일 이름을 입력하고 [저장]을 클릭하여 프로젝트를 저장합니다.

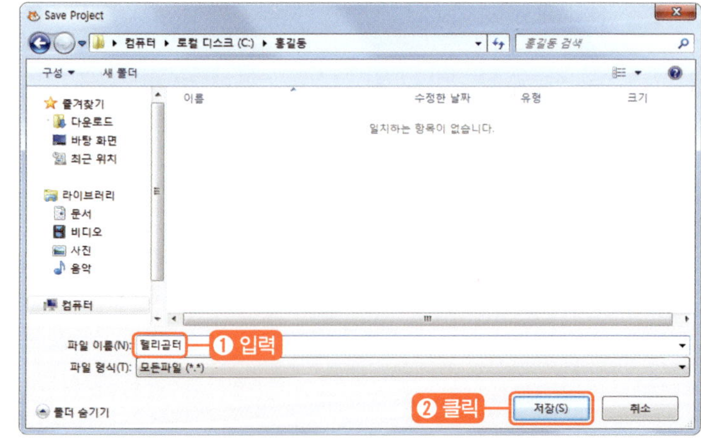

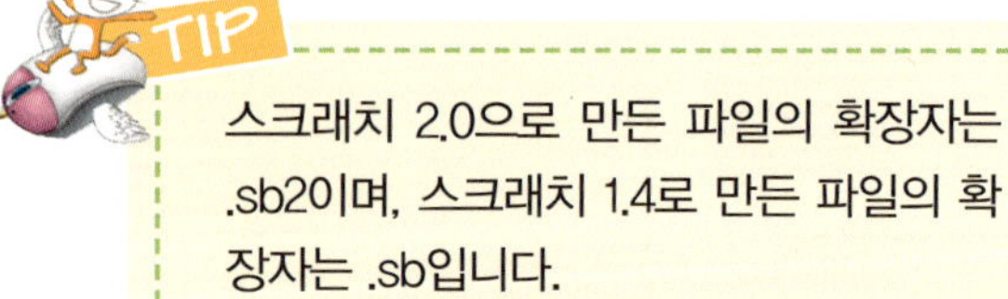

> **TIP**
> 스크래치 2.0으로 만든 파일의 확장자는 .sb2이며, 스크래치 1.4로 만든 파일의 확장자는 .sb입니다.

연습 문제

01 오른쪽 화살표(→) 키를 눌렀을 때 헬리콥터를 오른쪽으로 움직이게 하고, 왼쪽 화살표(←) 키를 눌렀을 때 헬리콥터를 왼쪽으로 움직이게 하도록 코딩해 보세요.

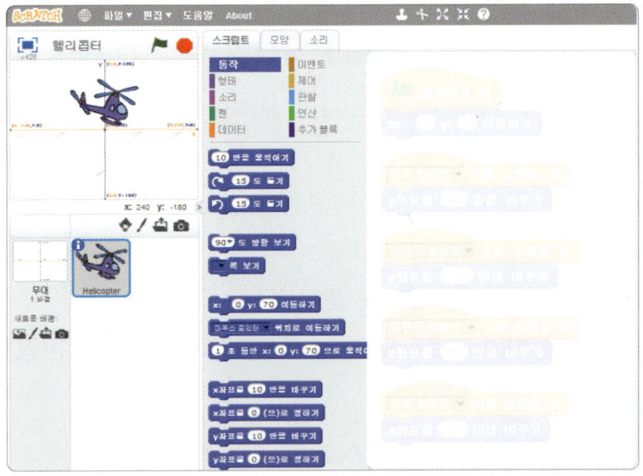

02 헬리콥터가 왼쪽으로 움직일 때는 왼쪽을 바라보고, 오른쪽으로 움직일 때는 오른쪽을 바라보도록 만들려면 어떻게 해야 될까요?

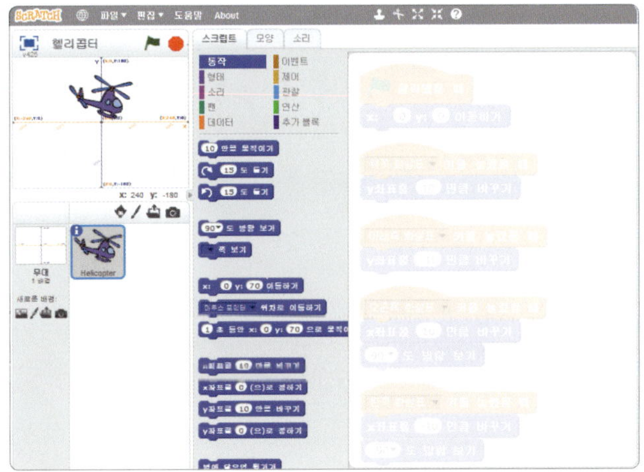

TIP

헬리콥터를 왼쪽으로 움질일 때 왼쪽을 바라보는 모양이 다음과 같이 뒤집혀서 나올 경우 'Helicopter' 스프라이트의 ⓘ를 클릭한 후, 회전 방식을 '↔'로 변경해 줍니다.

▲ ← 키를 누를 때 헬리콥터가 뒤집혀서 나올 경우

02 마우스를 따라 다니는 고양이

스프라이트는 마우스 포인터로도 위치를 바꿀 수 있으며, 스프라이트가 마우스 포인터 위치를 보고 따라 움직일 수 있게 만들 수도 있습니다. 그럼 지금부터 마우스 포인터를 따라다니는 고양이를 만들어 보겠습니다.

학습목표

- 준비된 스프라이트나 배경을 불러올 수 있습니다.
- 특정 스프라이트가 이동하는 데로 따라다니는 스프라이트를 만들 수 있습니다.

- **예제 파일** : 배경.svg, 고양이.svg, 생쥐.svg
- **완성 파일** : 생쥐를 따라다니는 고양이(완성) .sb2
- **사용 방법** : 마우스를 움직이는 데로 생쥐가 이동하며 생쥐를 잡기 위해 고양이가 자동으로 따라오게 됩니다.

1 배경 불러오기

❶ 이미 만들어져 있는 배경 파일을 불러오기 위해 [배경 파일 업로드하기(📤)]를 클릭합니다. [업로드할 파일을 선택] 대화상자가 나타나면 '배경.svg' 파일을 선택하고 [열기]를 클릭합니다.

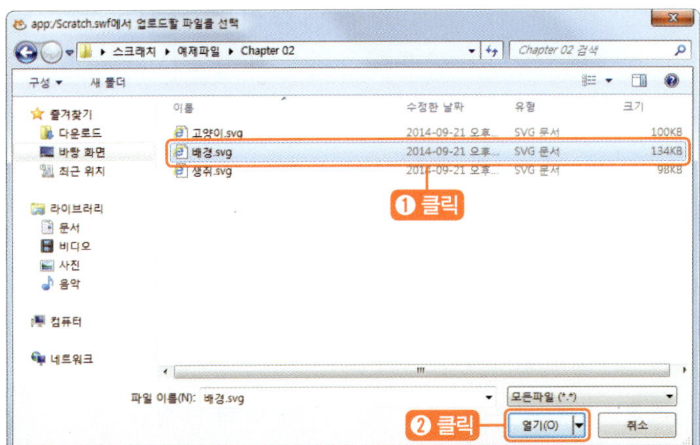

❷ 새로운 배경이 삽입됩니다.

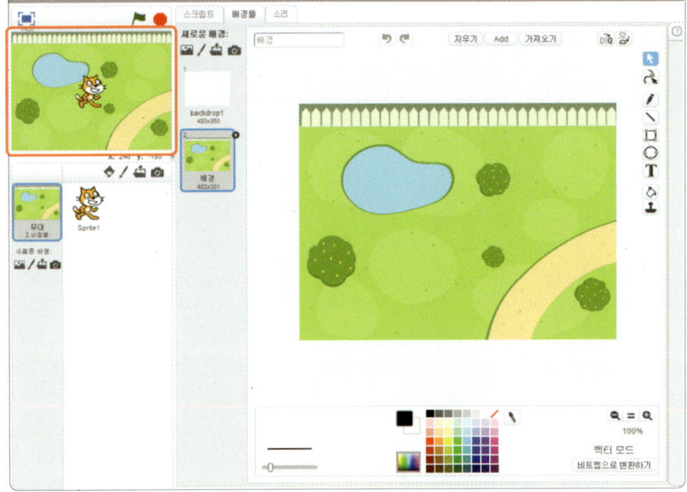

삽입된 배경이 무대보다 작거나 크면 선택하기(🖱)를 클릭하여 삽입된 그림을 선택하고 모서리를 드래그하여 크기를 조절합니다.

❸ 필요 없는 스프라이트를 삭제하기 위해 'Sprite1' 스프라이트(고양이)에서 마우스 오른쪽 단추를 눌러 [삭제]를 선택합니다.

❹ 고양이 그림을 불러오기 위해 스프라이트 영역 위쪽의 [스프라이트 파일 업로드하기(📤)]를 클릭합니다. [업로드할 파일을 선택] 대화상자가 나타나면 '고양이.svg' 파일을 선택하고 [열기]를 클릭합니다.

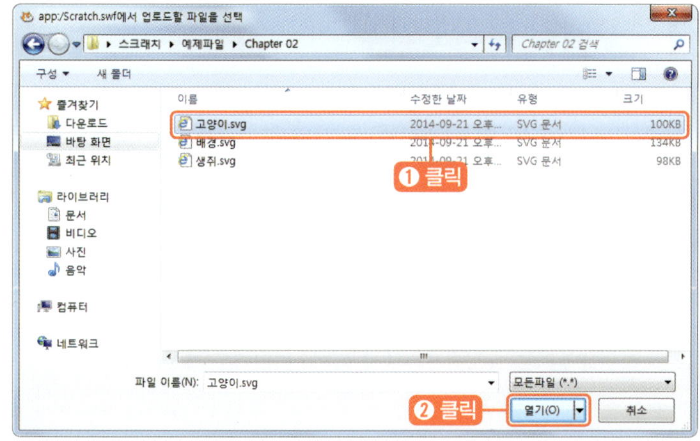

❺ 새로운 스프라이트가 삽입됩니다.

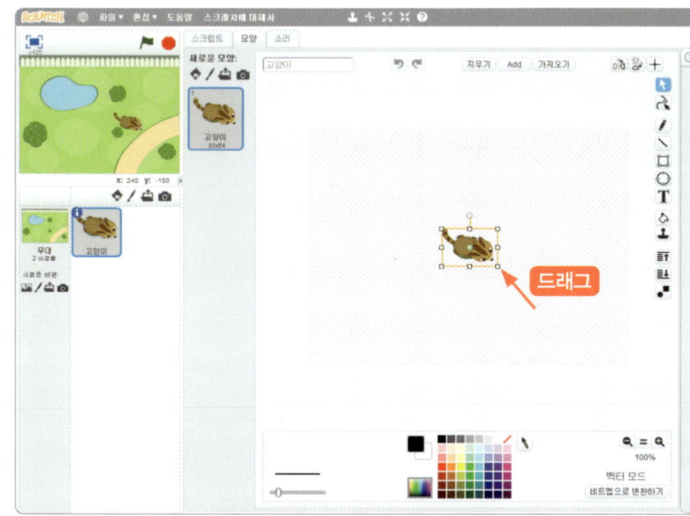

> **TIP**
> 스프라이트의 크기를 바꾸려면 [모양] 탭을 선택합니다. 선택하기(🔺)를 클릭한 후 모서리를 드래그하여 크기를 조정합니다.

❻ 동일한 방법으로 '생쥐' 그림 파일을 불러옵니다.

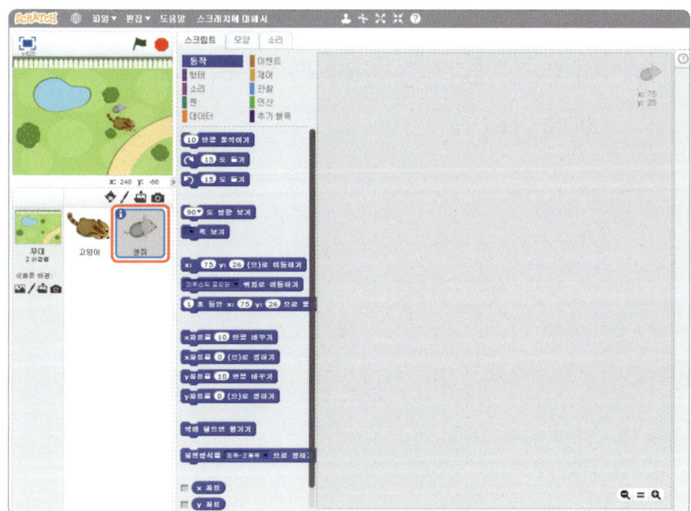

2 마우스를 따라 움직이는 생쥐 만들기

❶ '생쥐' 스프라이트를 선택한 후 [스크립트] 탭을 선택합니다. [이벤트] 팔레트의 명령 블록을 드래그합니다.

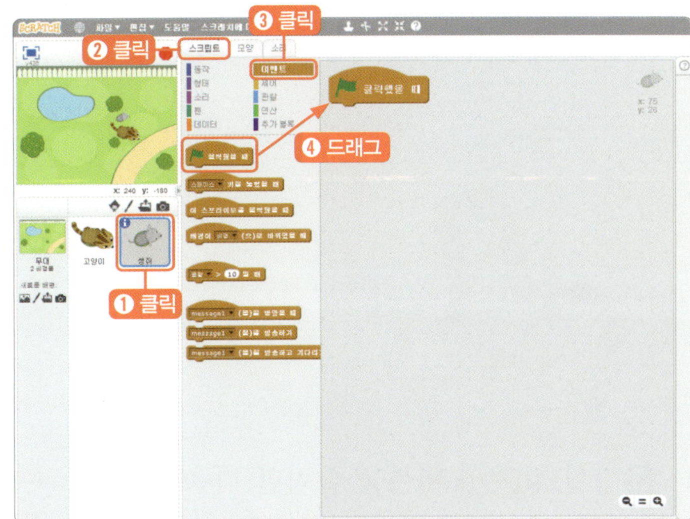

❷ [제어] 팔레트의 명령 블록을 연결합니다.

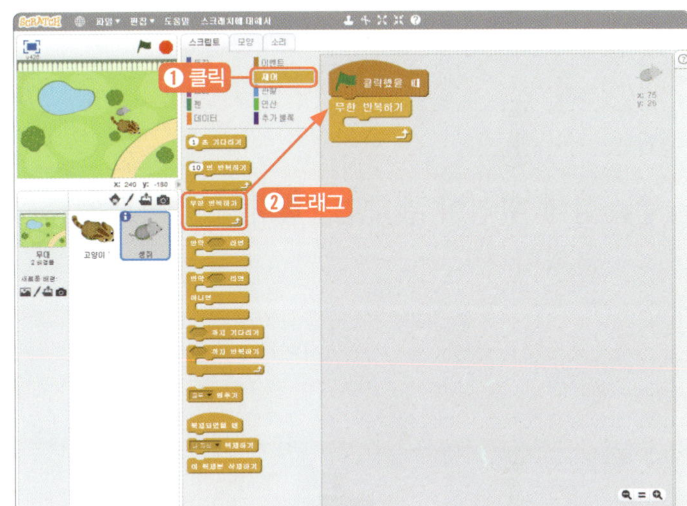

TIP

무한 반복하기는 블록 안에 있는 명령 블록을 프로그램이 종료될 때까지 계속 반복하여 실행합니다.

❸ [동작] 팔레트의 쪽 보기 명령 블록을 무한 반복하기 명령 블록 안에 연결합니다. ▼를 클릭하여 [마우스의 포인터]를 선택합니다.

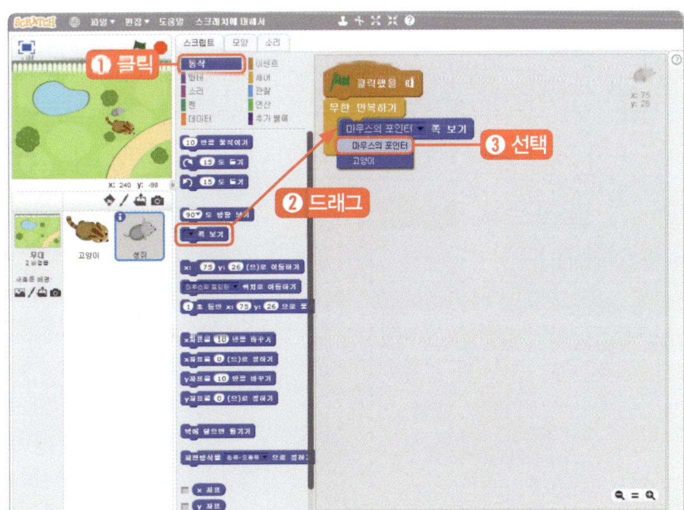

④ 마우스의 포인터 ▼ 위치로 이동하기 명령 블록을
마우스의 포인터 ▼ 쪽 보기 명령 블록 아래에 연결합
니다.

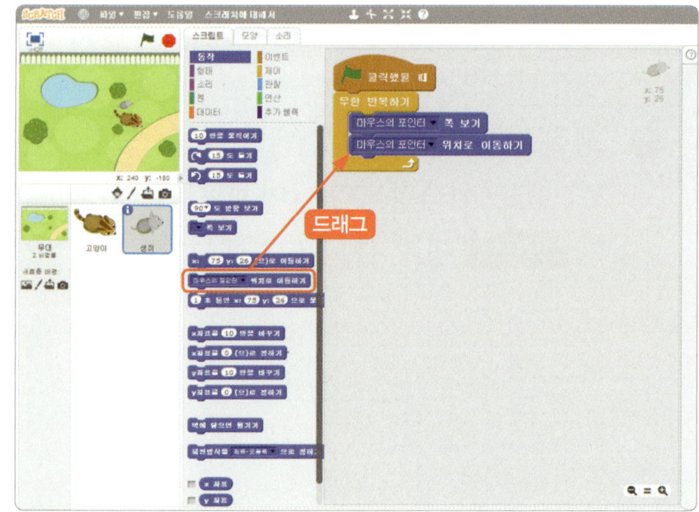

⑤ [실행(🏳)] 버튼을 클릭한 다음 마우스
를 이리저리 움직이면 생쥐가 마우스
포인터를 따라 다닙니다.

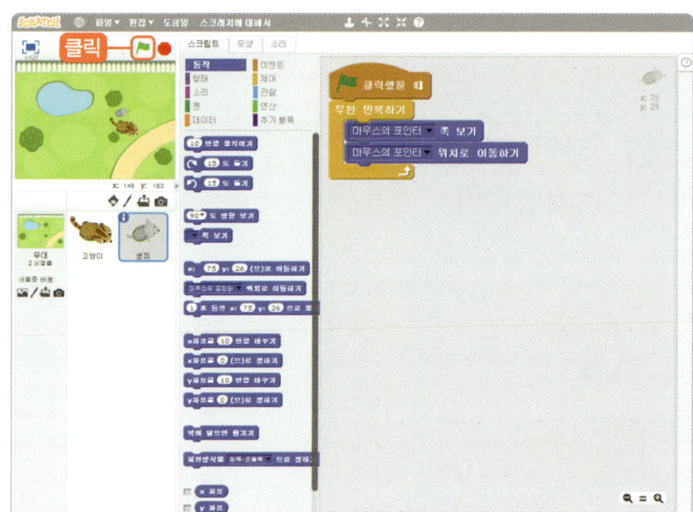

⑥ 실행 확인이 끝나면 [정지(●)] 버튼을
클릭합니다.

3 생쥐를 따라다니는 고양이 만들기

❶ '고양이' 스프라이트를 선택한 다음
[스크립트] 탭을 선택합니다. [이벤트]
팔레트의 클릭했을 때 명령 블록을 삽입합
니다.

❷ [제어] 팔레트의 <무한 반복하기> 명령 블록을
연결합니다.

❸ [동작] 팔레트의 <▼족 보기> 명령 블록을
연결한 다음 ▼를 클릭하여 '생쥐'를
선택합니다.

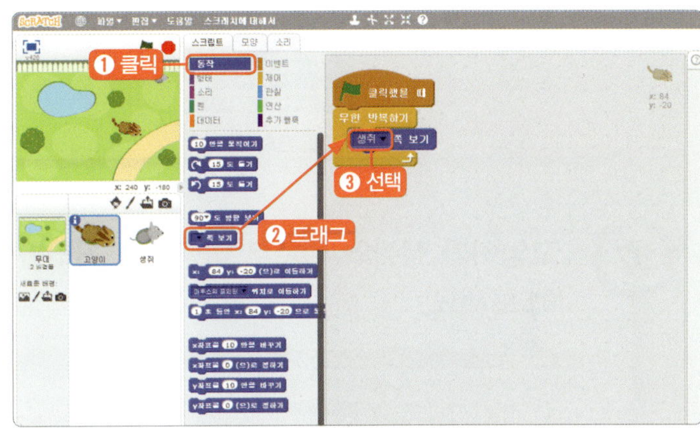

❹ <●만큼 움직이기> 명령 블록을 연결한 다음 '3'
을 입력합니다.

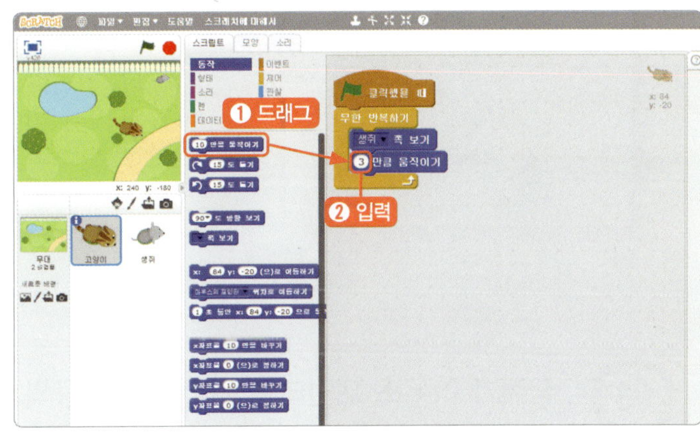

❺ [실행(🚩)] 버튼을 클릭한 다음 마우
스를 이리저리 움직이면 고양이가 생
쥐를 따라 다닙니다.

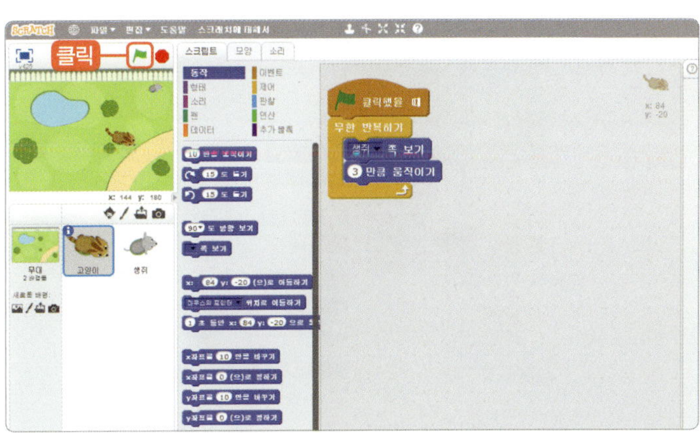

연습 문제

01 고양이가 처음 나타나는 위치를 'x: 0, y: 0'으로 설정해 보세요.

02 고양이가 생쥐의 위치로 이동하는 거리를 '5'로 바꾼 다음 ⚑를 클릭해 프로그램을 실행해 보세요.

03 생쥐가 마우스 포인터의 위치로 '5'만큼씩 이동하도록 코딩해 보세요.

03 선생님 몰래 춤추기 ❶

특정 키를 누르면 학생들이 춤을 추도록 만들어 보겠습니다.

학습목표

- 스프라이트를 삽입할 수 있습니다.
- 음악을 재생할 수 있도록 코딩을 할 수 있습니다.
- 특정 키를 누르면 지정된 동작을 할 수 있습니다.

- **예제 파일 :** 선생님몰래춤추기.sb2
- **완성 파일 :** 선생님몰래춤추기(완성).sb2
- **사용 방법 :** 선생님이 칠판을 보고 있을 때 Space Bar 을 눌러 춤을 추는 게임입니다. 들키면 벌을 서게 됩니다.

1 배경과 캐릭터 삽입하기

❶ 스크래치를 실행한 다음 [파일] 메뉴의 [열기]를 선택합니다.

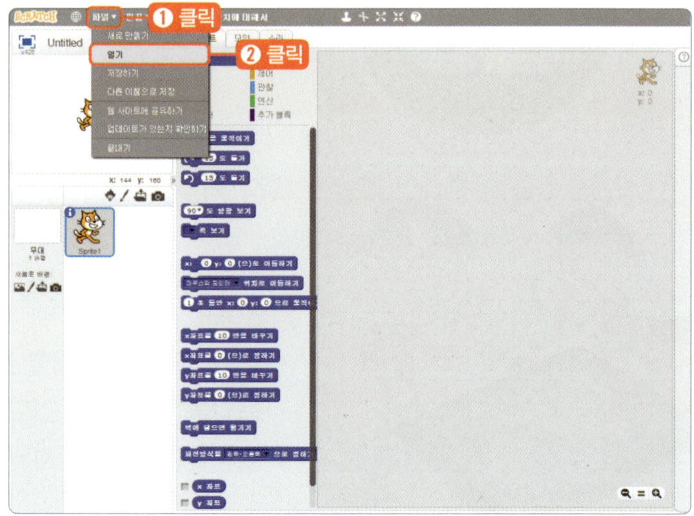

❷ [Open Project] 대화상자가 나타나면 '선생님몰래춤추기.sb2' 파일을 선택하고 [열기]를 클릭합니다.

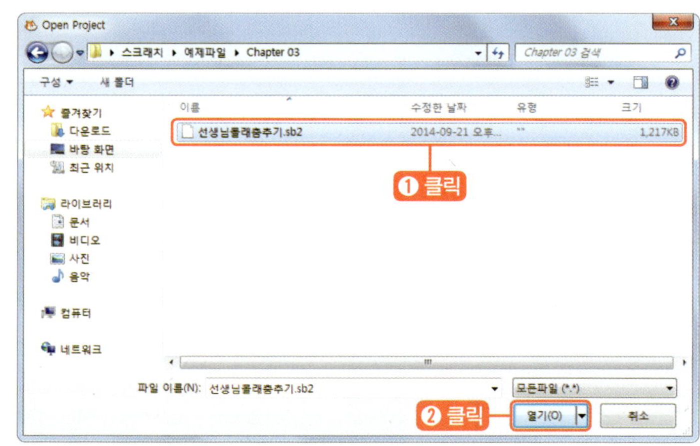

2 배경 음악 삽입하기

❶ 무대를 선택한 다음 [스크립트] 탭을 선택합니다. [이벤트] 팔레트의 [클릭했을 때] 명령 블록을 드래그해 삽입합니다.

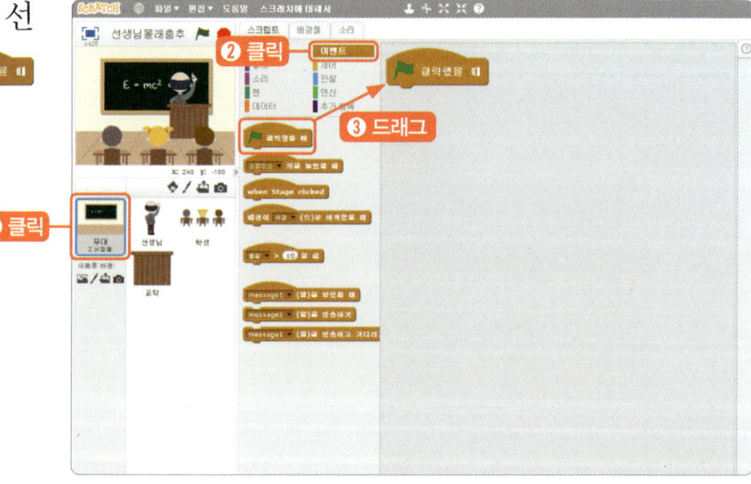

❷ [제어] 팔레트의 ⬛ 명령 블록을 드래그해 연결합니다. [소리] 팔레트의 guitar chords2 끝까지 소리내기 명령 블록을 드래그 해 연결합니다.

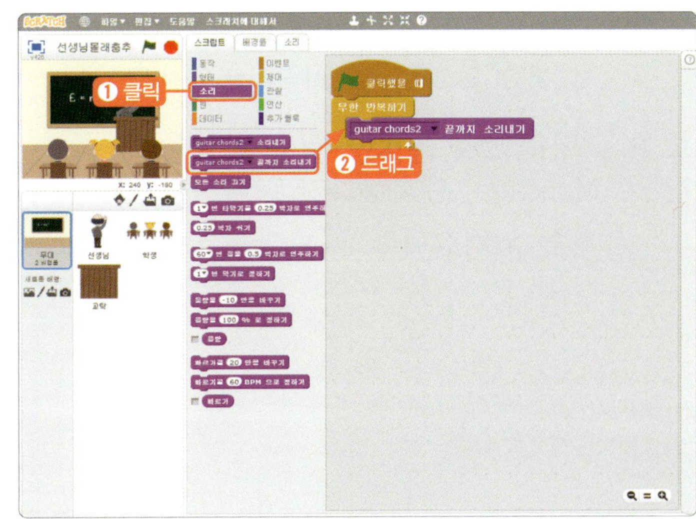

3 스페이스를 눌렀을 때 춤추기

❶ '학생' 스프라이트를 선택한 다음 [이벤트] 팔레트의 클릭했을 때 명령 블록을 드래그해 삽입합니다. [제어] 팔레트의 무한 반복하기 명령 블록을 연결한 다음 만약 라면 아니면 명령 블록을 연결합니다.

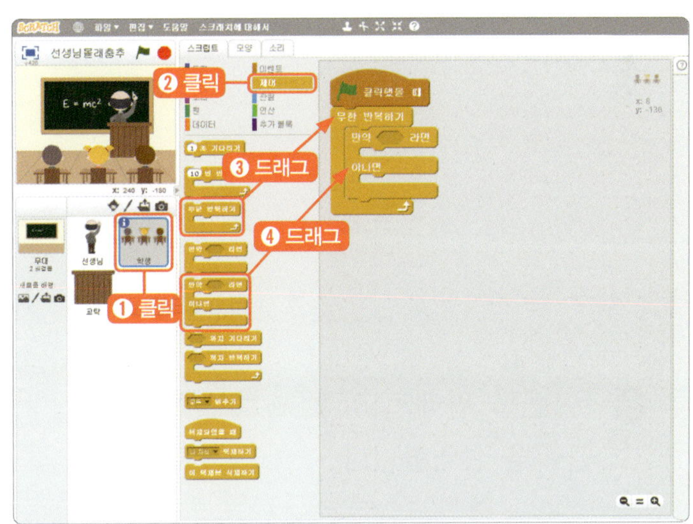

❷ [관찰] 팔레트의 스페이스 키를 눌렀는가? 명령 블록을 조건(만약 ⬡ 라면)에 삽입한 다음 '스페이스'가 맞는지 확인합니다.

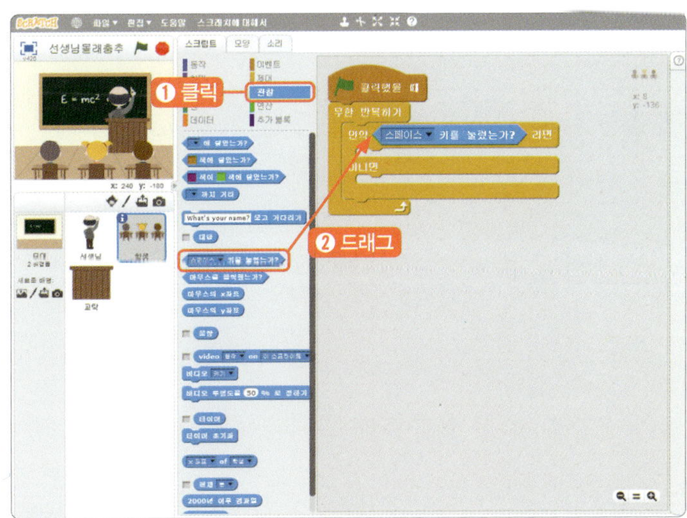

❸ [이벤트] 팔레트의 `message1 ▼ (을)를 방송하기` 명령 블록을 연결한 다음 ▼를 클릭하여 [새 메시지...]를 선택합니다. [New Message] 대화상자가 나타나면 '춤추기'를 입력합니다.

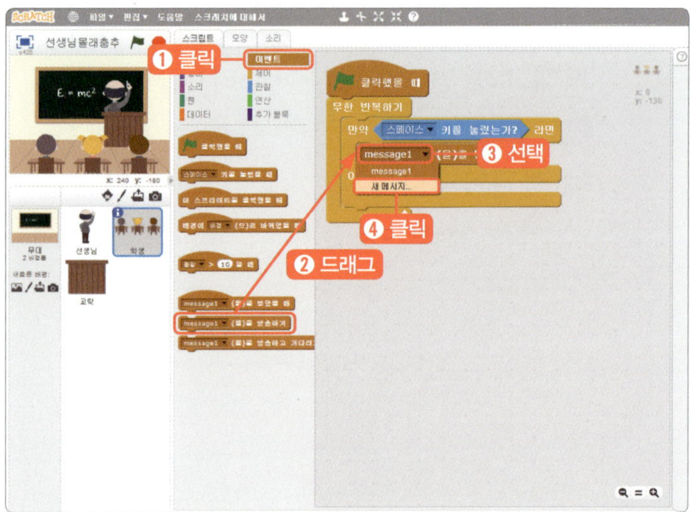

❹ [형태] 팔레트의 `모양을 학생4 ▼ (으)로 바꾸기` 명령 블록을 연결한 다음 ▼를 클릭하여 '학생1'을 선택합니다.

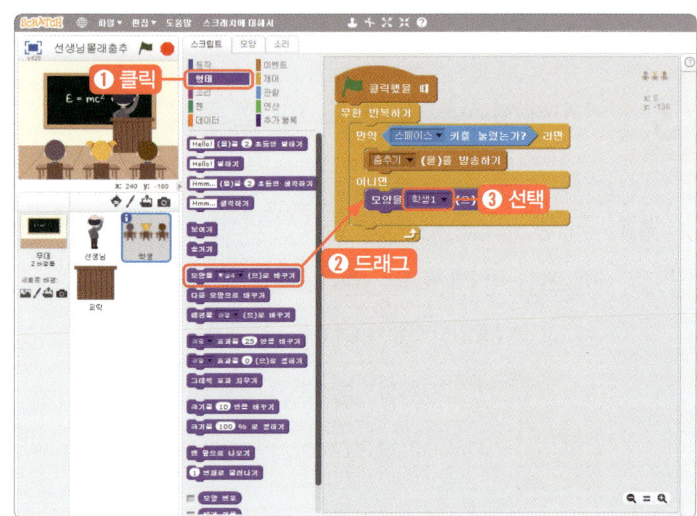

❺ [이벤트 팔레트]의 `춤추기 ▼ (을)를 받았을 때` 명령 블록을 삽입합니다.

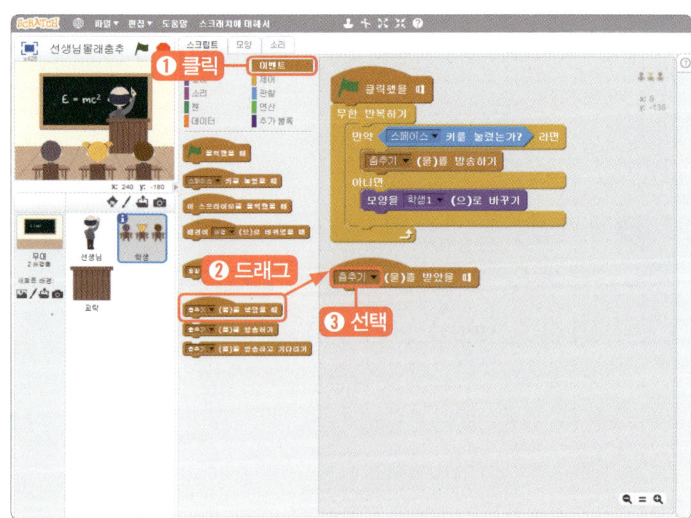

❻ [형태] 팔레트에서 `모양을 학생4 ▼ (으)로 바꾸기` 명령 블록을 연결한 다음 ▼를 클릭하여 '학생2'를 선택합니다.

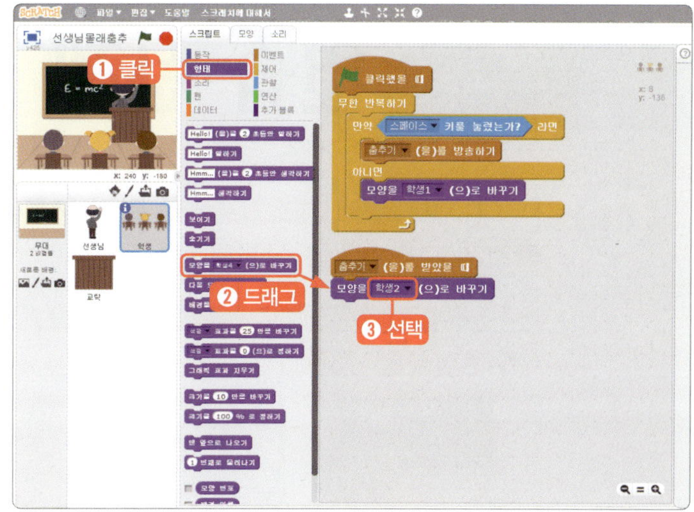

❼ [제어] 팔레트에서 `1 초 기다리기` 명령 블록을 연결한 다음 '0.1'을 입력합니다.

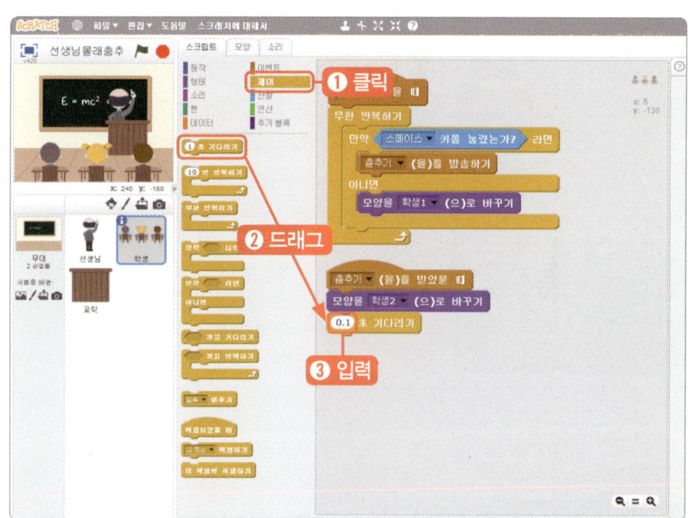

❽ 같은 방법으로 [형태] 팔레트에서 `모양을 학생4 ▼ (으)로 바꾸기` 명령 블록을 연결해 '학생3'을 선택합니다. [제어] 팔레트에서 `1 초 기다리기` 명령 블록을 연결한 다음 '0.1'을 입력합니다. 이렇게 하면 Space Bar 키를 누를 때마다 모양이 바뀌면서 학생들이 춤을 추게 됩니다.

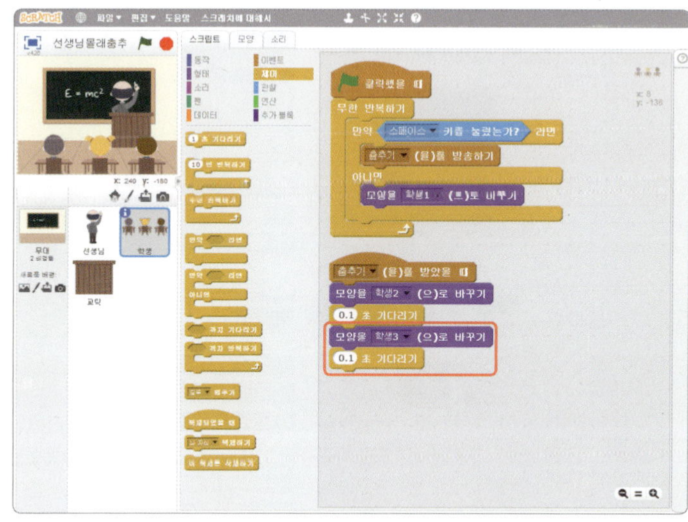

연습 문제

01 [무대]에서 `guitar chords2 ▼ 끝까지 소리내기` 명령 블록을 `guitar chords2 ▼ 소리내기` 명령 블록으로 바꾼 다음 🚩를 클릭해 프로그램을 실행해 보세요.

02 '춤추기'를 방송하고 기다리기로 바꾼 다음 어떤 차이가 있는지 확인해 보세요.

04 선생님 몰래 춤추기 ❷

조건을 검사하여 조건에 만족하면 특정 동작을 실행하는 방법에 대해서 알아보겠습니다.

학습목표

- 특정 조건을 만족하는지 검사할 수 있습니다.
- 새로운 이벤트를 만들 수 있습니다.

- **예제 파일** : 선생님몰래춤추기.sb2
- **완성 파일** : 선생님몰래춤추기(완성).sb2
- **사용 방법** : 선생님이 칠판을 보고 있을 때 Space Bar 키를 눌러 춤을 추다가 들키면 벌을 서게 됩니다.

❶ '선생님' 스프라이트를 클릭한 후 [이벤트] 팔레트에서 ![클릭했을 때] 명령 블록을 삽입합니다. [제어] 팔레트에서 ![무한 반복하기] 명령 블록을 연결합니다.

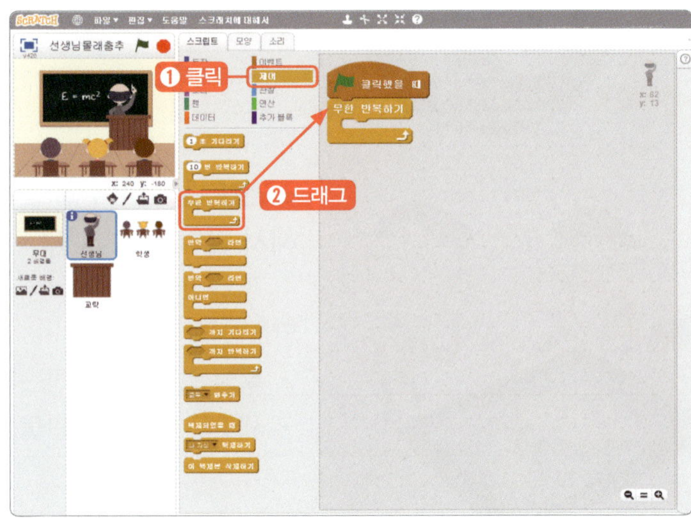

❷ [형태] 팔레트의 ![모양을 선생님3 (으)로 바꾸기] 명령 블록을 연결한 다음 ▼를 클릭하여 '선생님1'을 선택합니다.

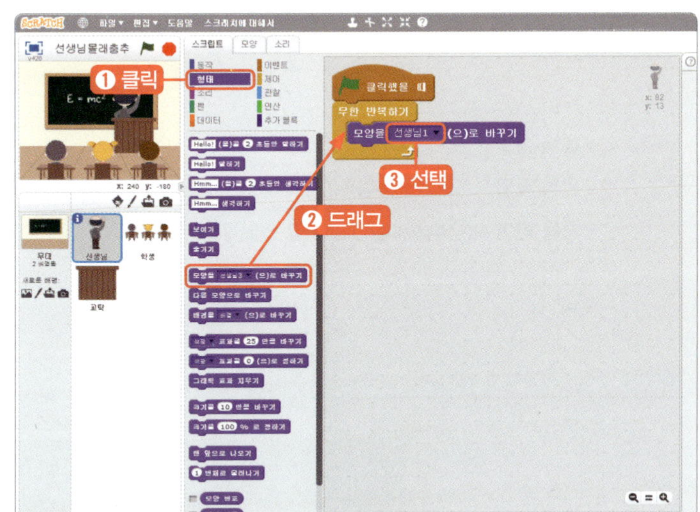

❸ [제어] 팔레트의 ![1 초 기다리기] 명령 블록을 연결합니다. [연산] 팔레트의 ![1 부터 10 사이의 난수] 명령 블록을 ![1 초 기다리기]에 연결한 다음 '1'과 '5'를 입력합니다. 이렇게 하면 1 부터 5 사이의 난수가 지정됩니다.

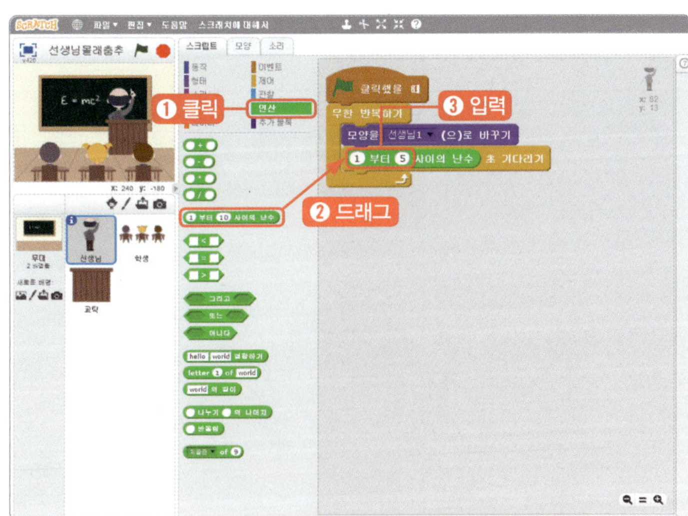

❹ [형태] 팔레트의 '모양을 선생님3 ▾ (으)로 바꾸기' 명령 블록을 연결한 다음 ▼를 클릭하여 '선생님2'를 선택합니다.

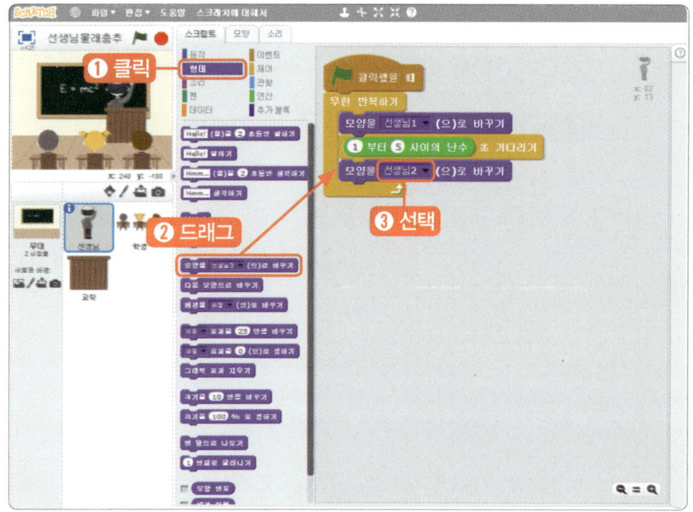

❺ [제어] 팔레트의 '1 초 기다리기' 명령 블록을 연결한 다음 1초로 지정되어 있는지 확인합니다.

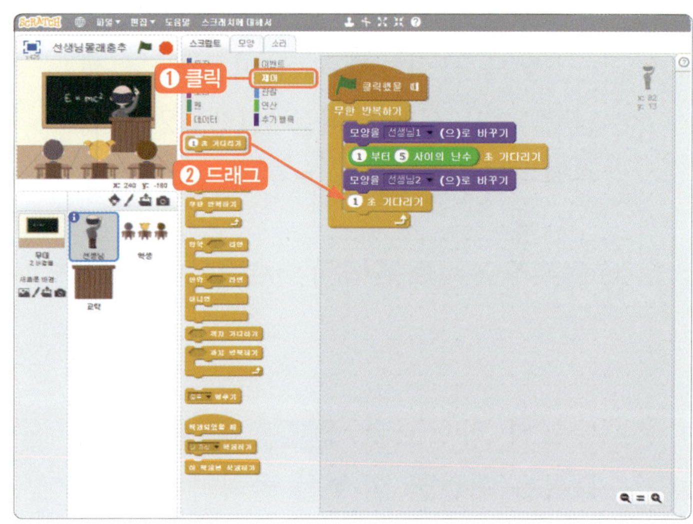

2 스프라이트 모양 확인하기

❶ '교탁' 스프라이트를 클릭합니다. [이벤트] 팔레트에서 '클릭했을 때' 명령 블록을 삽입한 다음 [제어] 팔레트의 '무한 반복하기' 명령 블록을 연결합니다.

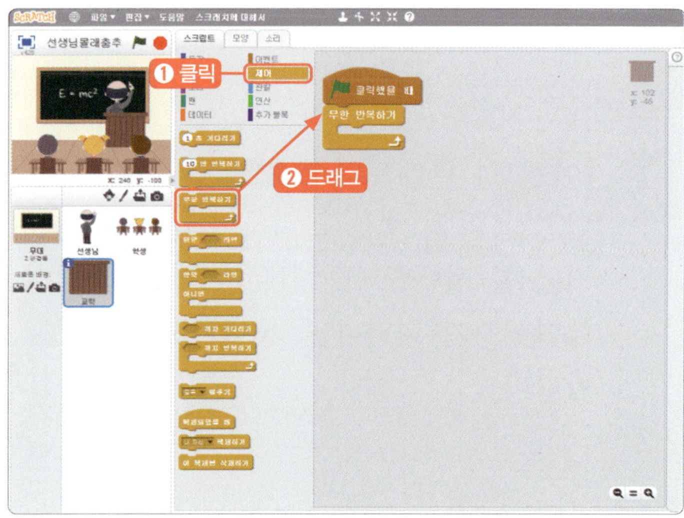

❷ [제어] 팔레트의 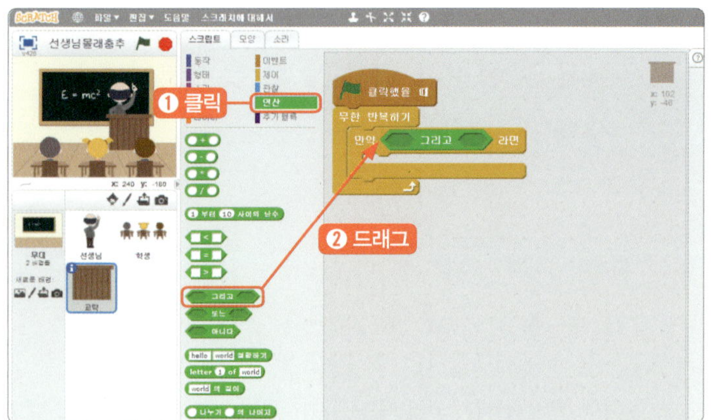 명령 블록을 연결한 다음 [연산] 팔레트의 █ 그리고 █ 명령 블록을 만약 ◇ 라면 안으로 연결합니다.

❸ 그리고 명령 블록의 양쪽에 █ = █ 명령 블록을 연결한 후, [관찰] 팔레트의 █ x 좌표 ▼ of 학생 ▼ █ 명령 블록을 연결합니다. ▼를 클릭하여 '모양이름'과 '선생님'을 각각 선택한 다음 '선생님2'를 입력합니다.

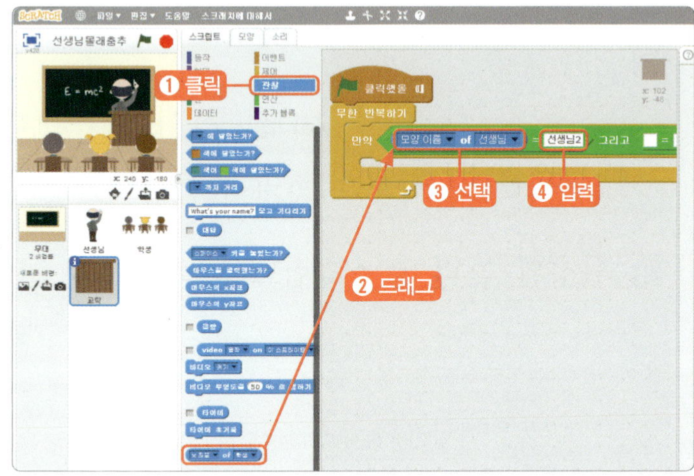

❹ 동일한 방법으로 █ x 좌표 ▼ of 학생 ▼ █ 명령 블록을 연결한 후 ▼를 클릭하여 '모양 이름'과 '학생'을 각각 선택한 다음 '학생2'를 입력합니다.

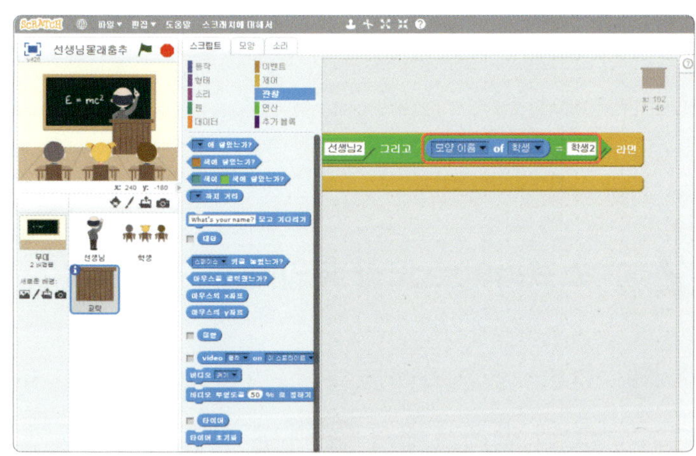

❺ [이벤트] 팔레트의 █ 춤추기 ▼ 방송하기 █ 블록을 연결한 다음 ▼를 클릭하여 [새 메시지...]를 선택합니다. [New Message] 대화상자가 나타나면 '혼나기'를 입력합니다.

❻ '선생님' 스프라이트를 선택한 다음 춤추기 (을)를 받았을 때 명령 블록을 삽입합니다. ▼를 클릭하여 '혼나기'를 선택합니다.

❼ [제어] 팔레트의 모두▼ 멈추기 명령 블록을 연결한 다음 ▼를 클릭하여 '스프라이트에 있는 다른 스크립트 멈추기'를 선택합니다. [형태] 팔레트의 모양을 선생님3 ▼ (으)로 바꾸기 명령 블록을 연결합니다.

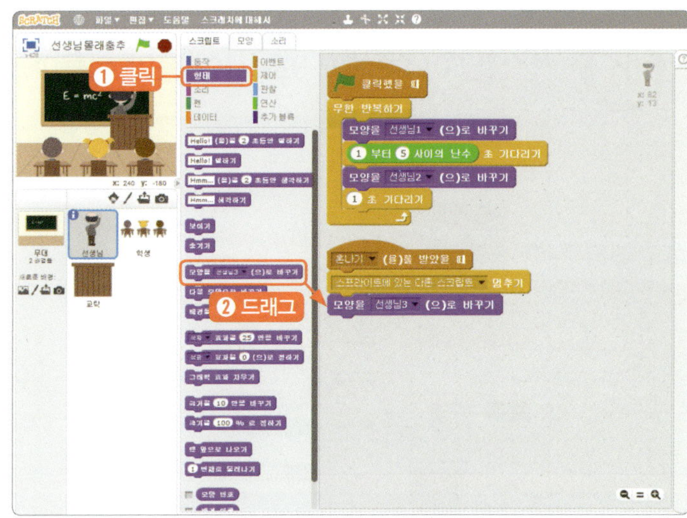

❽ 완성된 '혼나기' 스크립트를 '학생' 스프라이트로 드래그합니다. 이렇게 하면 스크립트를 다른 스프라이트에 복사할 수 있습니다.

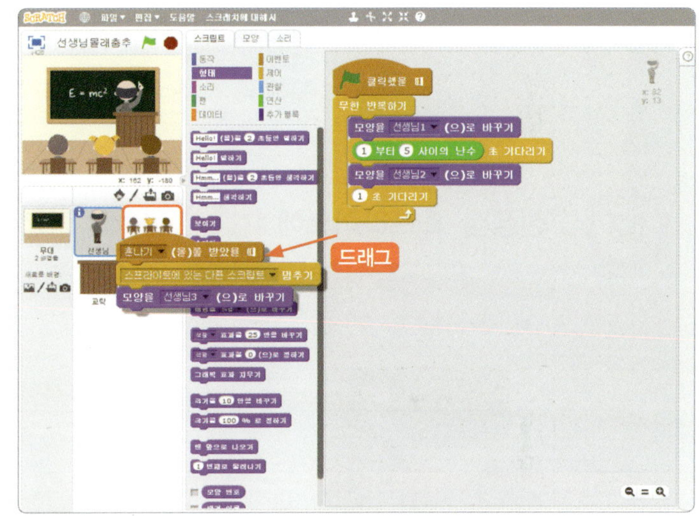

❾ '학생' 스프라이트를 선택해 복사된 스크립트를 확인합니다. 모양을 선생님3 ▼ (으)로 바꾸기 명령 블록의 ▼를 클릭하여 '학생4'를 선택합니다.

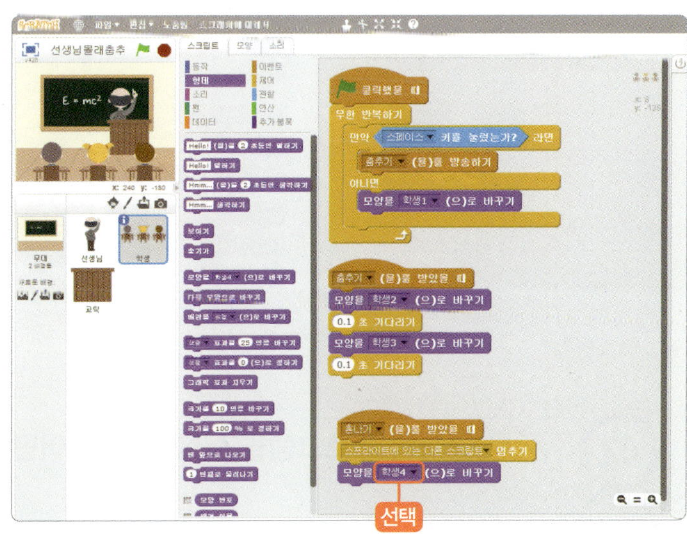

연습 문제

01 '선생님'이 1초에서 3초 사이 동안 뒤돌아볼 수 있도록 코딩해 보세요.

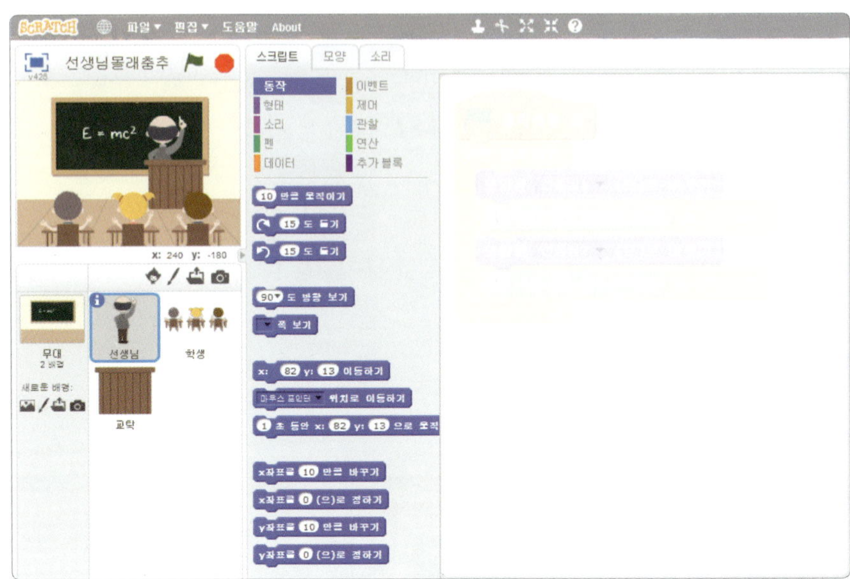

02 '선생님' 스프라이트에 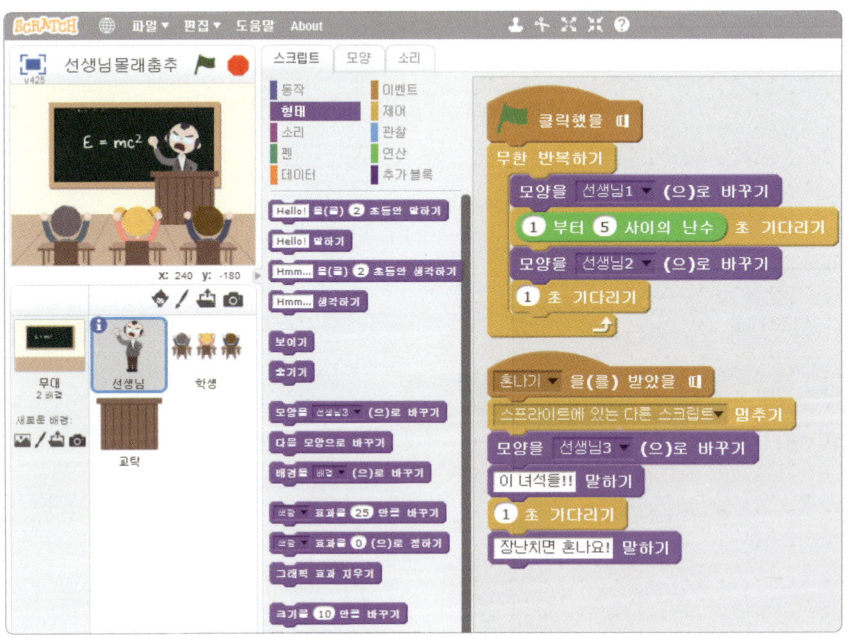 명령 블록을 추가한 다음 그림처럼 코딩해 보세요.

03 ▶를 클릭해 프로그램을 실행해 보고 어떤 차이가 있는지 비교해 보세요.

05 숲속의 연주

마우스를 이용해 피아노를 연주하는 프로그램을 만들어 보겠습니다. 그리고 피아노 건반을 클릭하면 춤을 추는 새들도 만들어 보겠습니다.

학습목표
- 코딩을 복사할 수 있습니다.
- 스프라이트의 순서를 정할 수 있습니다.

- **예제 파일** : 숲속의연주.sb2
- **완성 파일** : 숲속의연주(완성).sb2
- **사용 방법** : 마우스로 피아노 건반을 클릭합니다.

❶ '나뭇잎' 스프라이트를 선택한 다음 [이벤트] 팔레트의 클릭했을 때 를 삽입합니다. [제어] 팔레트의 무한 반복하기 를 연결합니다.

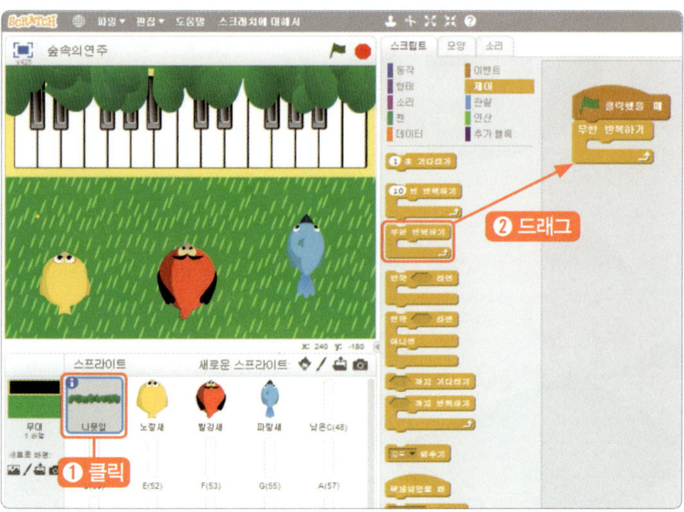

❷ [동작] 팔레트의 x: 0 y: 0 이동하기 를 무한 반복하기 에 연결합니다. [형태] 팔레트의 맨 앞으로 나오기 를 연결합니다.

이렇게 하면 스프라이트를 클릭하거나 드래그해도 순서가 바뀌지 않고 다른 스프라이트보다 가장 위로 오게 됩니다.

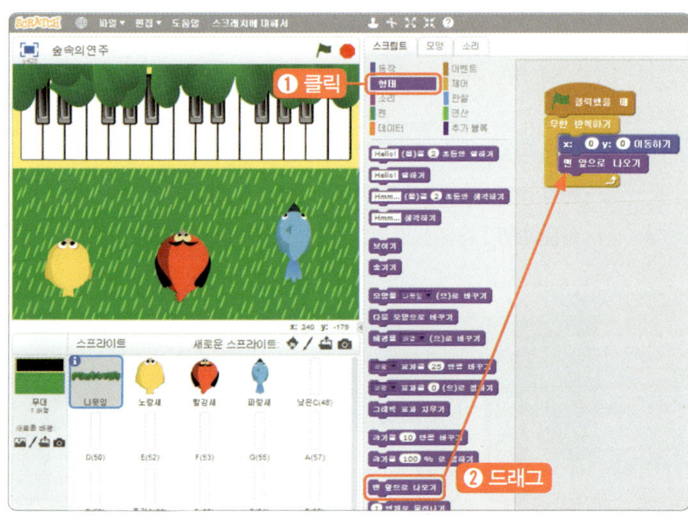

❸ '노랑새' 스프라이트를 선택한 다음 [이벤트] 팔레트의 message1 ▼ (을)를 받았을 때 를 드래그해 삽입합니다. ▼를 클릭하여 [새 메시지...]를 선택합니다.

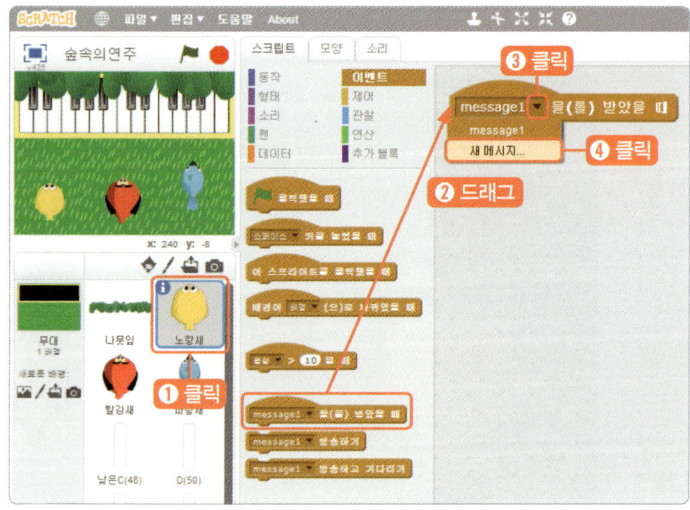

❹ [New Message] 대화상자가 나타나면 '노랑새춤추기'를 입력한 후 [확인]을 클릭합니다.

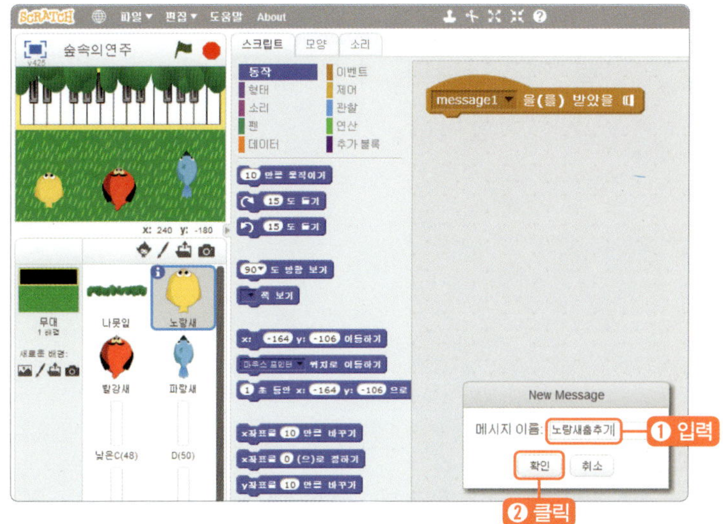

❺ [제어] 팔레트의 ⟨10 번 반복하기⟩를 연결한 다음 값을 '4'로 변경합니다. [동작] 팔레트에서 ⟨15 도 돌기⟩를 연결한 다음 값을 '90'으로 변경합니다. 이어서, ⟨10 만큼 움직이기⟩를 연결합니다.

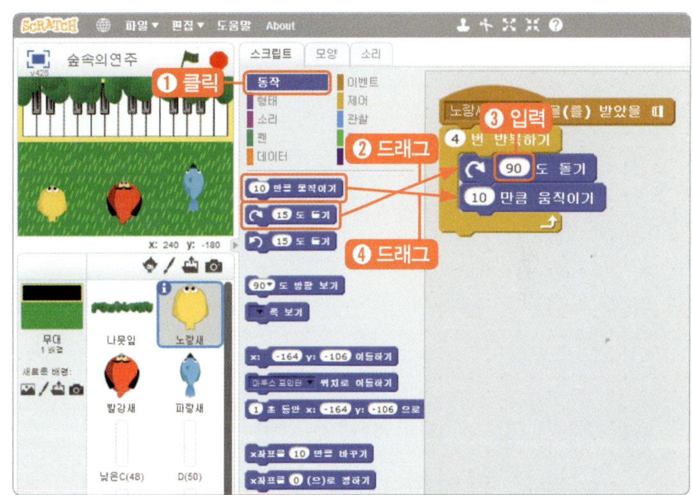

❻ [형태] 팔레트에서 ⟨다음 모양으로 바꾸기⟩를 연결합니다. [제어] 팔레트의 ⟨1 초 기다리기⟩를 연결한 다음 값을 '0.2'로 변경합니다.

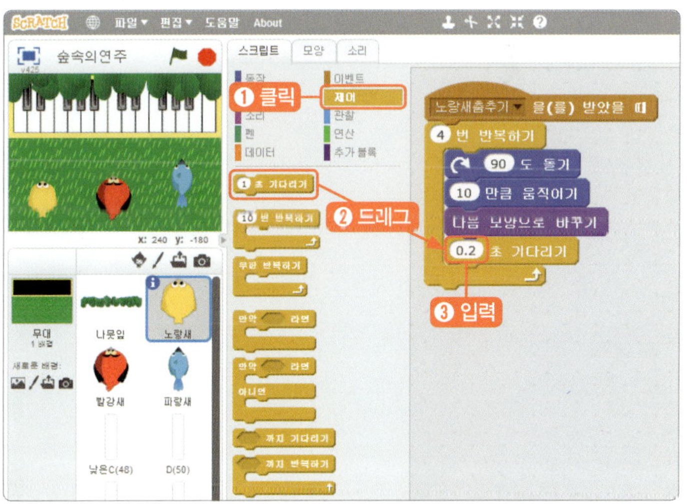

TIP

⟨다음 모양으로 바꾸기⟩는 선택한 스프라이트에 여러 가지 모양이 있으면, 현재 모양의 다음 모양으로 변경합니다. 마지막 모양이 표시되고 있다면 처음 모양으로 다시 변경됩니다.

❼ [형태] 팔레트를 선택해 모양을 모양2 (으)로 바꾸기
를 연결합니다. ▼를 클릭하여 '모양1'
을 선택합니다.

❽ [동작] 팔레트를 선택해 90 도 방향 보기 를
연결합니다.

❾ '빨강새' 스프라이트와 '파랑새' 스프라
이트를 클릭한 다음 그림과 같이 코딩
합니다.

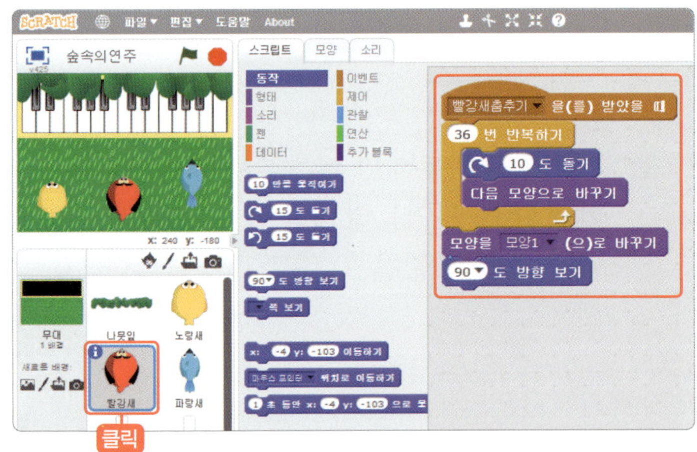

TIP
새들의 춤추기가 끝났을 때 원래 모양
으로 바꾸기 위해 반복하기의 아래에
모양을 모양1 (으)로 바꾸기 를 연결해 모양을 지
정합니다.

2 스프라이트를 클릭했을 때 소리내기

❶ '낮은C(48)' 스프라이트를 선택한 다음 [이벤트] 팔레트의 〔깃발 클릭했을 때〕를 삽입합니다. [제어] 팔레트의 〔무한 반복하기〕를 연결합니다.

❷ [동작] 팔레트의 〔x: 0 y: 0 이동하기〕를 연결합니다. [형태] 팔레트의 〔1 번째로 물러나기〕를 연결한 다음 값을 '3'으로 변경합니다.

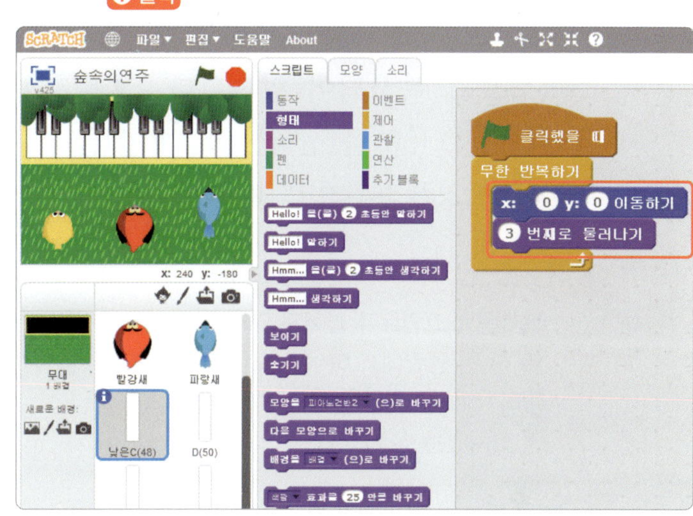

TIP 이렇게 하면 프로그램을 실행했을 때 스프라이트의 위치와 순서를 정할 수 있습니다.

❸ [이벤트] 팔레트의 〔이 스프라이트를 클릭했을 때〕를 삽입합니다. [소리] 팔레트를 선택한 다음 〔60 번 음을 0.5 박자로 연주하기〕를 연결합니다. ▼를 클릭하여 '낮은 C (48)'을 선택합니다. [이벤트] 팔레트를 선택한 다음 〔노랑새춤추기 방송하기〕를 연결합니다.

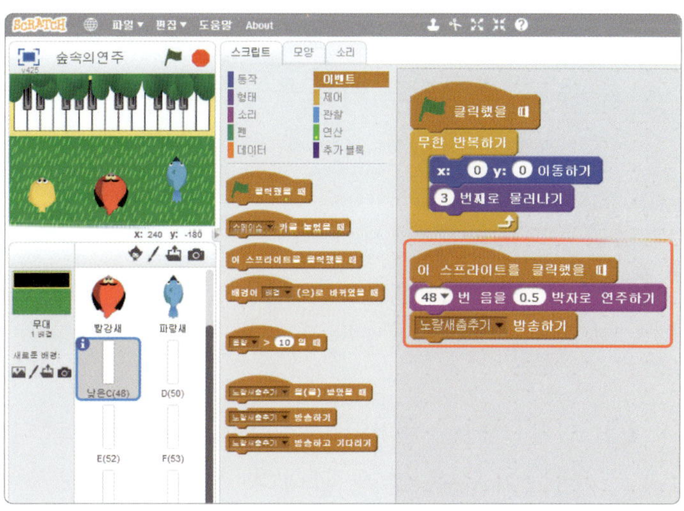

❶ 완성된 스크립트를 'D(50)' 스프라이트
로 드래그합니다. 이렇게 하면 스크립
트를 복사할 수 있습니다. 같은 방법
으로 ■이 스프라이트를 클릭했을 때■ 스크립트를 'D50'
스프라이트로 드래그해 복사합니다.

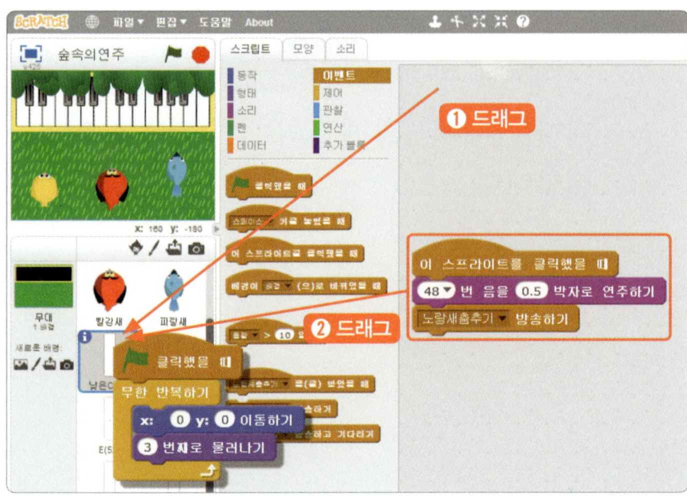

❷ 'D(50)' 스프라이트를 클릭하면 두 개의
스크립트가 복사되어 있습니다. ▼를
클릭하여 'D (50)'을 선택한 후, ▼를 클
릭하여 '빨강새춤추기'를 선택합니다.

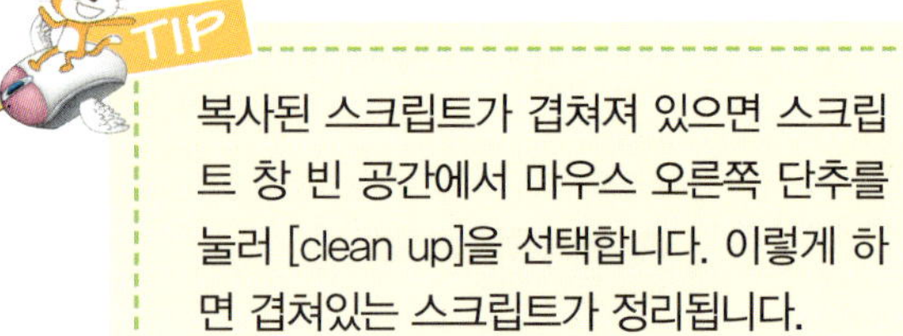

> **TIP**
> 복사된 스크립트가 겹쳐져 있으면 스크립
> 트 창 빈 공간에서 마우스 오른쪽 단추를
> 눌러 [clean up]을 선택합니다. 이렇게 하
> 면 겹쳐있는 스크립트가 정리됩니다.

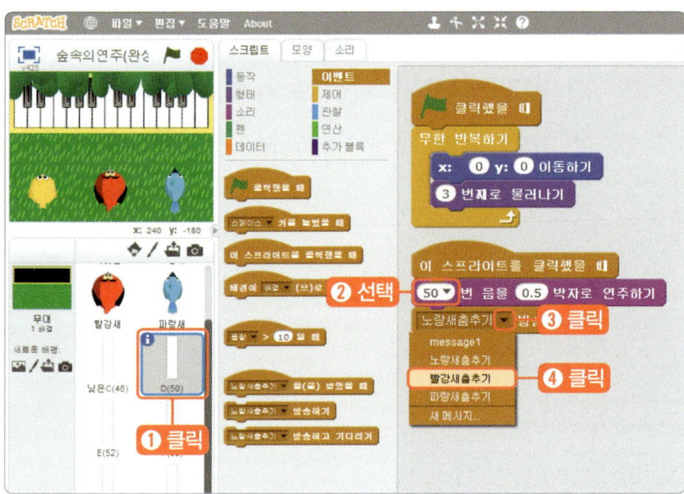

❸ 동일한 방법으로 ■클릭했을 때■ 스크립트와
■이 스프라이트를 클릭했을 때■ 스크립트를 'E(52)' 스
프라이트부터 '높은C(72)' 스프라이트
까지 복사한 다음 ▼를 클릭해 '음 이
름'과 '스크립트 이름'을 지정합니다.

> **TIP**
> 스크립트 이름은 '노랑새춤추기', '빨강새춤추기', '파랑새춤추기'를 순서대로 반복해서 지정해 줍니다.

❹ 실행(▶)을 클릭하여, 피아노 건반을 클릭합니다. 그러면, 건반에 해당하는 음이 들리면서
새들이 춤을 추게 됩니다.

연습 문제

01 '노랑새' 스프라이트를 선택해 [이 스프라이트를 클릭했을 때] 명령 블록을 삽입한 다음 [악기바꾸기 ▼ 방송하기] 명령 블록을 연결해 보세요.

02 '낮은C(48)' 스프라이트를 선택해 [악기바꾸기 ▼ 을(를) 받았을 때] 명령 블록을 삽입한 다음 [8 ▼ 번 악기로 정하기] 명령 블록을 연결해 보세요.

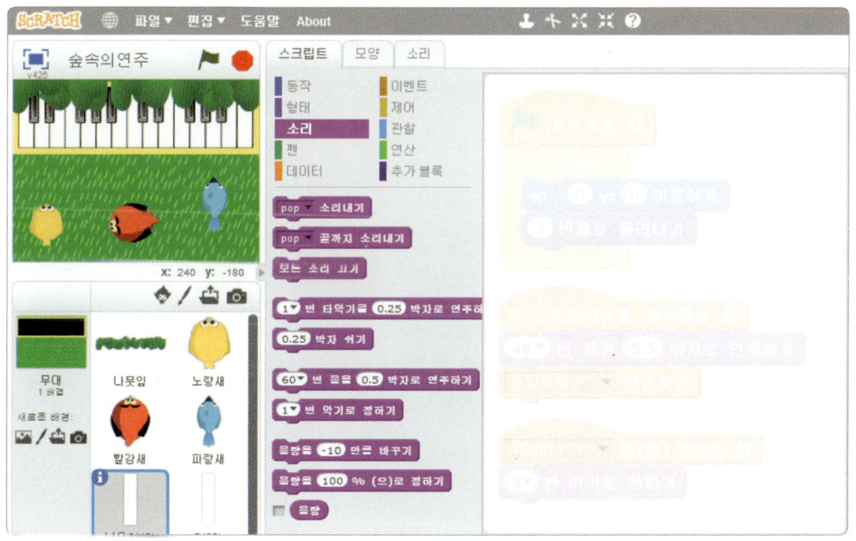

03 [악기바꾸기 ▼ 을(를) 받았을 때] 스크립트를 'D(50)~C72' 스프라이트에 복사한 다음 ▶를 클릭해 프로그램을 실행해 보고 '노랑새' 스프라이트를 클릭해 보세요.

06 풍선런

풍선이 달리면서 압정이 나타나면 뛰어올라 피하는 게임을 만들어 보겠습니다. 풍선이 뛰어올랐을 때 그림자의 크기를 바꾸는 방법도 알아보겠습니다.

학습목표

- 난수를 사용할 수 있습니다.
- 스프라이트의 크기를 조절할 수 있습니다.

- **예제 파일** : 풍선런.sb2
- **완성 파일** : 풍선런(완성).sb2
- **사용 방법** : 풍선 쪽으로 압정이 다가오면 Space Bar 키를 눌러 점프하여 피하는 게임입니다.

❶ '압정' 스프라이트를 선택한 다음 [이벤트] 팔레트의 클릭했을 때 를 삽입합니다. [제어] 팔레트의 무한 반복하기 를 연결한 후, [형태] 팔레트의 모양을 압정3 ▼ (으)로 바꾸기 를 무한 반복하기 안에 연결합니다.

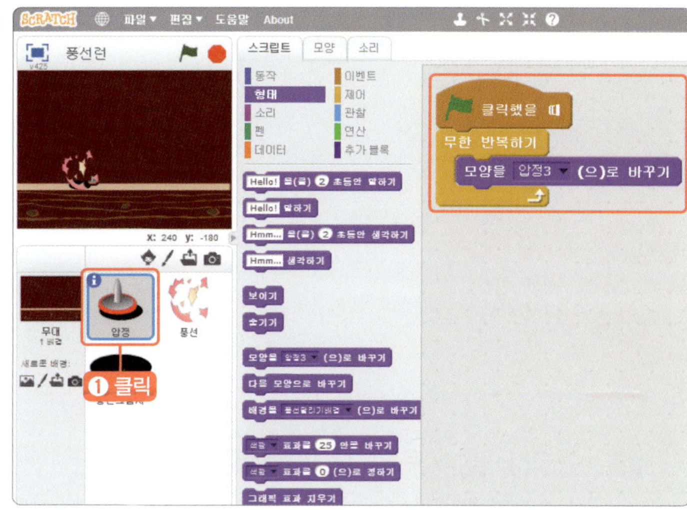

❷ [연산] 팔레트의 1 부터 10 사이의 난수 를 모양을 압정3 ▼ (으)로 바꾸기 에 연결한 다음 값을 '3'으로 변경합니다.

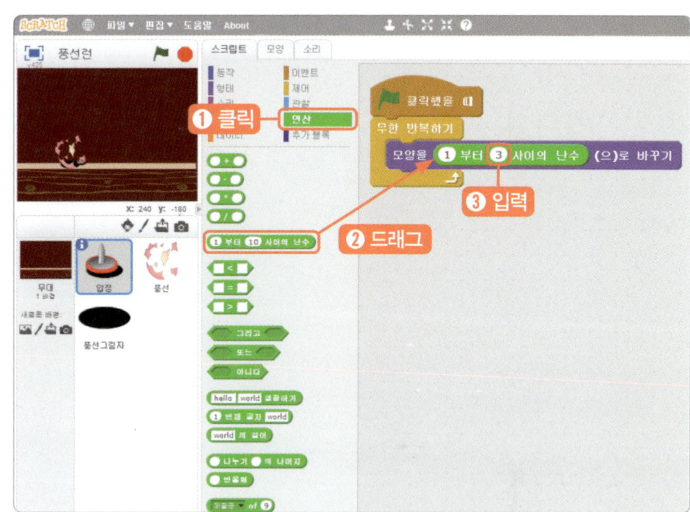

TIP

이렇게 하면 스프라이트의 모양을 1~3 중 임의의 모양으로 변경하게 됩니다.

❸ [동작] 팔레트의 x: -67 y: 15 이동하기 를 연결한 다음 값을 '200', '-70'으로 변경합니다.

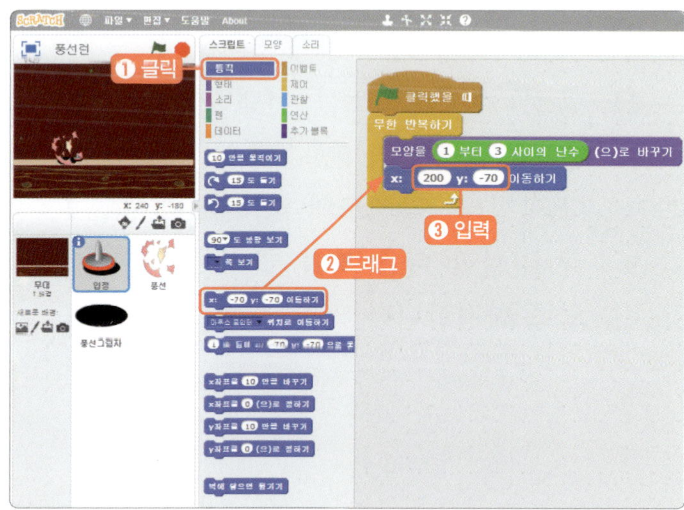

④ [제어] 팔레트의 [까지 반복하기]를 연결한 후, [관찰] 팔레트의 [▼에 닿았는가?]를 연결한 다음 ▼를 클릭하여 '벽'을 선택합니다.

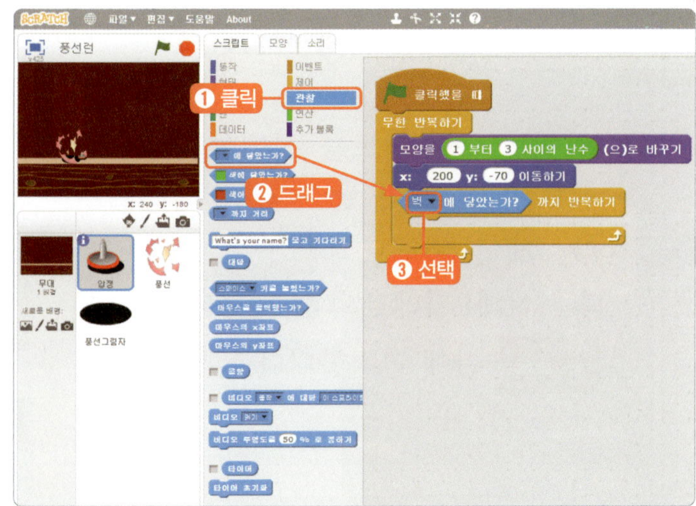

⑤ [동작] 팔레트의 [10 만큼 움직이기]를 연결한 다음 값을 '-5'로 변경합니다. 이렇게 하면 '압정' 스프라이트가 오른쪽에서 왼쪽으로 벽에 닿을 때까지 이동하게 됩니다.

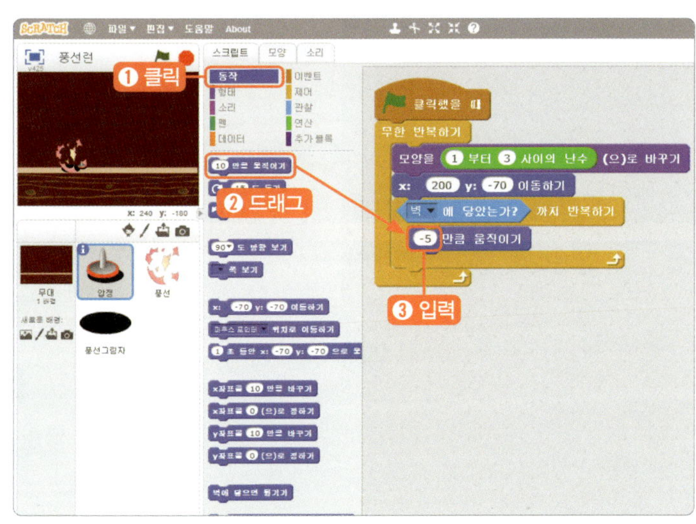

2 풍선이 굴러가는 모양 만들기

① '풍선' 스프라이트를 선택한 다음 [이벤트] 팔레트의 [클릭했을 때]를 삽입합니다. [형태] 팔레트의 [모양을 터진풍선 (으)로 바꾸기]를 연결한 다음 ▼를 클릭하여 '풍선'으로 변경합니다.

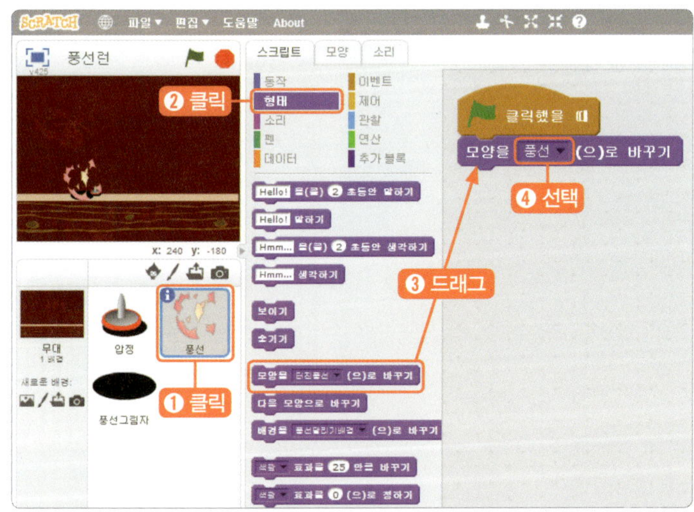

❷ [동작] 팔레트의 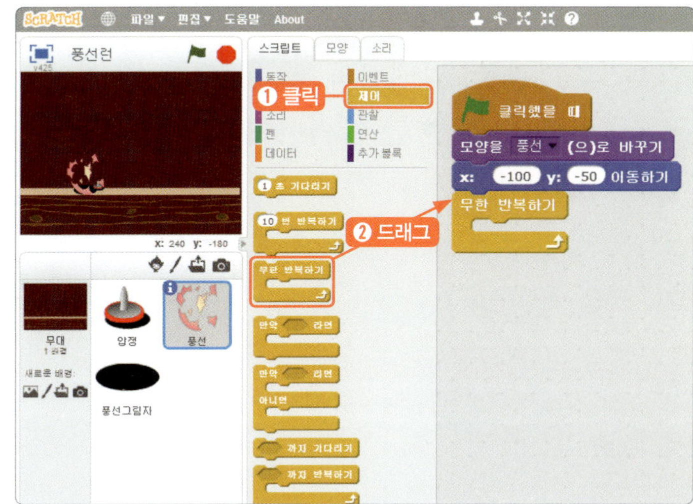 를 연결한 다음 값을 '−100', '−50'으로 변경한 후, [제어] 팔레트의 를 연결합니다.

❸ [동작] 팔레트의 를 연결합니다. [제어] 팔레트의 를 연결한 다음 값을 '0.1'로 변경합니다.

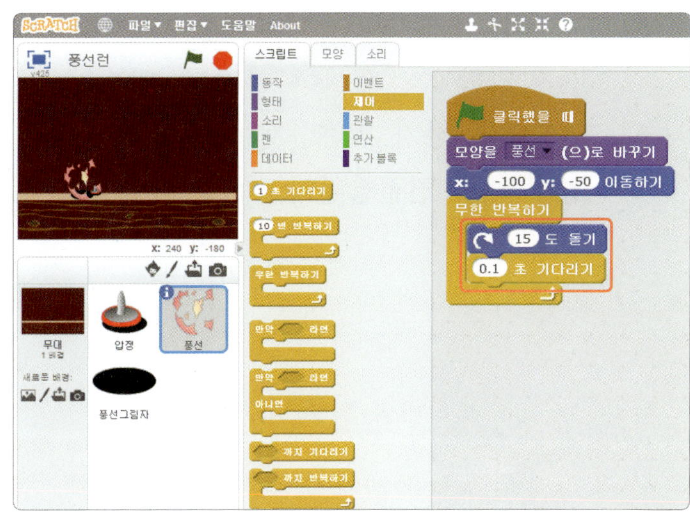

3 압정에 닿으면 터지게 만들기

❶ [이벤트] 팔레트의 를 삽입한 후, [제어] 팔레트의 를 연결합니다.

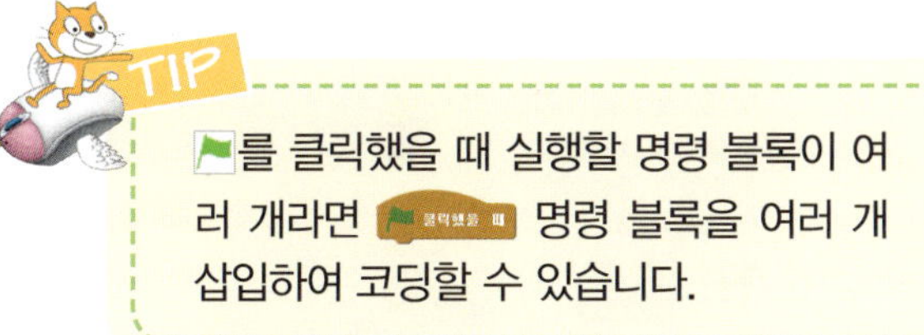

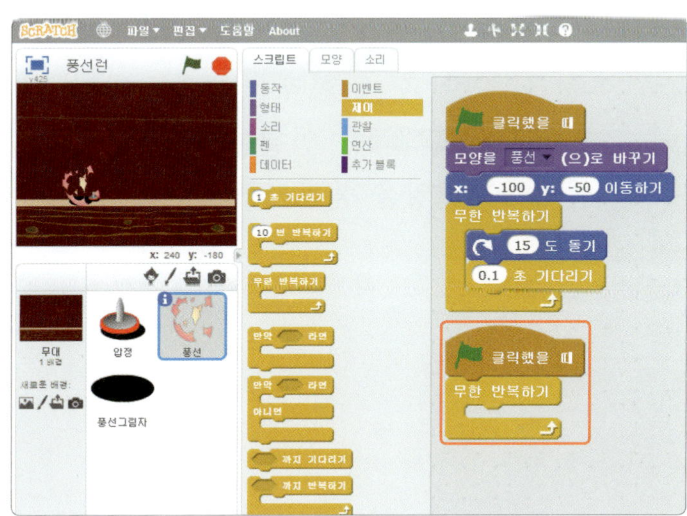

❷ [제어] 팔레트의 ████을 연결한
후, [관찰] 팔레트의 ████를 연
결한 다음 ▼를 클릭하여 '압정'을 선
택합니다.

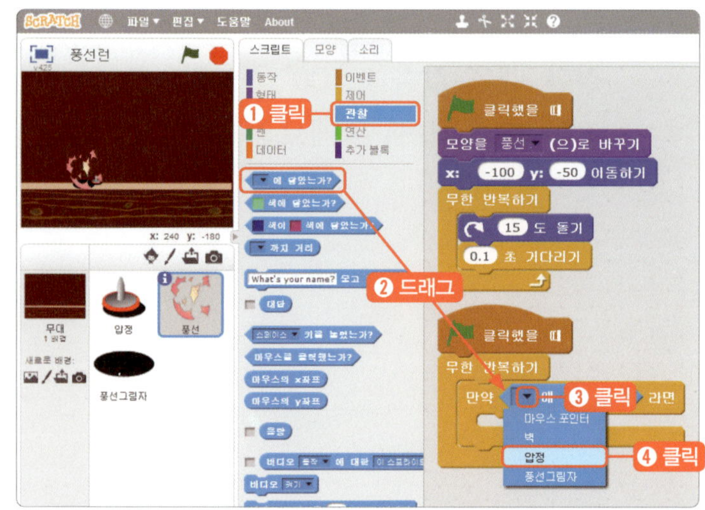

❸ [형태] 팔레트에서 ████
를 연결한 후, 풍선이 터지면 게임을
멈추도록 하기 위해 [제어] 팔레트의
████를 연결합니다.

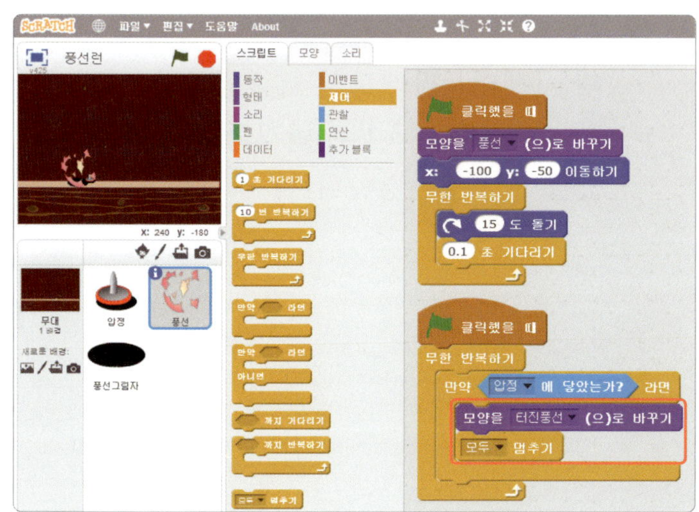

❹ 풍선이 뛰어오르는 모양 코딩하기

❶ [이벤트] 팔레트의 ████
를 삽입한 후, [형태] 팔레트에서
████를 연결한 다음 ▼를
클릭하여 모양을 '풍선2'로 변경합니다.

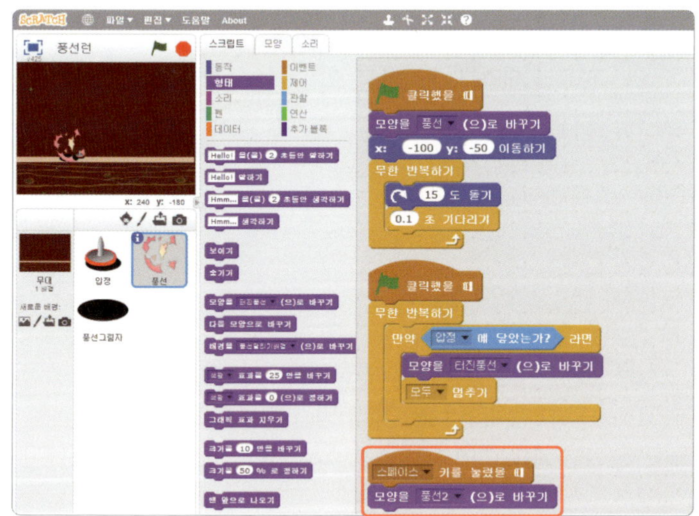

❷ [제어] 팔레트의 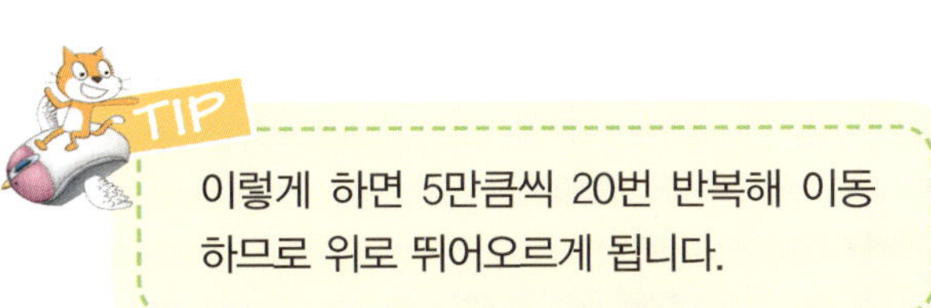를 연결한 다음 값을 '20'으로 변경합니다. [동작] 팔레트의 y좌표를 10 만큼 바꾸기 를 연결한 다음 값을 '5'로 변경합니다.

TIP
이렇게 하면 5만큼씩 20번 반복해 이동하므로 위로 뛰어오르게 됩니다.

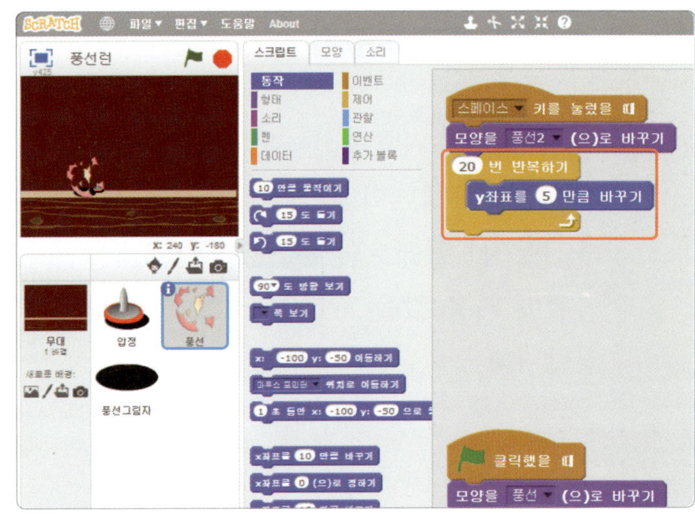

❸ [제어] 팔레트의 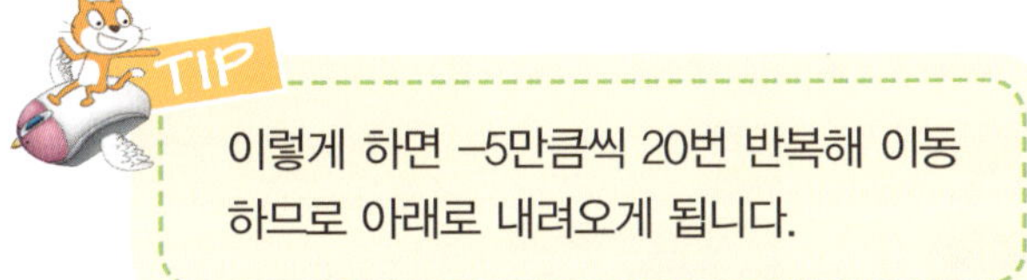를 연결한 다음 값을 '20'으로 변경합니다. [동작] 팔레트의 y좌표를 10 만큼 바꾸기 를 연결한 다음 값을 '−5'로 변경합니다.

TIP
이렇게 하면 −5만큼씩 20번 반복해 이동하므로 아래로 내려오게 됩니다.

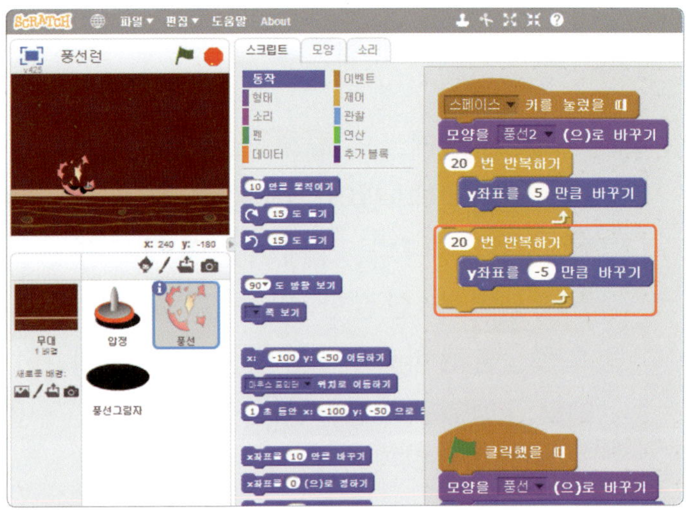

❹ 풍선이 올라갔다 내려오면 풍선 모양을 변경하기 위하여 [형태] 팔레트의 모양을 터진풍선 (으)로 바꾸기 를 연결한 다음 ▼를 클릭하여 '풍선'을 선택합니다.

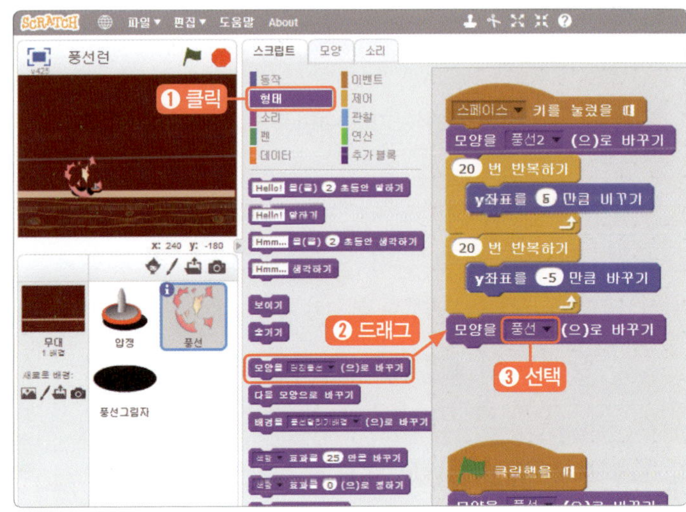

① '풍선그림자' 스프라이트를 선택한 다음 [이벤트] 팔레트의 클릭했을 때 를 삽입합니다. [동작] 팔레트의 x: -181 y: -75 이동하기 를 연결한 다음 값을 '-100', '-80'으로 변경합니다.

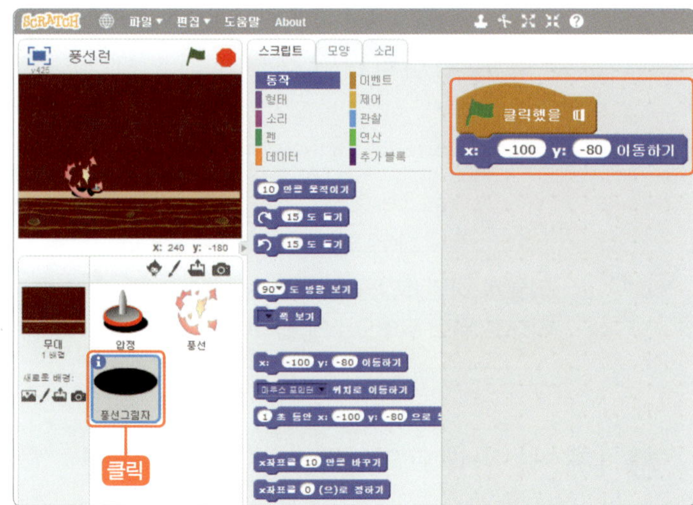

② [이벤트] 팔레트의 스페이스 키를 눌렀을 때 를 삽입한 다음 [형태] 팔레트의 크기를 50 % 로 정하기 를 연결합니다. [제어] 팔레트의 10 번 반복하기 를 연결한 다음 값을 '20'으로 변경하고, [형태] 팔레트의 크기를 10 만큼 바꾸기 를 연결한 다음 값을 '-1'로 변경합니다.

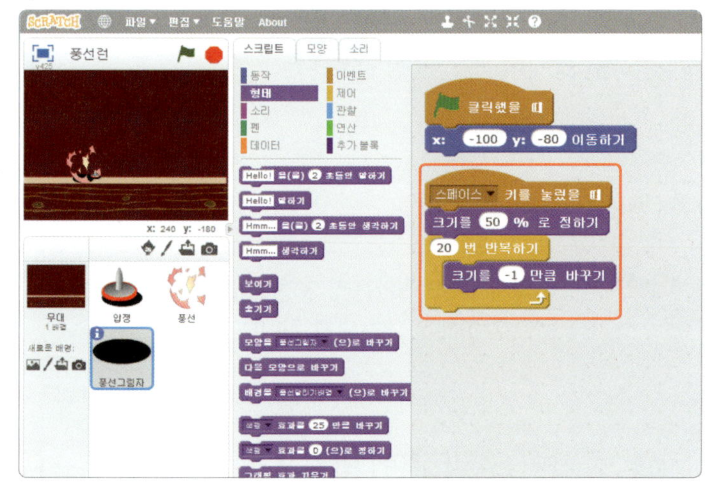

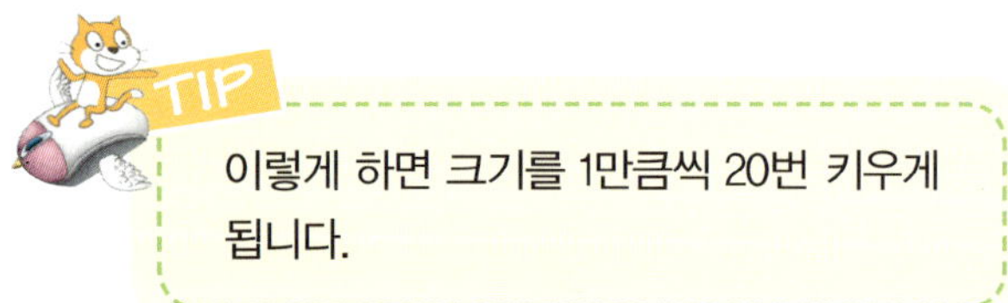
이렇게 하면 크기를 -1만큼씩 20번 줄이게 됩니다.

③ [제어] 팔레트의 10 번 반복하기 를 연결한 다음 값을 '20'으로 변경합니다. [형태] 팔레트의 크기를 10 만큼 바꾸기 를 연결한 다음 값을 '1'로 변경합니다. ▶를 클릭해 프로그램을 실행합니다.

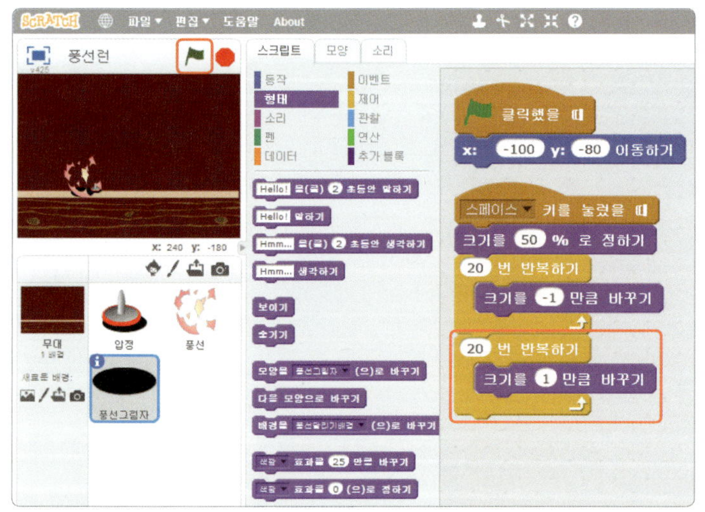

이렇게 하면 크기를 1만큼씩 20번 키우게 됩니다.

연습 문제

01 '풍선' 스프라이트에 다음 사항을 만족하도록 코딩해 보세요.

- 풍선이 오른쪽으로 '30'도씩 회전하도록 한다.
- 풍선이 뛰어오를 때 바뀌는 y좌표의 값을 7만큼 '15'번 반복한다.
- 풍선이 내려올 때 바뀌는 y좌표의 값을 −7만큼 '15'번 반복한다.

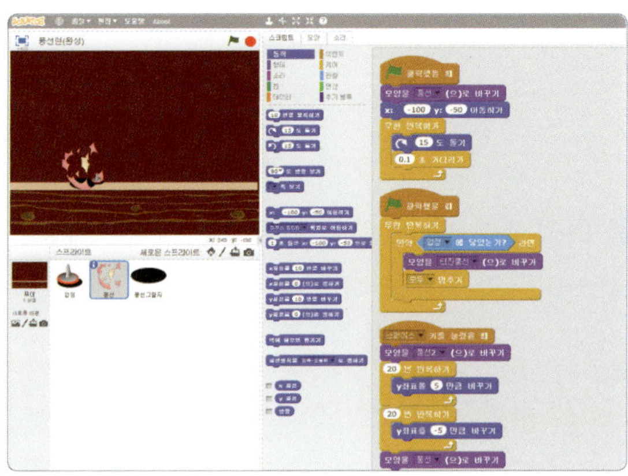

02 '풍선그림자' 스프라이트에 다음 사항을 만족하도록 코딩해 보세요.

- 크기를 '−1' 만큼 바꾸기를 '15'번 반복한다.
- 반복이 끝나면 크기를 '1' 만큼 바꾸기를 '15'번 반복한다.

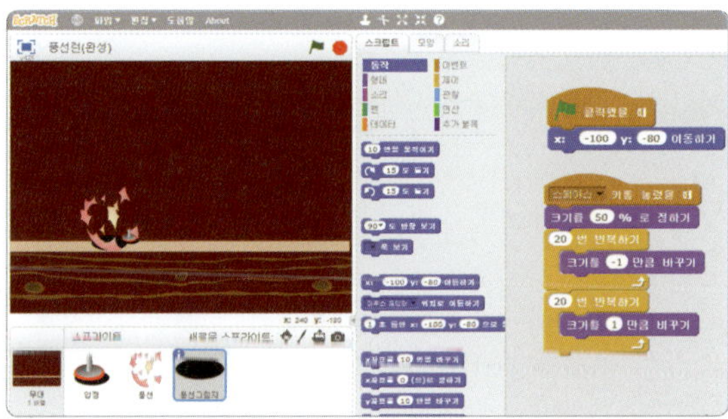

03 '압정' 스프라이트에 다음 사항을 만족하도록 코딩해 보세요.

- '압정' 스프라이트가 오른쪽에서 왼쪽으로 이동하는 속도를 '−8'로 정한다.

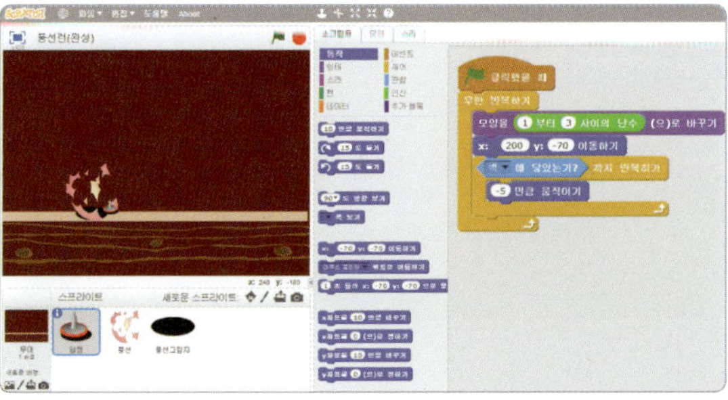

달�걀받기

기구를 타고 있는 늑대가 떨어뜨리는 달걀을 땅에 떨어지기 전에 바구니로 받는 게임입니다. 늑대가 타고 있는 기구를 이리저리 움직이면서 땅에 달걀을 떨어뜨리며, 방향키로 양을 움직이게 만들어 보겠습니다.

학습목표

- 지정된 스프라이트를 특정 스프라이트의 위치로 이동할 수 있습니다.
- 키보드를 이용해 스프라이트의 위치를 바꿀 수 있습니다.

- **예제 파일 :** 달걀받기.sb2
- **완성 파일 :** 달걀받기(완성).sb2
- **사용 방법 :** 왼쪽 이동(←) 키와 오른쪽 이동(→) 키를 이용하여 늑대가 떨어뜨리는 계란을 받는 게임 입니다.

왼쪽과 오른쪽으로 움직이는 늑대 코딩하기

❶ '늑대' 스프라이트를 선택한 다음 [이벤트] 팔레트의 <클릭했을 때>를 삽입합니다. [동작] 팔레트의 <x: 0 y: 110 이동하기>를 연결하고 '0', '110'으로 변경합니다.

❷ [제어] 팔레트의 <무한 반복하기>를 연결합니다. [동작] 팔레트의 <10 만큼 움직이기>를 연결하고 '3'으로 변경한 다음 <벽에 닿으면 튕기기>를 연결합니다.

> **TIP**
>
> 이렇게 하면 '늑대'가 타고 있는 기구가 왼쪽과 오른쪽으로 '3'만큼 움직이다가 벽과 닿으면 반대 방향으로 움직이게 됩니다.

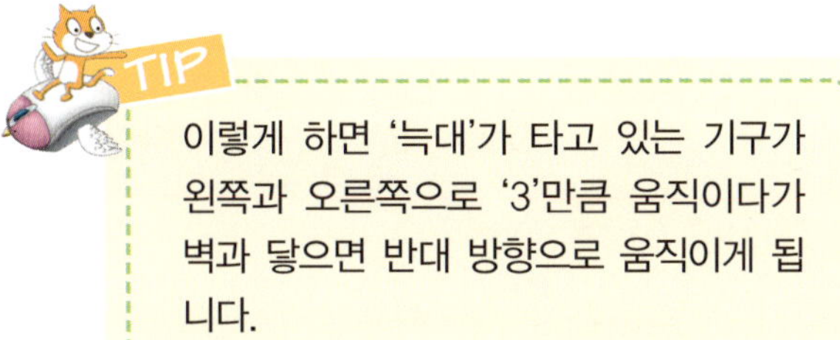

❸ [이벤트] 팔레트의 <클릭했을 때>를 삽입한 다음 [제어] 팔레드의 <무한 반복하기>를 연결합니다.

④ [제어] 팔레트의 `1초 기다리기`를 연결한 다음 [연산] 팔레트의 `1 부터 10 사이의 난수`를 `1초 기다리기`에 연결하고 값을 '3', '5'로 변경합니다.

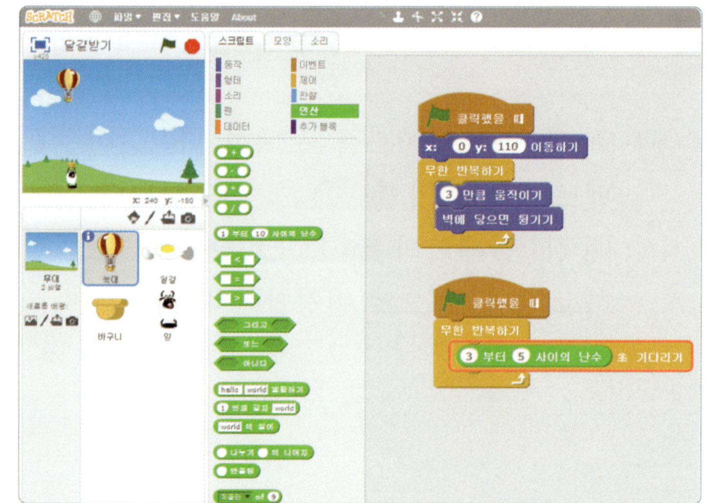

⑤ [제어] 팔레트의 `나 자신 복제하기`를 연결한 다음 ▼를 클릭하여 '달�걀'을 선택합니다.

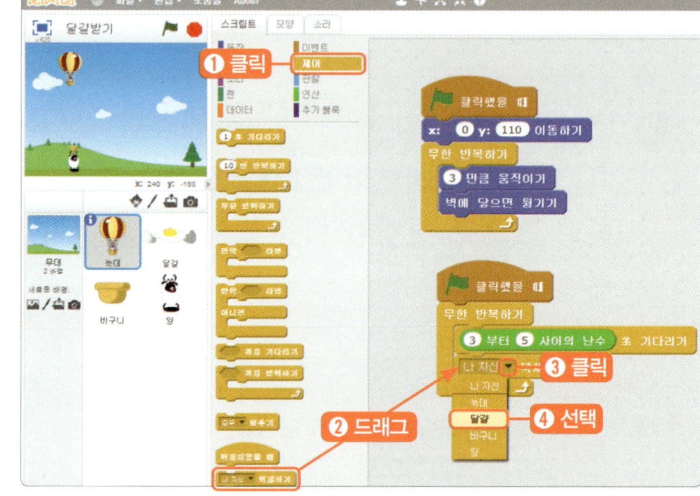

TIP

`나 자신 복제하기`를 사용하면 지정된 스프라이트를 여러 개 복제할 수 있어 똑같은 기능을 하는 스프라이트를 여러개 만들지 않아도 됩니다.

2 여러 개의 달걀이 나오도록 코딩하기

① '달걀' 스프라이트를 선택한 다음 [제어] 팔레트의 `복제되었을 때`를 삽입합니다. [형태] 팔레트의 `모양을 깨진달걀 (으)로 바꾸기`를 연결한 다음 ▼를 클릭하여 '달걀'을 선택합니다.

❷ [동작] 팔레트의 `x: -23 y: -70 이동하기`를 연결
합니다. [관찰] 팔레트의 `x좌표 ▼ of 달걀 ▼`
을 `x: -23 y: -70 이동하기`에 연결한 다음 ▼를
클릭하여 '늑대'를 선택합니다.

❸ [연산] 팔레트의 ⬭를 'y:' 항
목에 연결한 다음 [관찰] 팔레트의
`x좌표 ▼ of 달걀 ▼`을 왼쪽에 연결합니다.
▼를 클릭하여 `y좌표 ▼ of 늑대`로 변경한
후, 다음 값에 '35'를 입력합니다. [형
태] 팔레트의 `보이기`를 연결합니다.

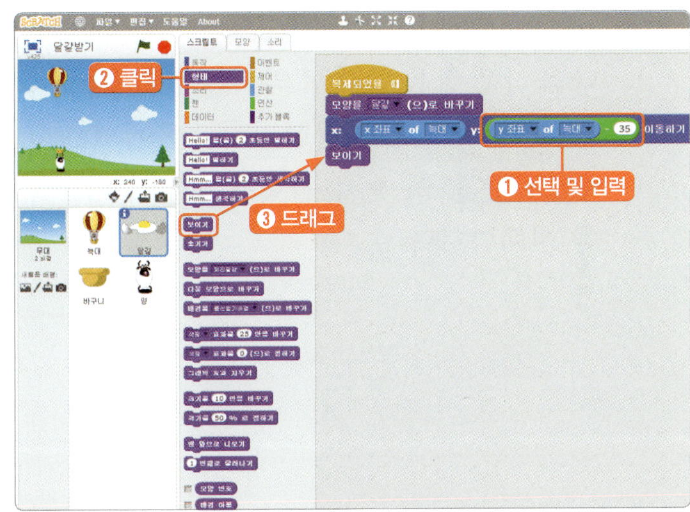

TIP

이렇게 하면 '늑대' 스프라이트의 위치에서 약간 아래쪽에 '달걀' 스프라이트가 나타나게 됩니다.

❹ [제어] 팔레트의 `까지 반복하기`를 연결
한 다음 [관찰] 팔레트의 `▼ 에 닿았는가?`
를 `까지 반복하기`에 연결합니다. 이어서,
`▼ 에 닿았는가?`의 ▼를 클릭하여 '벽'을
선택합니다.

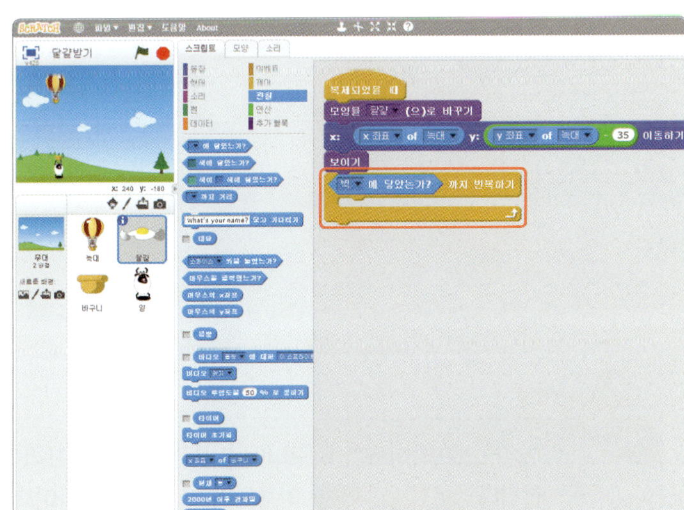

❺ [동작] 팔레트의 `y좌표를 10 만큼 바꾸기`를 연결한 다음 값을 '-2'로 변경합니다.

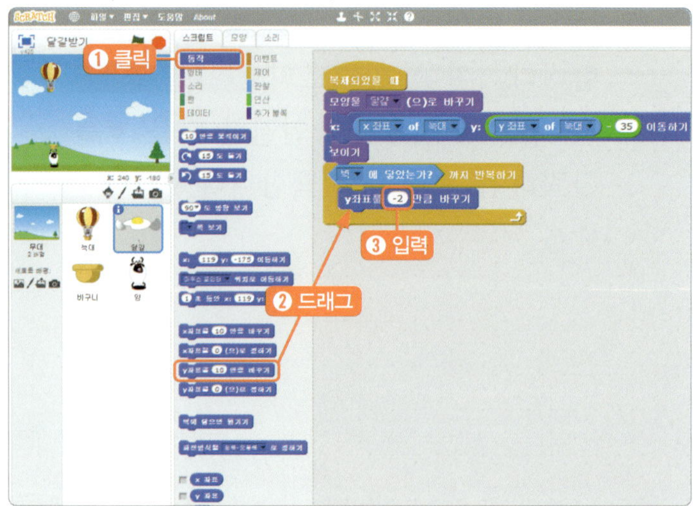

❻ [제어] 팔레트의 `만약 ~ 라면`을 연결한 다음 [관찰] 팔레트의 `~에 닿았는가?`를 `만약 ~ 라면`에 연결합니다. 이어서, `~에 닿았는가?`의 ▼를 클릭하여 '바구니'를 선택합니다.

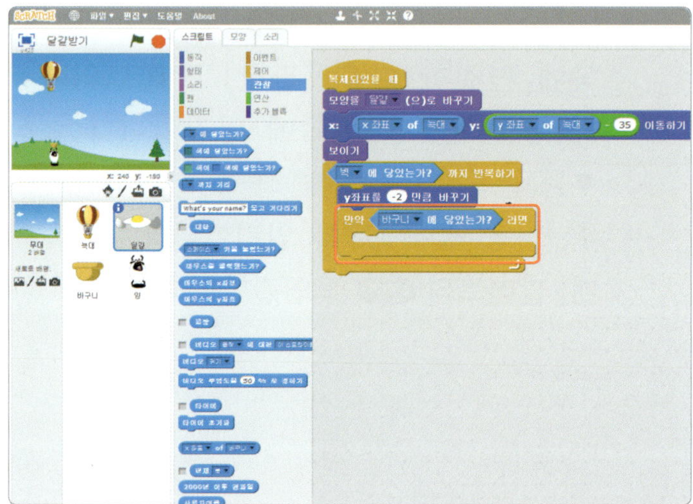

❼ [형태] 팔레트의 `숨기기`를 연결한 다음 [제어] 팔레트의 `이 복제본 삭제하기`를 연결합니다.

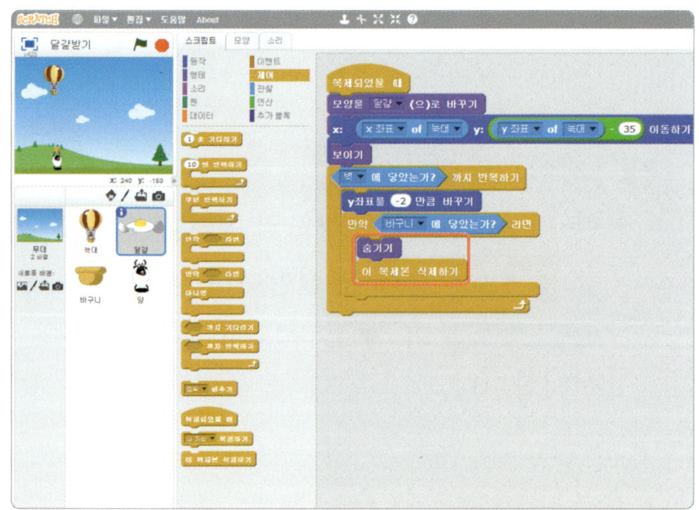

TIP

'달걀' 스프라이트가 바구니에 닿으면 '달걀' 스프라이트를 화면에서 숨긴 후, 복제된 '달걀' 스프라이트를 삭제합니다. `이 복제본 삭제하기`를 이용하여 복제된 스프라이트를 삭제하지 않으면 복제본이 많아져 프로그램이 느려지게 됩니다.

❽ [형태] 팔레트의 `모양을 깨진달걀 (으)로 바꾸기` 를 연결한 다음 [제어] 팔레트의 `1 초 기다리기` 를 연결합니다. 값을 '0.3'으로 변경한 후, [형태] 팔레트의 `숨기기` 를 연결하고 [제어] 팔레트의 `이 복제본 삭제하기` 를 연결합니다.

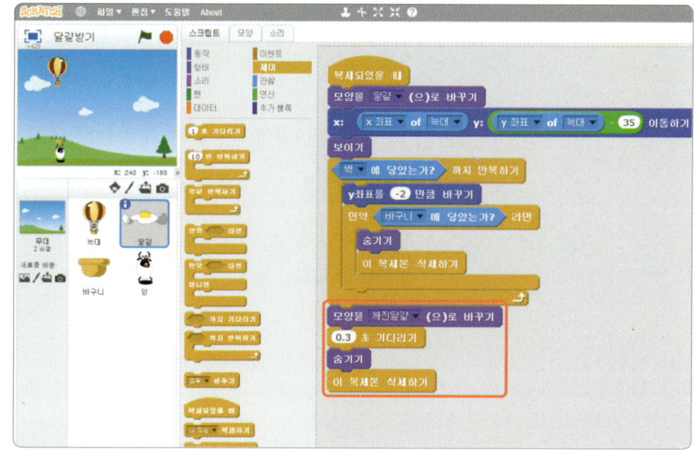

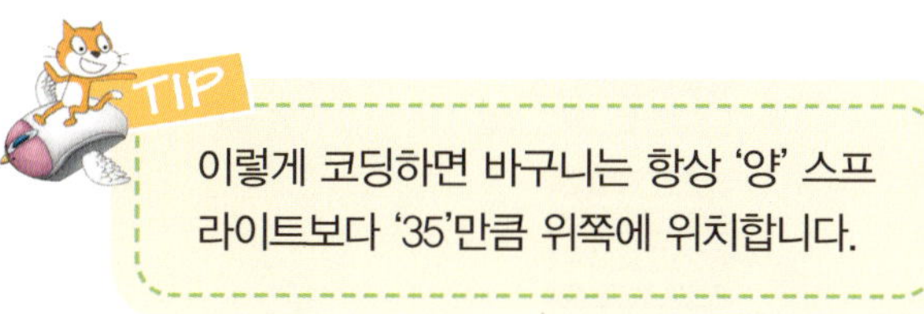

이렇게 코딩하면 '달걀' 스프라이트가 벽에 닿으면 모양을 '깨진달걀'로 바꾼 다음 0.3초를 기다린 후, 화면에서 숨기고 복제본을 삭제합니다.

3 양을 따라다니는 바구니 코딩하기

❶ '바구니' 스프라이트를 선택한 다음 [이벤트] 팔레트의 `클릭됐을 때` 를 삽입하고 [제어] 팔레트의 `무한 반복하기` 를 연결합니다. [동작] 팔레트의 `x: -45 y: -107 이동하기` 를 연결한 다음 [관찰] 팔레트의 `x좌표 of 달걀` 를 'x:' 항목에 연결합니다. ▼를 클릭하여 '양'을 선택합니다.

❷ [연산] 팔레트의 `◯+◯` 를 'y:' 항목에 연결한 다음 [관찰] 팔레트의 `x좌표 of 달걀` 을 왼쪽에 연결합니다. ▼를 클릭하여 `y좌표 of 양` 을 선택한 다음 값에 '35'를 입력합니다.

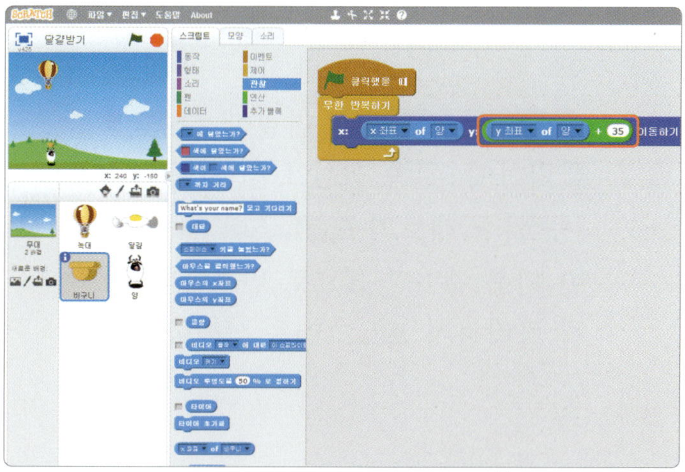

이렇게 코딩하면 바구니는 항상 '양' 스프라이트보다 '35'만큼 위쪽에 위치합니다.

❶ '양' 스프라이트를 선택한 다음 [이벤트] 팔레트의 ▉클릭했을 때▉를 삽입하고 [제어] 팔레트의 ▉무한 반복하기▉를 연결합니다.

❷ [제어] 팔레트의 ▉만약 ~라면▉을 연결한 다음 [관찰] 팔레트의 ▉스페이스 키를 눌렀는가?▉를 연결하고 ▼를 클릭하여 '오른쪽 화살표'를 선택합니다. [동작] 팔레트의 ▉x좌표를 10 만큼 바꾸기▉를 연결한 다음 값을 '3'으로 변경합니다.

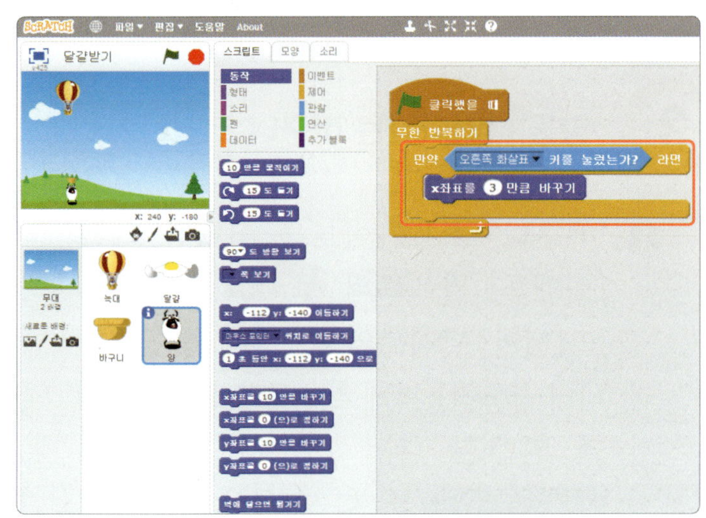

TIP

이렇게 코딩하면 '오른쪽 화살표(→)' 키를 누를 때마다 오른쪽으로 3씩 이동하게 됩니다.

❸ 동일한 방법으로 [제어] 팔레트의 ▉만약 ~라면▉과 [관찰] 팔레트의 ▉스페이스 키를 눌렀는가?▉를 연결한 다음 ▼를 클릭하여 '왼쪽 화살표'를 선택합니다. [동작] 팔레트의 ▉x좌표를 10 만큼 바꾸기▉를 연결한 다음 값을 '-3'으로 변경합니다. 🚩를 클릭하여 프로그램을 실행합니다.

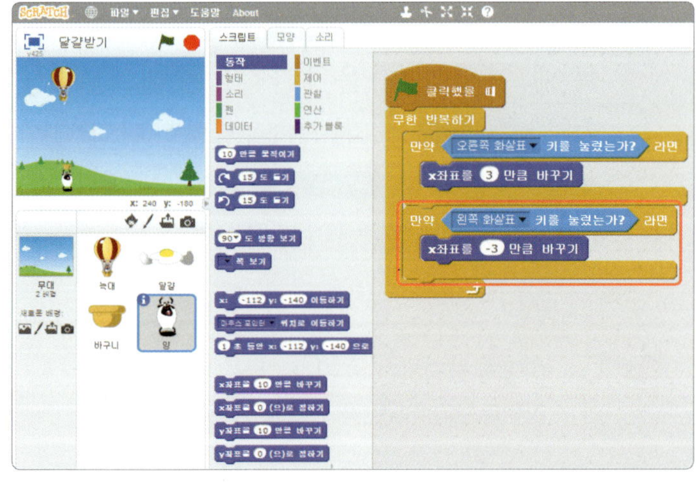

연습 문제

01 '늑대' 스프라이트에 다음 사항을 만족하도록 코딩해 보세요.

- 늑대가 움직이는 속도를 '5'로 바꾼다.
- '2~4'초 사이의 난수를 기다린 후 '달걀' 스프라이트를 복제한다.

02 '달걀' 스프라이트의 숨기기 명령 블록을 삭제한 후 어떻게 실행되는지 확인해 보세요.

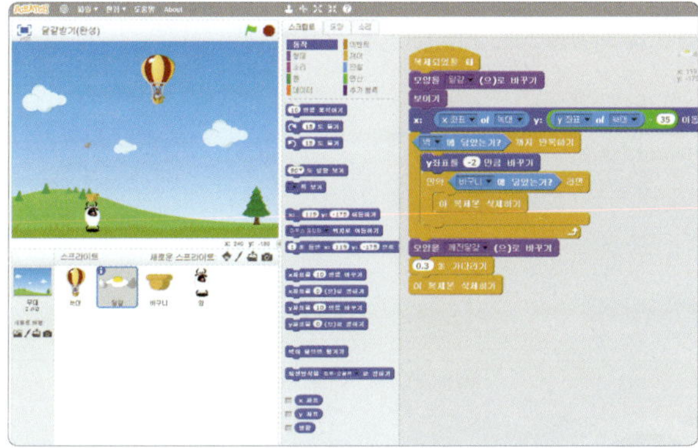

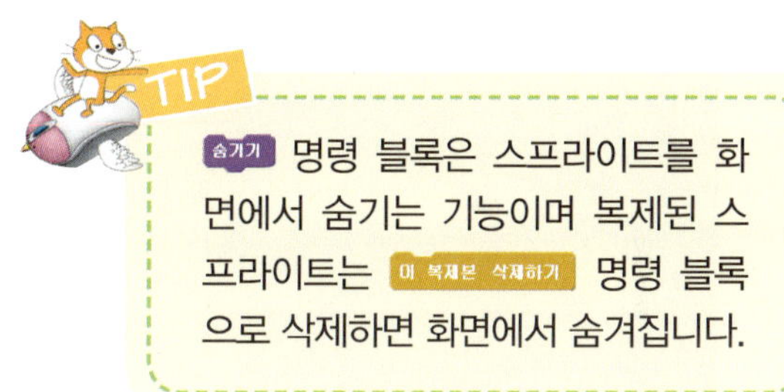

03 '양' 스프라이트를 선택해 → 키나 ← 키를 눌렀을 때 x 좌표가 '5'만큼씩 이동할 수 있도록 코딩을 바꿔보세요.

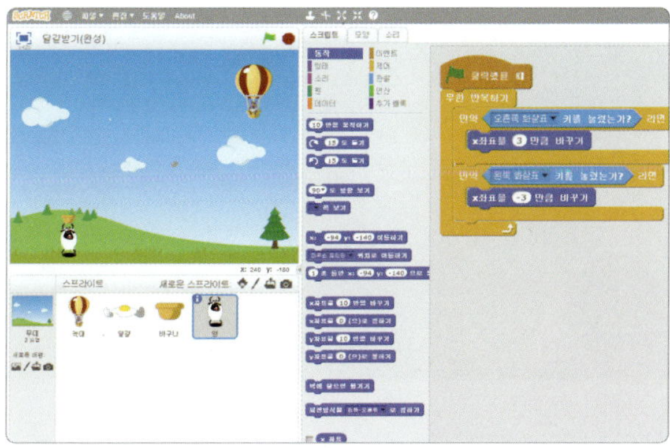

08 양궁 ❶

과녁을 왼쪽과 오른쪽으로 이동하는 방법에 대해 알아보겠습니다. 그리고 점수를 계산하는 동안 과녁을 잠시 멈추는 방법에 대해서도 알아보겠습니다.

학습목표

- 변수를 만들어 활용할 수 있습니다.
- 스프라이트를 왼쪽과 오른쪽으로 움직이다가 잠시 멈출 수 있습니다.

- **예제 파일 :** 양궁게임.sb2
- **완성 파일 :** 양궁게임(완성).sb2
- **사용 방법 :** 좌우로 움직이는 과녁을 향하여 Space Bar 키를 눌러 화살을 쏘는 게임입니다.

❶ [무대]를 선택한 다음 [이벤트] 팔레트의 `클릭했을 때`를 삽입합니다. 변수를 만들기 위해 [데이터] 팔레트의 `변수 만들기` 단추를 클릭합니다. [새로운 변수] 대화상자가 나타나면 변수 이름에 '점수'를 입력한 후 [확인]을 클릭합니다.

❷ 게임이 시작되면 점수 변수의 값을 '0'으로 만들기 위해 [데이터] 팔레트의 `점수 (을)를 0 로 정하기`를 연결합니다. [이벤트] 팔레트의 `message1 방송하기`를 연결한 다음 ▼를 클릭하여 [새 메시지…]를 선택합니다.

❸ [New Message] 대화상자가 나타나면 '준비'를 입력한 후 [확인]을 클릭합니다.

❹ [이벤트] 팔레트의 [message1 ▼ (을)를 받았을 때] 를
삽입한 다음 ▼를 클릭하여 [준비]를
선택합니다. [제어] 팔레트의 [1 초 기다리기]
를 연결한 다음 값을 '2'로 변경합니다.
[이벤트] 팔레트의 [준비 ▼ 방송하기] 를 연결한
다음 ▼를 클릭하여 [새 메시지…]를
선택합니다.

❺ [New Message] 대화상자가 나타나면
'과녁움직이기'를 입력한 후 [확인]을
클릭합니다.

2   과녁을 왼쪽과 오른쪽으로 움직이기

❶ '과녁' 스프라이트를 선택한 다음 [이
벤트] 팔레트의 [과녁움직이기 ▼ (을)를 받았을 때] 를 삽
입합니다. [제어] 팔레트의 [무한 반복하기] 를
연결합니다.

❷ [동작] 팔레트의 `10 만큼 움직이기`를 연결한 다음 값을 '3'으로 변경합니다. 이어서, `벽에 닿으면 튕기기`를 연결합니다.

❸ [이벤트] 팔레트의 `과녁움직이기 (을)를 받았을 때`를 삽입한 다음 ▼를 클릭하여 [새 메시지...]를 선택합니다. [New Message] 대화상자가 나타나면 '점수계산'을 입력한 후 [확인]을 클릭합니다.

❹ [제어] 팔레트의 `모두 멈추기`를 연결한 다음 ▼를 클릭하여 [스프라이트에 있는 다른 스크립트]를 선택합니다.

TIP 이렇게 코딩하면 '점수계산' 메시지를 받으면 과녁이 움직이지 않고 멈춰있게 됩니다.

❶ '선수' 스프라이트를 선택한 다음 [이벤트] 팔레트의 [과녁움직이기 ▼ (을)를 받았을 때] 를 삽입한 다음 ▼를 클릭하여 '준비'를 선택합니다. [제어] 팔레트에서 [1 초 기다리기] 를 연결한 후 '2'로 변경합니다.

❷ [형태] 팔레트에서 [모양을 모양2 ▼ (으)로 바꾸기] 를 연결한 다음 ▼를 클릭하여 '모양1'을 선택합니다. [제어] 팔레트에서 [무한 반복하기] 를 연결합니다.

❸ [제어] 팔레트의 [만약 ~라면] 을 [무한 반복하기] 안에 연결한 다음 [관찰] 팔레트의 [스페이스 ▼ 키를 눌렀는가?] 를 연결합니다.

❹ [제어] 팔레트의 `1 초 기다리기`를 연결한 다음 값을 '0.3'으로 변경합니다. [형태] 팔레트의 `모양을 모양2 (으)로 바꾸기`를 연결한 다음 ▼를 클릭하여 '모양2'를 선택합니다. [이벤트] 팔레트의 `과녁움직이기 ▼ 방송하기`를 연결한 다음 ▼를 클릭하여 [새 메시지...]을 선택합니다.

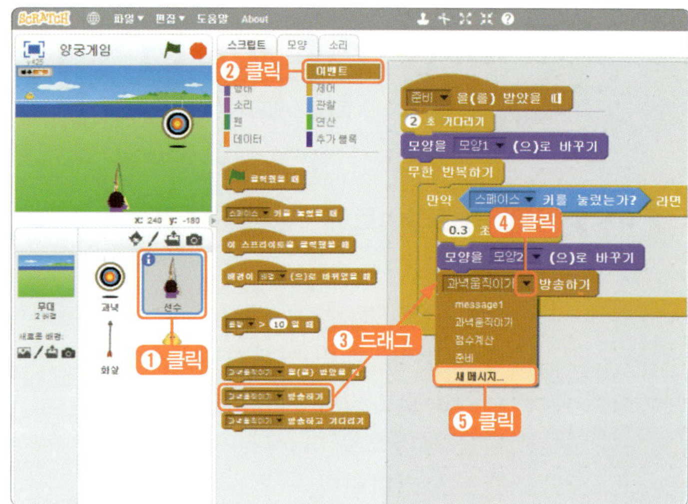

❺ [New Message] 대화상자가 나타나면 '화살쏘기'를 입력한 다음 [확인]을 클릭합니다.

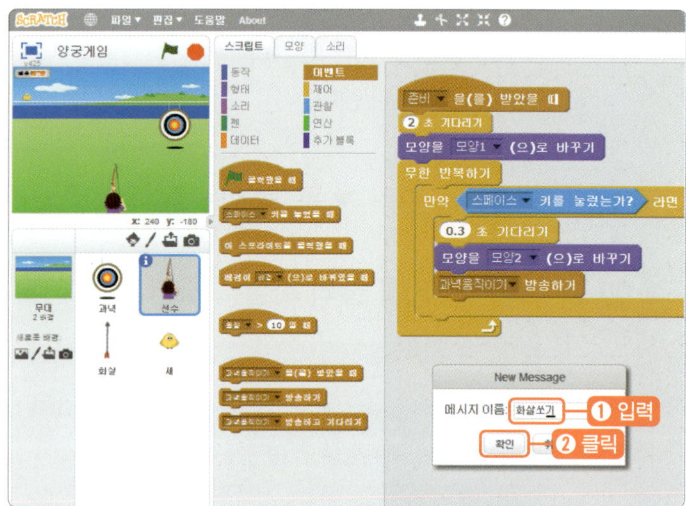

❻ [제어] 팔레트의 `1 초 기다리기`를 연결한 다음 값을 '0.3'으로 변경하고, [형태] 팔레트의 `모양을 모양2 (으)로 바꾸기`를 연결한 다음 ▼를 클릭하여 '모양1'을 선택합니다.

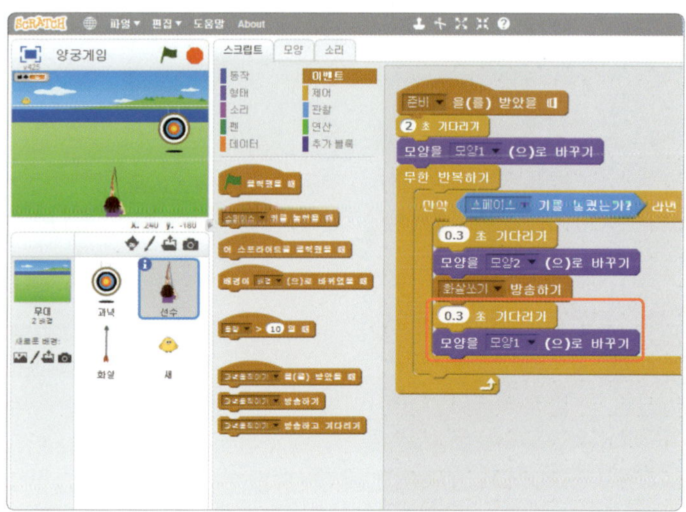

연습 문제

01 '새' 스프라이트에 `화살쏘기 ▼ 을(를) 받았을 때` 스크립트를 추가한 후 다음 조건을 만족하도록 코딩해 보세요.

- `x: -206 y: 105 이동하기` 를 드래그해 '새' 스프라이트의 위치를 지정한다.
- 다음 명령을 5번 반복한다.
- y 좌표를 '5'만큼 바꾼다.
- 다음 모양으로 바꾼다.
- '0.1'초 기다린다.
- 다음 명령을 5번 반복한다.
- y 좌표를 '−5'만큼 바꾼다.
- 다음 모양으로 바꾼다.
- '0.1'초 기다린다.

02 `Space Bar` 키를 눌러 화살을 쏘면 새가 어떻게 되는지 살펴봅니다.

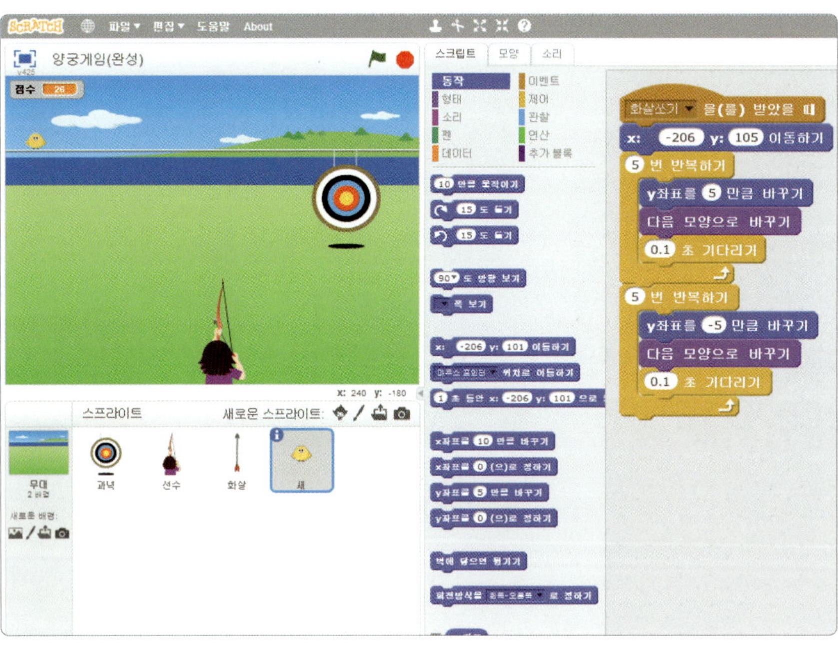

09 양궁 ❷

화살을 쏘는 방법과 화살이 날아가다가 과녁에 맞았을 때 점수를 확인하는 방법에 대해 알아보겠습니다. 또한 점수를 계산하고 이전 점수와 계속해서 합치는 방법에 대해 알아보겠습니다.

학습목표

- 변수를 만들어 활용할 수 있습니다.
- 스프라이트가 특정 색상에 닿았는지 확인할 수 있습니다.

- **예제 파일** : 양궁게임.sb2
- **완성 파일** : 양궁게임(완성).sb2
- **사용 방법** : 좌우로 움직이는 과녁을 향하여 Space Bar 키를 눌러 화살을 쏘는 게임입니다.

❶ '화살' 스프라이트를 선택한 다음 [이벤트] 팔레트의 과녁을착이기 ▼ (를) 받았을 때 를 삽입하고 ▼를 클릭하여 '화살쏘기'를 선택합니다. [동작] 팔레트의 x: 0 y: 0 (으)로 이동하기 를 연결한 다음 [관찰] 팔레트에서 x 좌표 ▼ of 화살 ▼ 를 그림과 같이 'x:'와 'y:'에 연결하고 변경해 줍니다.

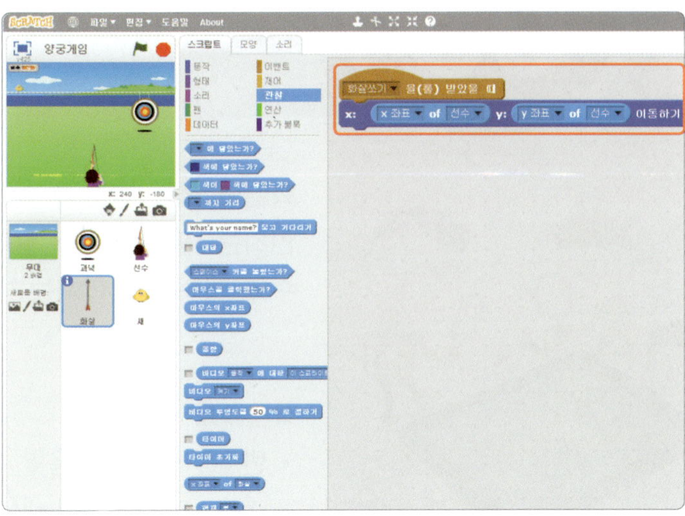

❷ [형태] 팔레트의 보이기 를 연결한 다음 [제어] 팔레트의 10 번 반복하기 를 연결해 값을 '9'로 변경합니다. [동작] 팔레트의 y좌표를 10 만큼 바꾸기 를 연결한 다음 값을 '15'로 변경합니다.

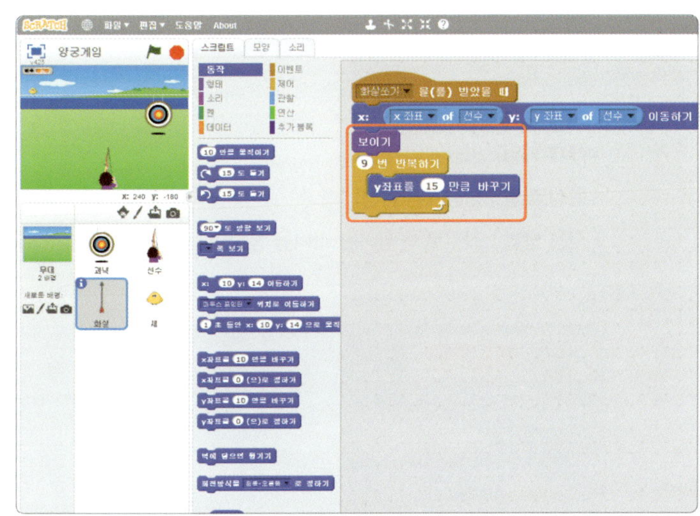

❸ [제어] 팔레트의 만약 ~라면 을 연결한 후, [관찰] 팔레트의 ~에 당았는가? 를 연결한 다음 ▼를 클릭하여 '과녁'을 선택합니다.

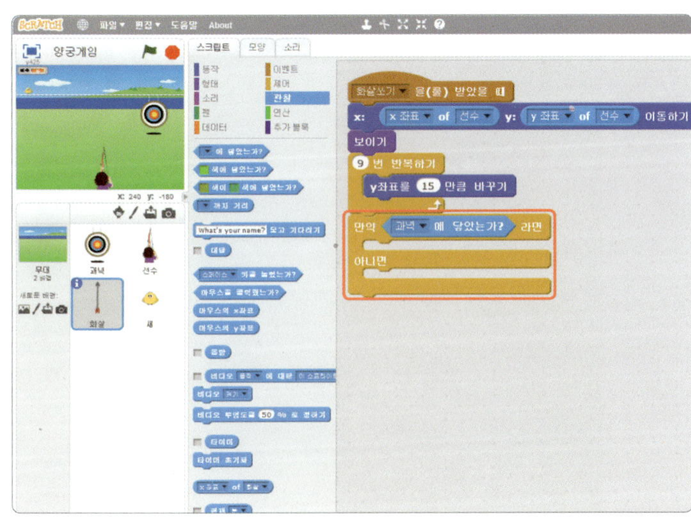

❹ [이벤트] 팔레트의 [과녁움직이기 ▼ 방송하기] 를 연결한 다음 ▼를 클릭하여 '점수계산'을 선택합니다.

❺ [제어] 팔레트의 [까지 반복하기] 을 연결한 다음 [관찰] 팔레트의 [▼ 에 닿았는가?] 를 연결합니다. ▼를 클릭하여 '벽'을 선택한 다음 [동작] 팔레트의 [y좌표를 10 만큼 바꾸기] 를 연결하고 값을 '15'로 변경합니다. [형태] 팔레트의 [숨기기] 를 연결합니다.

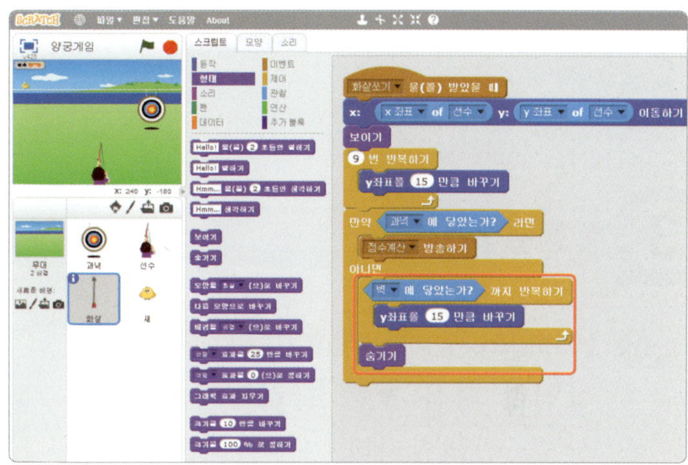

이렇게 코딩하여 화살쏘기를 받으면 '화살' 스프라이트를 선수의 위치에서 15만큼씩 9번 반복하여 움직인 후 과녁에 닿았는지 확인합니다. 이때 과녁에 닿았다면 점수를 계산하고, 그렇지 않다면 벽에 닿을 때까지 계속해서 움직이게 됩니다.

2 준비를 받았을 때 화살 숨기기

❶ [이벤트] 팔레트의 [과녁움직이기 ▼ (을)를 받았을 때] 를 삽입한 다음 ▼를 클릭하여 '준비'를 선택합니다.

❷ [제어] 팔레트의 ⬤초 기다리기 를 연결한 다음 값을 '0.5'로 변경하고, [형태] 팔레트의 숨기기 를 연결합니다.

❸ 점수 계산하기

❶ [이벤트] 팔레트의 과녁을직이기 ▼(을)를 받았을 때 를 삽입한 다음 ▼를 클릭하여 '점수계산'을 선택합니다. [제어] 팔레트의 모두 ▼ 멈추기 를 연결한 다음 ▼를 클릭하여 [스프라이트에 있는 다른 스크립트]를 선택합니다.

❷ [제어] 팔레트의 만약 ~라면 를 연결한 다음 [관찰] 팔레트의 ⬛색에 닿았는가? 를 연결합니다.

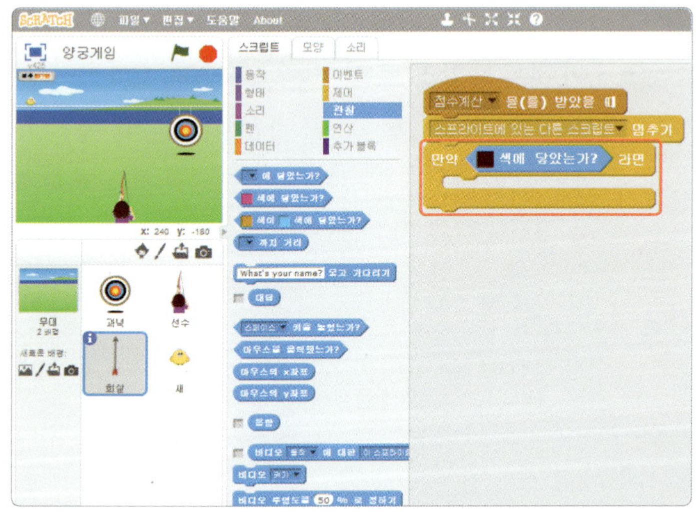

❸  색에 닿았는가? 의 ■를 클릭한 다음 과녁의 가운데 노랑색을 클릭해 색을 선택합니다.

❹ [데이터] 팔레트의 점수▼ 을 ① 만큼 바꾸기 를 연결한 다음 값을 '10'으로 변경합니다. [이벤트] 팔레트의 과녁움직이기▼ 방송하기 를 연결한 다음 ▼를 클릭하여 [준비]를 선택하고 [제어] 팔레트의 모두▼ 멈추기 를 연결한 다음 ▼를 클릭하여 [이 스크립트]를 선택합니다.

TIP
이렇게 코딩하면 화살이 과녁의 가운데인 노랑색에 닿으면 점수를 10점 올린 후 '준비'를 방송하고 '점수계산' 스프라이트의 다른 명령은 실행하지 않게 됩니다.

❺ 동일한 방법으로 과녁의 다른 색(6개)도 클릭하여 점수를 변경하는 명령 블록을 작성하고 ▶를 클릭하여 프로그램을 실행합니다.

연습 문제

01 [무대]를 선택한 후 다음 조건을 만족하도록 코딩해 보세요.

- '남은화살' 변수를 만든다.
- 게임이 시작되면 '남은화살' 변수의 값을 '10'으로 초기화한다.

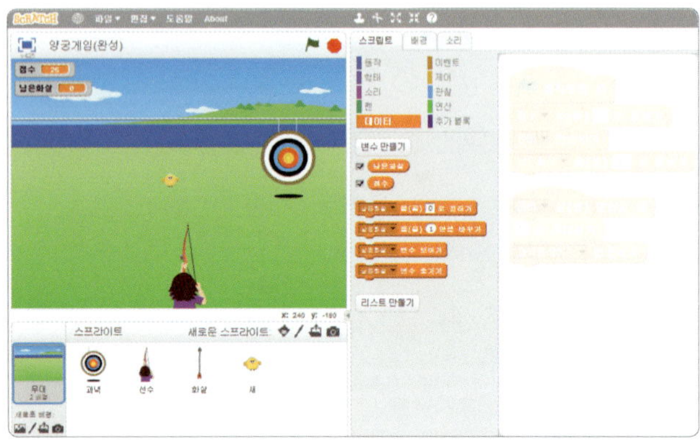

02 [무대]에 '화살쏘기'를 받을 때마다 남은화살 변수의 값을 '1'씩 줄이도록 코딩해 보세요.

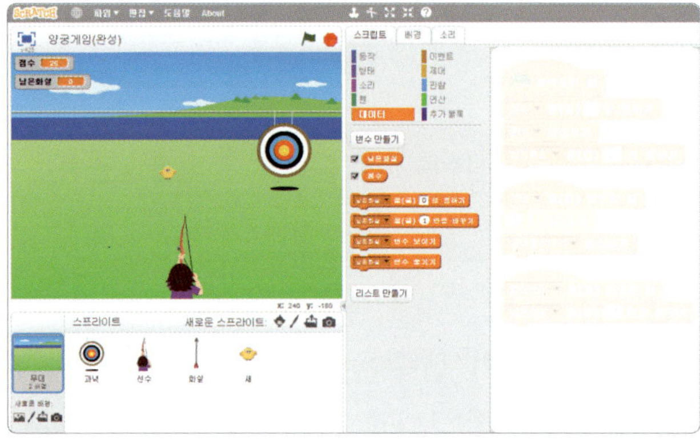

03 남은 화살이 '0'이면 '1'초를 기다린 다음 게임을 종료하도록 코딩해 보세요.

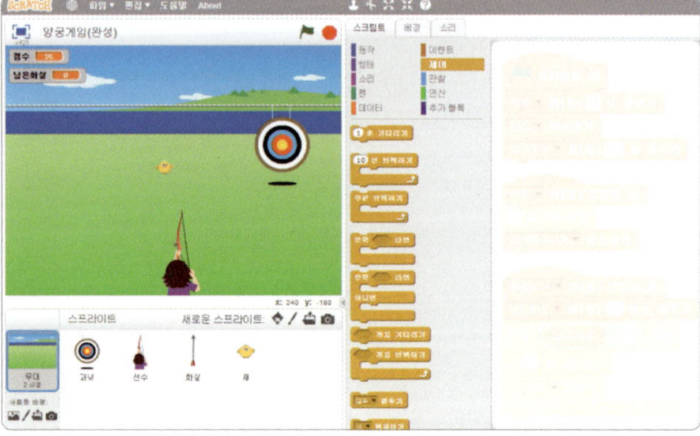

두더지잡기 ❶

두더지잡기는 숨어있는 두더지를 망치로 때리는 게임입니다. 게임 시간을 카운트하여 일정 시간이 지나면 게임이 멈추고, 마우스를 클릭했을 때 망치가 왼쪽으로 90도 회전한 후 다시 돌아오도록 코딩해 보겠습니다.

학습목표

- 마우스를 클릭하면 스프라이트를 회전할 수 있습니다.
- 변수를 만들어 시간을 카운트할 수 있습니다.

- **예제 파일** : 두더지잡기.sb2
- **완성 파일** : 두더지잡기(완성).sb2
- **사용 방법** : 땅 속에서 두더지가 올라오면 마우스(망치)를 드래그하여 두더지를 때리는(클릭) 게임입니다.

❶ 게임 준비하기

❶ [무대]를 선택한 다음 [이벤트] 팔레트
의 클릭했을 때 를 삽입합니다. [데이터] 팔
레트의 시간 (을)를 0 로 정하기 를 연결한 다음
▼를 클릭하여 '점수'를 선택합니다.
이어서, 시간 (을)를 0 로 정하기 를 한번 더 연
결한 다음 ▼를 클릭하여 '시간'을 선
택하고 값에 '60'을 입력합니다.

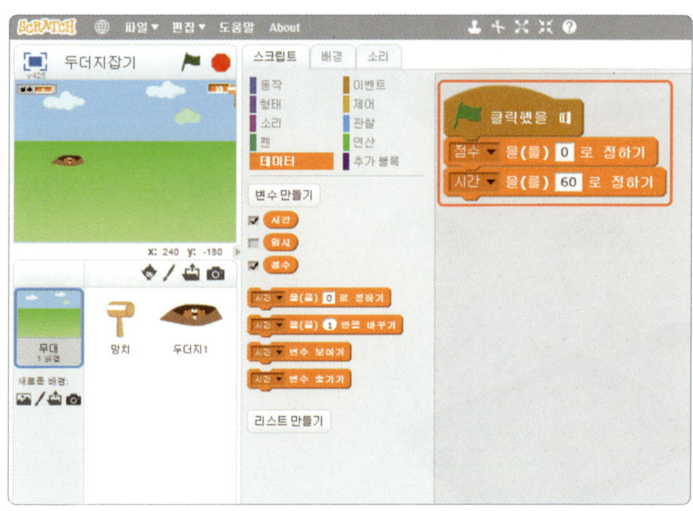

❷ [이벤트] 팔레트의 message1 방송하기 를 연
결한 다음 ▼를 클릭하여 [새 메시
지...]를 선택합니다. [New Message]
대화상자가 나타나면 '확인'을 입력한
후 [확인]을 클릭합니다.

> **TIP**
> 확인 (을)를 받았을 때 은 두더지가 올라왔을 때 망치에 맞았는지 확인하기 위해 사용할 스크립트입니다.

❸ [제어] 팔레트의 까지 반복하기 를 연결한
다음 [연산] 팔레트의 ◁ = ▷ 를 연결합
니다. [데이터] 팔레트의 시간 을 연결
한 다음 값에 '0'을 입력합니다.

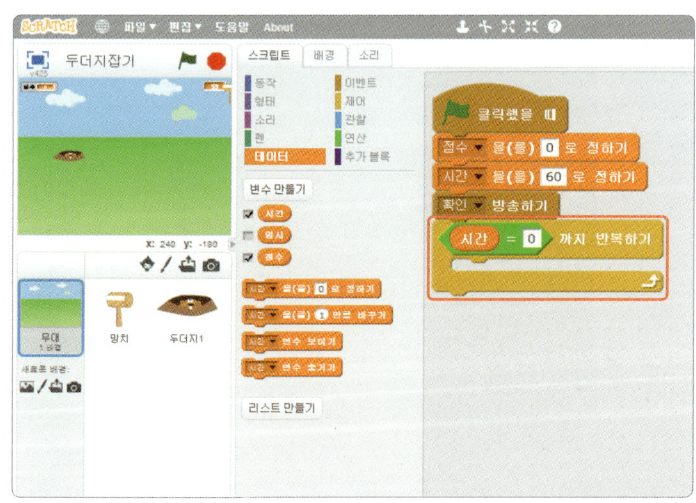

❹ [제어] 팔레트의 `1 초 기다리기`를 연결합니다. [데이터] 팔레트의 `시간 을(를) 1 만큼 바꾸기`를 연결한 다음 값을 '-1'로 변경합니다. 이어서, [제어] 팔레트의 `모두 멈추기`를 연결합니다.

2 마우스를 따라다니는 망치

❶ '망치' 스프라이트를 선택한 다음 [이벤트] 팔레트에서 `클릭했을 때`를 삽입하고 [형태] 팔레트에서 `크기를 80 % 로 정하기`를 연결합니다. 이어서, [제어] 팔레트의 `무한 반복하기`를 연결합니다.

❷ [형태] 팔레트의 `맨 앞으로 나오기`와 [동작] 팔레트의 `마우스의 포인터 위치로 이동하기`를 `무한 반복하기` 안에 연결합니다.

❸ [이벤트] 팔레트의 를 삽입한 다음 [동작] 팔레트에서 를 연결합니다.

❹ [제어] 팔레트의 를 연결한 다음 값을 '4'로 변경하고 [동작] 팔레트의 를 연결합니다. 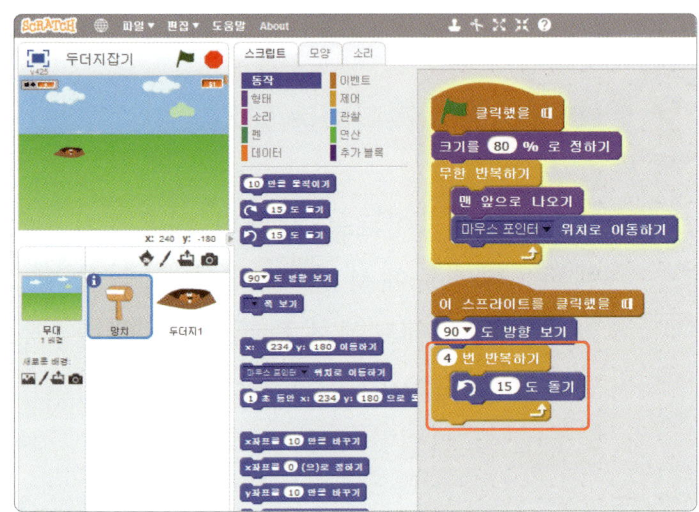

❺ [제어] 팔레트의 를 연결한 다음 값을 '4'로 변경하고 [동작] 팔레트의 를 연결합니다. 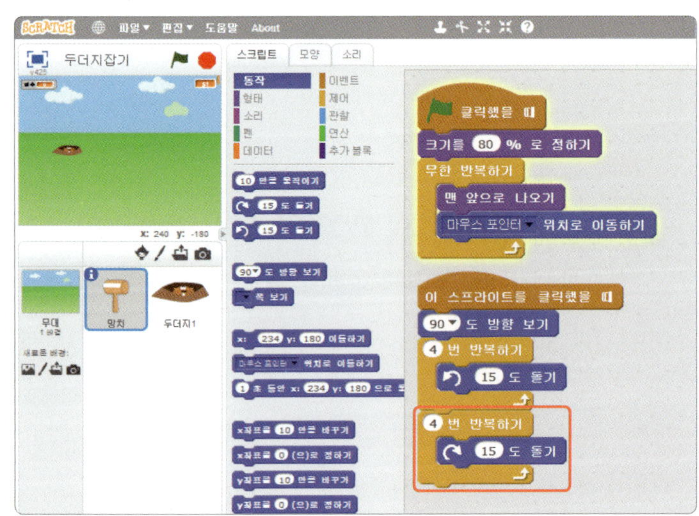

연습 문제

01 [무대]를 선택해 다음 조건을 만족하도록 코딩해 보세요.

- 를 이용하여 점수가 '100'점을 초과하면 모두 멈춰 게임을 종료한다.

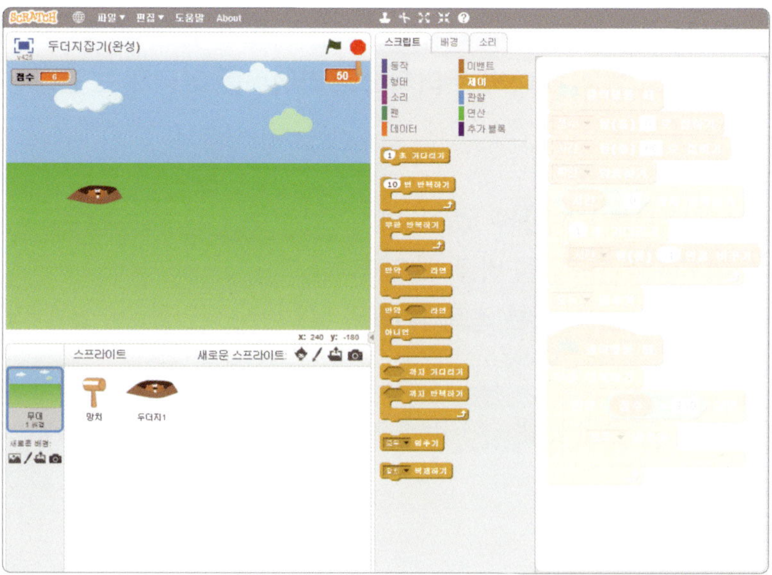

02 [무대]를 선택해 다음 조건을 만족하도록 코딩해 보세요.

- 를 이용하여 점수가 '50'점이 되면 시간을 '10'초 늘린다.
- 이 스크립트를 멈춰 시간 늘리기를 한 번만 할 수 있도록 한다.

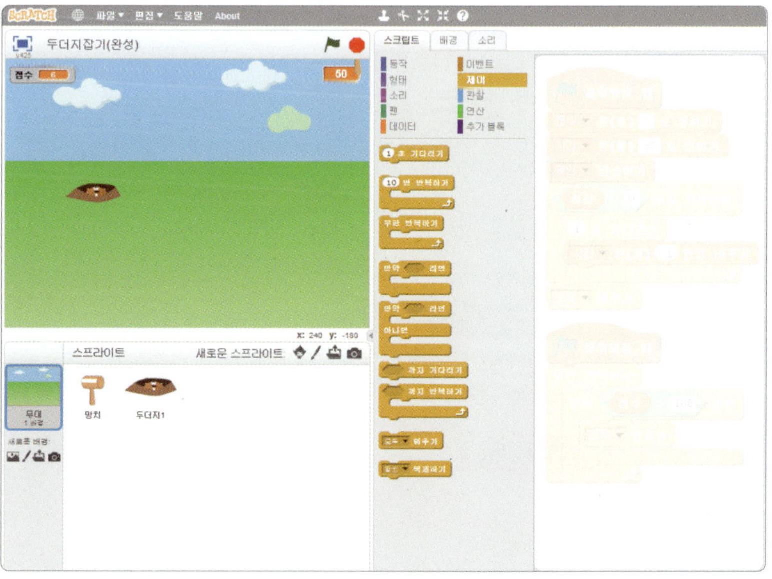

두더지잡기 ②

완성된 스프라이트를 복제한 후 시작 위치만 바꿔 코딩해 보겠습니다. 두더지 스프라이트는 시작하는 위치만 다르고 같은 명령으로 구성되어 있으므로 먼저 하나의 두더지 스프라이트를 코딩해 보겠습니다.

학습목표

- 스프라이트를 복제할 수 있습니다.
- 일정 시간동안 모양을 바꿀 수 있습니다.
- 모양을 바꿨을 때 다른 스프라이트와 닿았는지 확인할 수 있습니다.

- **예제 파일 :** 두더지잡기.sb2
- **완성 파일 :** 두더지잡기(완성).sb2
- **사용 방법 :** 땅 속에서 두더지가 올라오면 마우스(망치)를 드래그하여 두더지를 때리는(클릭) 게임입니다.

1 뛰어오르는 두더지 만들기

① '두더지' 스프라이트를 선택한 다음 [이벤트] 팔레트의 [클릭했을 때]를 삽입합니다. 이어서, [동작] 팔레트의 [x: -120 y: 0 이동하기]를 연결하고 [형태] 팔레트의 [모양을 모양3 (으)로 바꾸기]를 연결한 다음 ▼를 클릭하여 '모양1'로 변경합니다.

② [제어] 팔레트의 [무한 반복하기]를 연결한 다음 [1 초 기다리기]를 연결합니다. 이어서, [연산] 팔레트의 [1 부터 10 사이의 난수]를 연결한 다음 값을 '0.5', '5'로 변경합니다.

③ [형태] 팔레트의 [모양을 모양3 (으)로 바꾸기]를 연결한 다음 ▼를 클릭하여 '모양2'로 변경하고, [제어] 팔레트의 [1 초 기다리기]를 연결합니다. [형태] 팔레트의 [모양을 모양3 (으)로 바꾸기]를 연결한 다음 ▼를 클릭하여 '모양1'로 변경합니다.

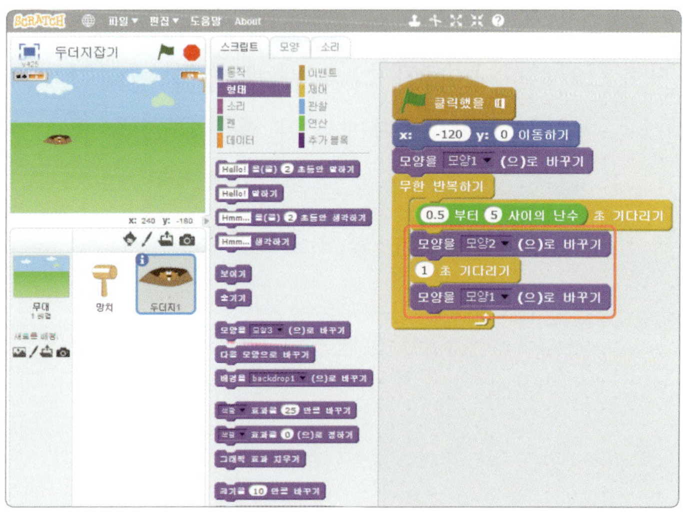

❶ [이벤트] 팔레트의 `확인 ▼ (을)를 받았을 때`를 삽입합니다. [제어] 팔레트의 `무한 반복하기`를 연결한 다음 `만약 ~라면`을 연결합니다. 이어서, [관찰] 팔레트의 `마우스를 클릭했는가?`를 연결합니다.

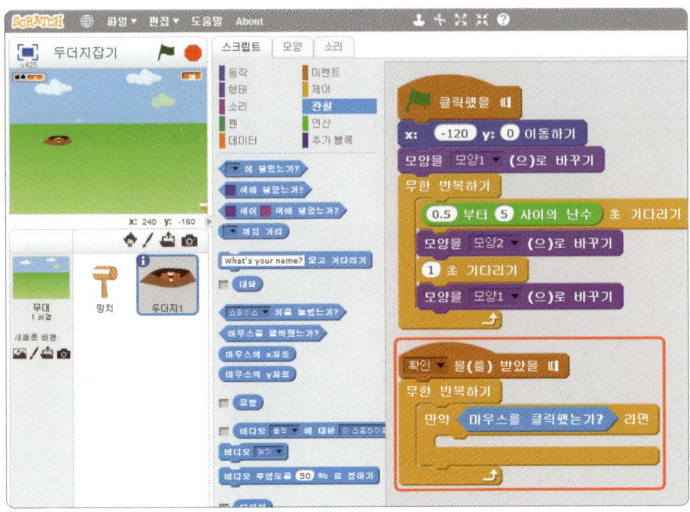

❷ [제어] 팔레트의 `만약 ~라면`을 연결합니다. [연산] 팔레트의 `~ 그리고 ~`를 연결한 다음 `□ = □`를 `~ 그리고 ~`의 왼쪽에 연결해 줍니다.

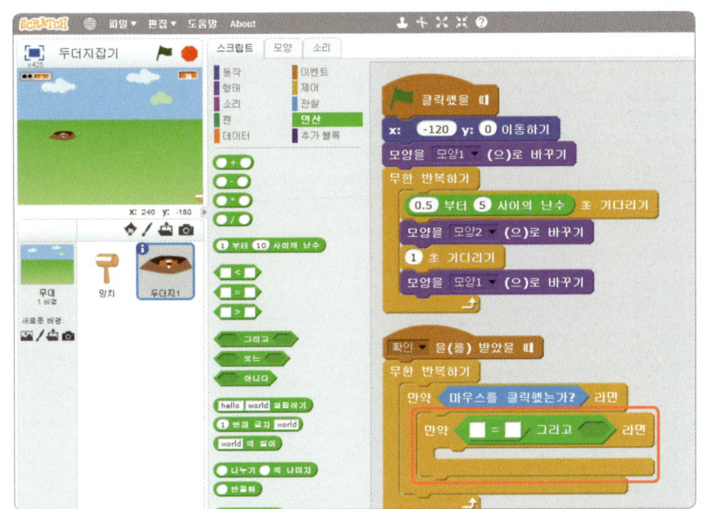

❸ [형태] 팔레트의 `모양 번호`를 `□ = □`의 왼쪽에 연결한 다음 값에 '2'를 입력합니다. [관찰] 팔레트의 `~ 에 닿았는가?`를 `~ 그리고 ~`의 오른쪽에 연결한 다음 ▼를 클릭하여 '망치'를 선택합니다.

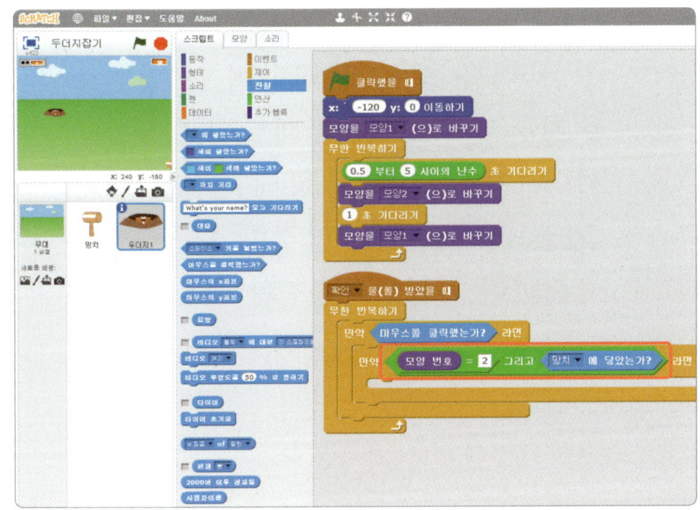

❹ [데이터] 팔레트의 ▭ 를 연결한 다음 ▼를 클릭하여 '점수'로 변경합니다. [형태] 팔레트의 ▭ 를 연결합니다. [제어] 팔레트의 ▭ 를 연결한 다음 값을 '0.5'로 변경하고 [형태] 팔레트의 ▭ 를 연결한 다음 ▼를 클릭하여 '모양1'을 선택합니다.

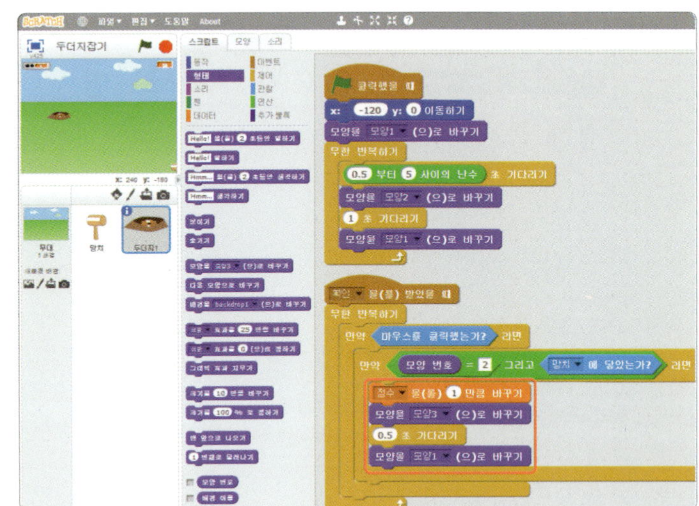

③ 스프라이트 복사하기

❶ 완성된 '두더지1' 스프라이트에서 마우스 오른쪽 단추를 클릭해 [복사]를 선택합니다.

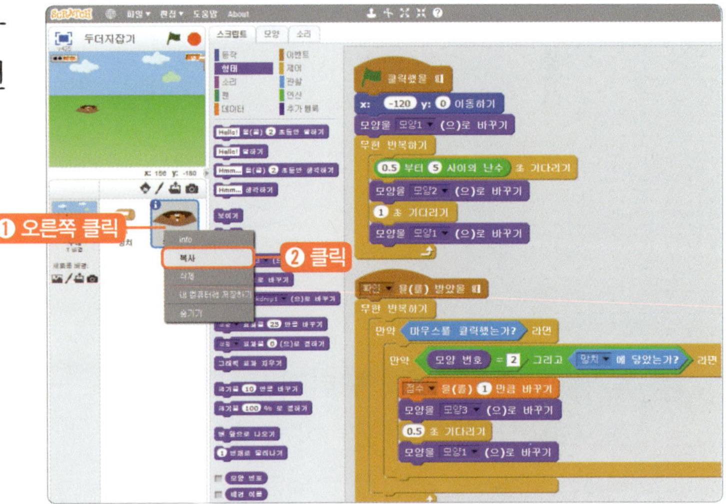

❷ '두더지1' 스프라이트가 복사되면서 '두더지2'라는 새로운 스프라이트가 생성됩니다. 동일한 방법으로 복사하여 '두더지8' 스프라이트까지 만들어 줍니다.

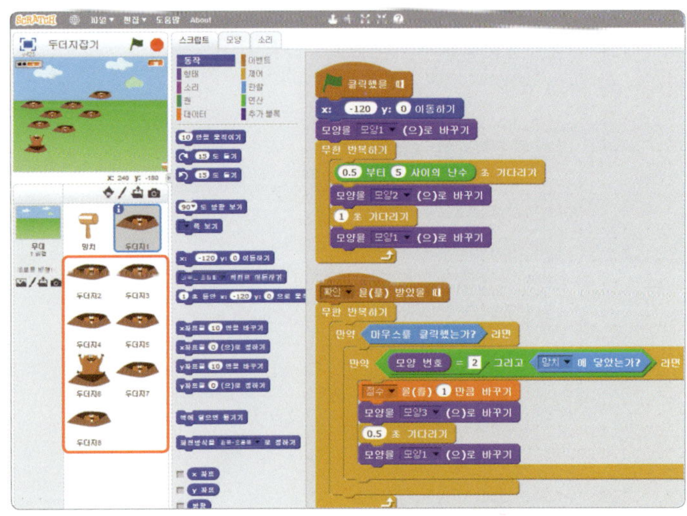

❸ '두더지2' 스프라이트를 선택한 다음 x: -120 y: 0 이동하기 의 값을 '0', '0'으로 변경해 줍니다.

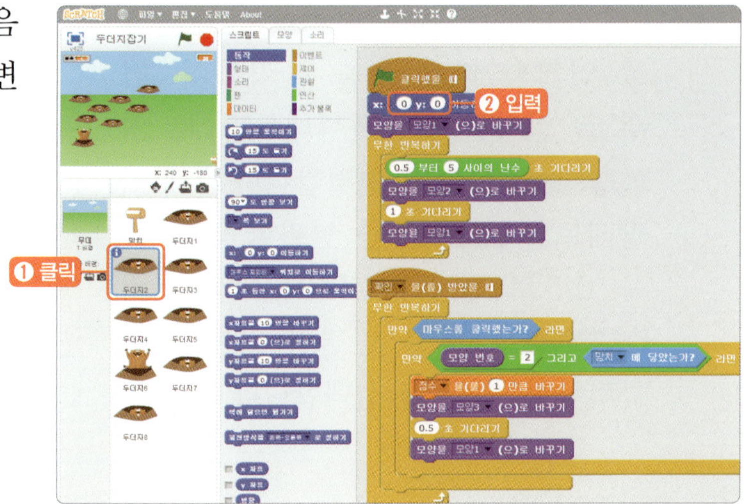

❹ '두더지3' 스프라이트를 선택한 다음 x: -120 y: 0 이동하기 의 값을 '120', '0'으로 변경해 줍니다.

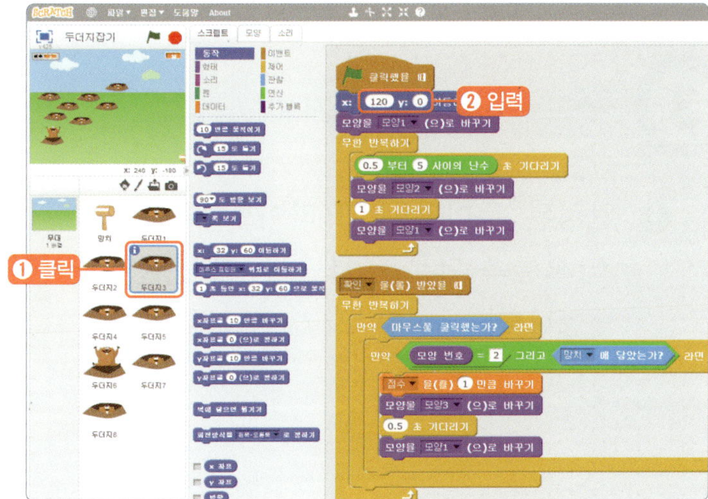

❺ 동일한 방법으로 '두더지4~두더지8' 스프라이트의 위치를 아래 표를 참고하여 지정해 줍니다. ▶를 클릭하여 프로그램을 실행하면 스프라이트가 지정된 위치로 이동합니다.

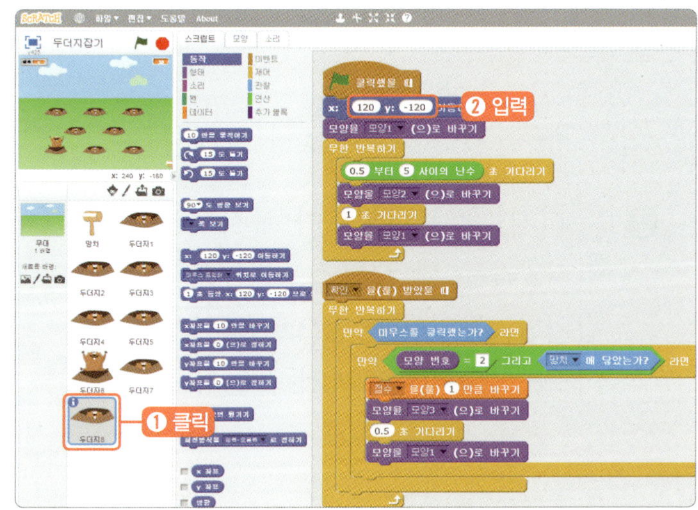

스프라이트 이름	위치
두더지4	x:-60, y:-60
두더지5	x:60, y:-60
두더지6	x:-120, y:-120
두더지7	x:0, y:-120
두더지8	x:120, y:-120

연습 문제

01 '두더지'가 숨어있는 시간(모양1)과 튀어오르는 시간(모양2)을 다음 조건에 맞추어 코딩해 보세요.

스프라이트 이름	숨어있는 시간(모양1)	튀어오르는 시간(모양2)
두더지1	0.5~3초 사이의 난수	0.5~3초 사이의 난수
두더지2	1.5~4초 사이의 난수	1.5~2초 사이의 난수
두더지3	1~3초 사이의 난수	1~2.5초 사이의 난수
두더지4	0.5~3초 사이의 난수	0.5~3초 사이의 난수
두더지5	1.5~4초 사이의 난수	1.5~2초 사이의 난수
두더지6	1~3초 사이의 난수	1~2.5초 사이의 난수
두더지7	0.5~3초 사이의 난수	0.5~3초 사이의 난수
두더지8	1.5~4초 사이의 난수	1.5~2초 사이의 난수

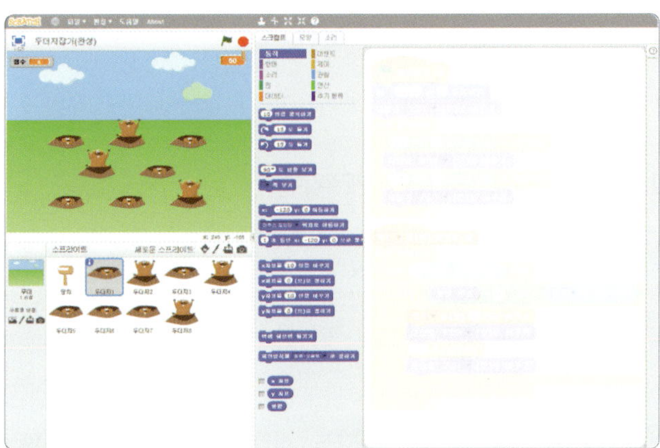

02 '망치' 스프라이트의 **이 스프라이트를 클릭했을 때** 스크립트에 다음 조건에 맞게 코딩해 보세요.

- 왼쪽으로 '30' 돌기를 3번 반복한다.
- 오른쪽으로 '30' 돌기를 3번 반복한다.

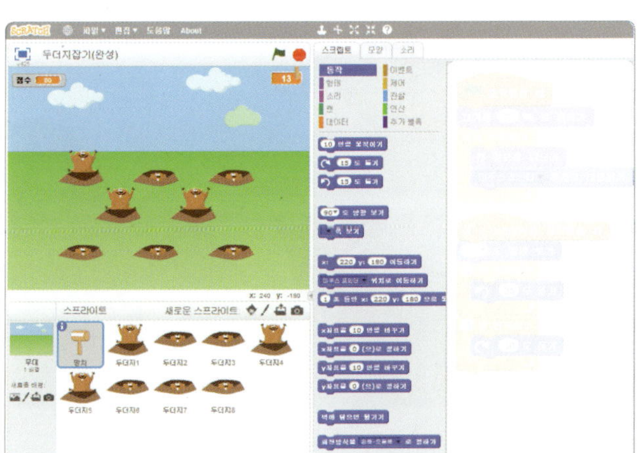

12 늑대와 풍선 ❶

늑대가 좌우로 움직이도록 코딩해 보겠습니다. 그리고 풍선이 터지면 병아리 스프라이트가 땅으로 떨어져 걸어가도록 코딩해 보겠습니다.

학습목표

- '병아리'가 '풍선' 스프라이트를 따라 다니도록 코딩할 수 있습니다.
- 풍선이 터지면 '병아리'가 땅으로 떨어져 오른쪽으로 걸어가도록 코딩할 수 있습니다.

- **예제 파일 :** 늑대와 풍선.sb2
- **완성 파일 :** 늑대와 풍선(완성).sb2
- **사용 방법 :** 양을 위/아래(방향키)로 움직이면서 화살을 쏴(Space Bar) 풍선을 맞추는 게임입니다 .

❶ '늑대' 스프라이트를 선택한 다음 [이벤트] 팔레트의 ▣클릭했을때 를 삽입합니다. [제어] 팔레트의 무한반복하기 를 연결한 다음 ①초기다리기 를 연결하고 값을 '0.3'으로 변경합니다.

❷ [형태] 팔레트의 다음모양으로바꾸기 를 연결한 다음 [동작] 팔레트의 ⑩만큼움직이기 와 벽에닿으면튕기기 를 연결합니다.

❸ '병아리' 스프라이트를 선택한 다음 [이벤트] 팔레트의 ▣클릭했을때 를 삽입하고 [형태] 팔레트의 숨기기 를 연결합니다.

④ [이벤트] 팔레트의  를 삽입한 다음 ▼를 클릭하여 [새 메시지...]를 선택합니다. [New Message] 대화상자가 나타나면 '병아리숨기기'를 입력하고 [확인]을 클릭합니다.

⑤ [제어] 팔레트의 모두 멈추기 를 연결한 다음 ▼를 클릭하여 '스프라이트에 있는 다른 스크립트'를 선택합니다. 이어서, [형태] 팔레트의 숨기기 를 연결합니다.

❷ 풍선을 따라 하늘로 올라가기

❶ [이벤트] 팔레트의 병아리숨기기 을(를) 받았을 때 를 삽입한 다음 ▼를 클릭하여 [새 메시지...]를 선택합니다. [New Message] 대화상자가 나타나면 '병아리보이기'를 입력하고 [확인]을 클릭합니다. 이어서, [형태] 팔레트의 보이기 를 연결합니다.

❷ [제어] 팔레트의 무한 반복하기를 연결합니다. [동작] 팔레트의 x: -70 y: 10 이동하기를 연결한 다음 [관찰] 팔레트의 x좌표 ▾ of 병아리 ▾를 'x:'에 연결하고 ▼를 클릭하여 '풍선'을 선택합니다.

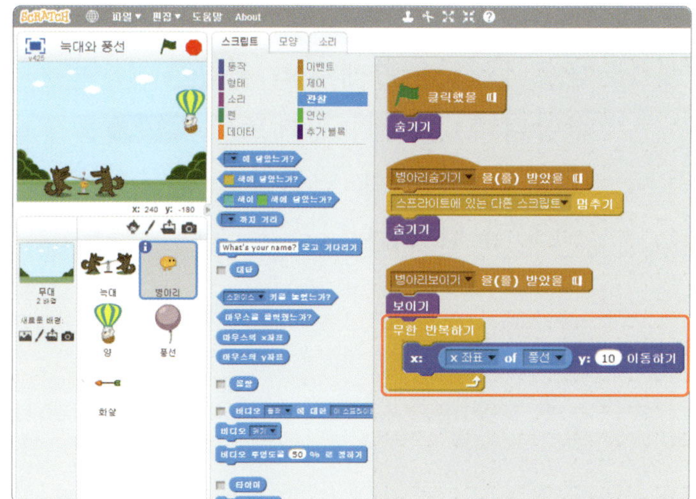

❸ [연산] 팔레트의 ◯-◯를 'y:'에 연결한 다음 ◯-◯의 왼쪽에 [관찰] 팔레트의 x좌표 ▾ of 병아리 ▾를 연결합니다. 이어서, ▼를 클릭하여 'y좌표'와 '풍선'을 선택하고 값에 '30'을 입력합니다.

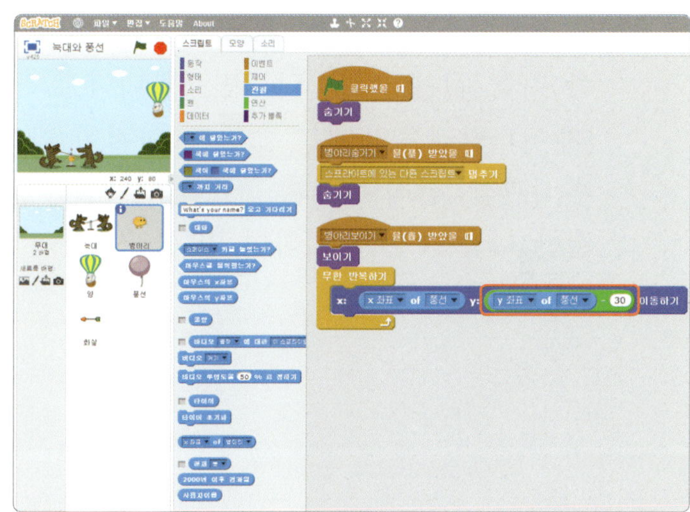

<h2>3 풍선이 터지면 떨어지는 병아리 코딩하기</h2>

❶ [이벤트] 팔레드에서 병아리보이기 ▾ 을(를) 받았을 때를 삽입한 다음 ▼를 클릭하여 [새 메시지...]를 선택합니다. [New Message] 대화상자가 나타나면 '풍선터지기'를 입력하고 [확인]을 클릭합니다. [제어] 팔레트의 모두 ▾ 멈추기를 연결한 다음 ▼를 클릭하여 '스프라이트에 있는 다른 스크립트'를 선택합니다.

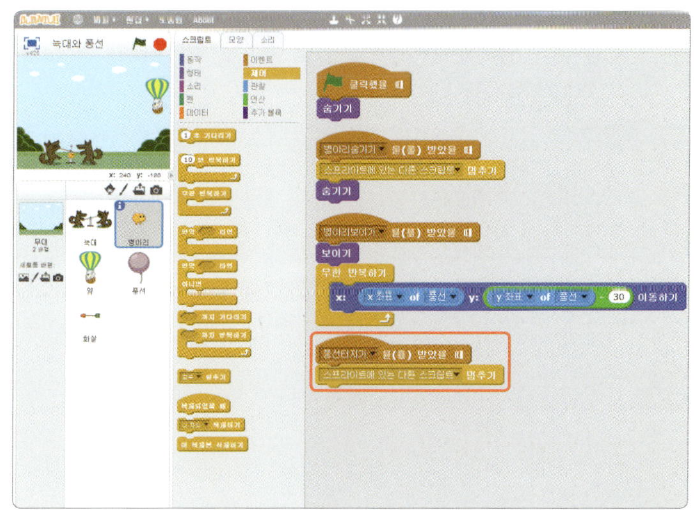

❷ [제어] 팔레트의 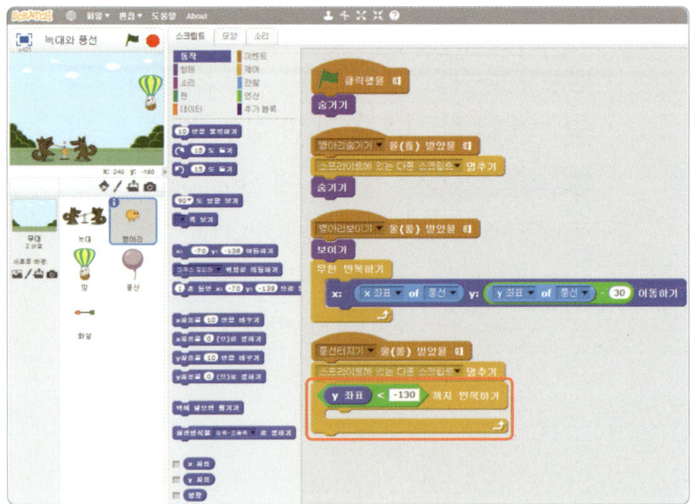까지 반복하기 를 연결한
다음 [연산] 팔레트의 < 를 연
결합니다. [동작] 팔레트의 y 좌표 를
< 의 왼쪽에 연결하고 오른쪽에
'−130'을 입력합니다.

❸ [동작] 팔레트의 y좌표를 10 만큼 바꾸기 를 연결
한 다음 값에 '−10'으로 변경합니다.
[제어] 팔레트의 까지 반복하기 를 연결한
후, [관찰] 팔레트의 ▼ 에 닿았는가? 를 연
결한 다음 ▼를 클릭하여 '벽'을 선택
합니다.

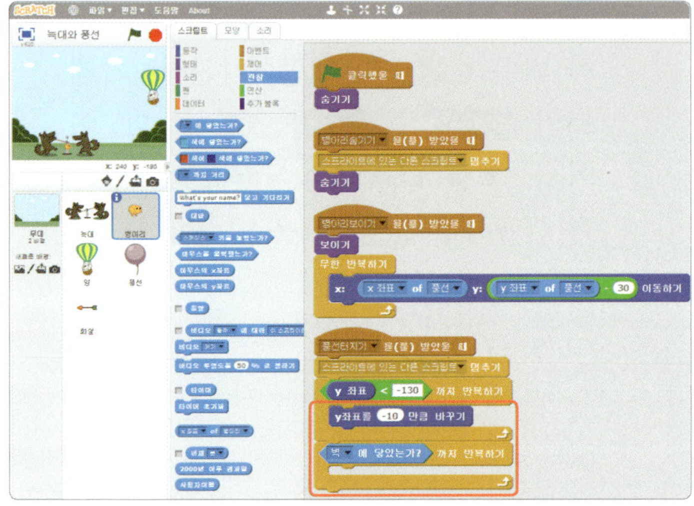

❹ [제어] 팔레트의 1 초 기다리기 를 연결한 다
음 값을 '0.1'로 변경합니다. [동작] 팔
레트의 x좌표를 10 만큼 바꾸기 를 연결한 다음
값을 '20'으로 변경합니다. [형태] 팔레
트의 다음 모양으로 바꾸기 를 연결한 후, 숨기기 를
연결합니다.

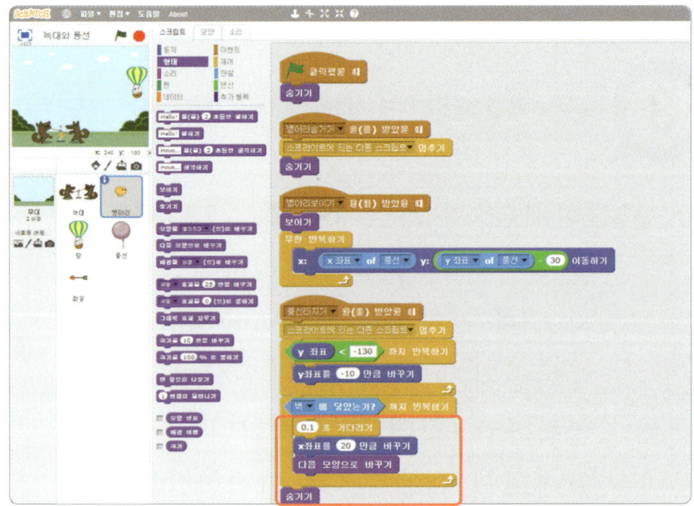

연습 문제

01 '늑대' 스프라이트를 선택해 다음 조건에 맞게 변경하고 어떻게 실행되는지 확인해 보세요.

- 스프라이트 영역에서 '늑대' 스프라이트를 선택한다.
- ⓘ 를 클릭한 다음 회전 방식에서 ↻ 를 선택한다.
- ⚑ 를 클릭해 늑대가 어떻게 회전하는지 알아본다.

02 '병아리' 스프라이트에 다음 조건에 맞게 변경하시오.

- `병아리보이기 을(를) 받았을 때` 스크립트에 `크기를 100 % 로 정하기` 명령 블록을 추가한다.
- `풍선터지기 을(를) 받았을 때` 스크립트에 `크기를 5 만큼 바꾸기` 명령 블록을 추가한다.
  (하늘에서 떨어지는 부분에 추가)

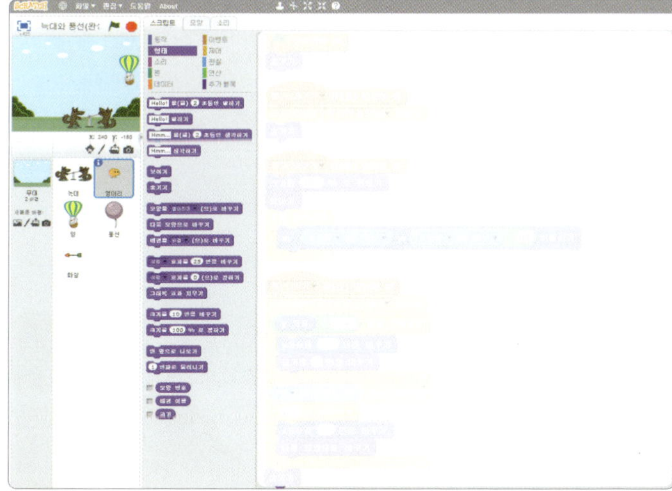

TIP 이렇게 코딩하면 '병아리' 스프라이트가 떨어지면서 크기가 커지게 됩니다.

13

늑대와 풍선 ❷

키보드를 누를 때마다 '양' 스프라이트가 위/아래로 움직이도록 하는 방법에 대해 알아보겠습니다. 또한, Space Bar 키를 누를 경우 '화살' 스프라이트가 왼쪽으로 날아가도록 코딩해 보겠습니다.

학습목표

- 키보드를 눌러 스프라이트를 위/아래로 움직일 수 있습니다.
- 스프라이트의 크기를 조금씩 바꿀 수 있습니다.

- **예제 파일** : 늑대와 풍선.sb2
- **완성 파일** : 늑대와 풍선(완성).sb2
- **사용 방법** : 양을 위/아래(방향키)로 움직이면서 화살을 쏴(Space Bar) 풍선을 맞추는 게임입니다.

1 키보드로 움직이는 양 코딩하기

❶ '양' 스프라이트를 선택한 다음 [이벤트] 팔레트의 클릭했을 때 를 삽입하고 [제어] 팔레트에서 무한 반복하기 를 연결합니다. 이어서, 만약 라면 을 연결한 다음 [관찰] 팔레트의 스페이스 키를 눌렀는가? 를 연결합니다. ▼를 클릭하여 '위쪽 화살표'를 선택합니다.

❷ [제어] 팔레트의 만약 라면 을 연결한 다음 [연산] 팔레트의 ◁ < ▷ 를 연결합니다. [동작] 팔레트의 y 좌표 를 ◁ < ▷ 의 왼쪽에 연결하고 오른쪽에 '110'을 입력합니다. 이어서, y좌표를 10 만큼 바꾸기 를 연결한 다음 값을 '5'로 변경합니다.

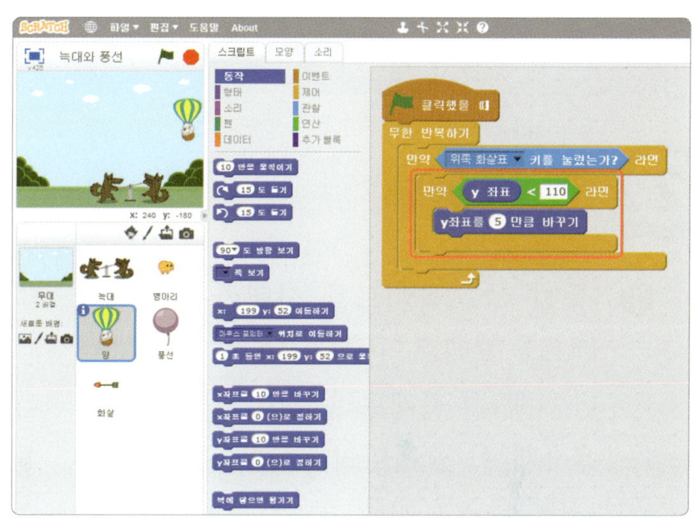

❸ [제어] 팔레트의 만약 라면 을 연결한 다음 [관찰] 팔레트의 스페이스 키를 눌렀는가? 를 연결합니다. 이어서, ▼를 클릭하여 '아래쪽 화살표'를 선택합니다.

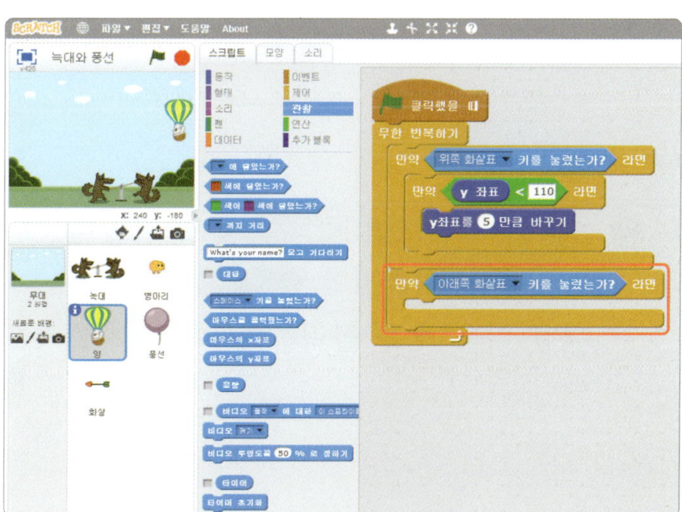

❹ [제어] 팔레트의 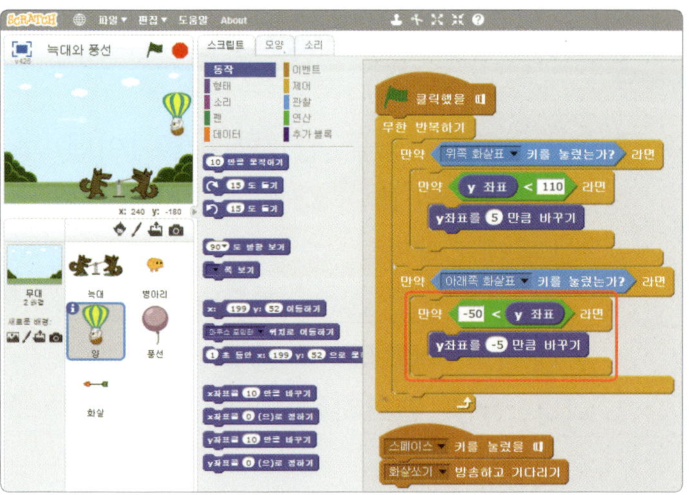을 연결한 다음 [연산] 팔레트의 를 연결합니다. [동작] 팔레트의 y 좌표 를 의 오른쪽에 연결하고 왼쪽에 '−50'을 입력합니다. 이어서, y좌표를 10 만큼 바꾸기 를 연결한 다음 값을 '−5'로 변경합니다.

❺ [이벤트] 팔레트의 스페이스 키를 눌렀을 때 를 삽입한 다음 병아리보이가 방송하고 기다리기 를 연결하고 ▼를 클릭하여 [새 메시지…]를 선택합니다. [New Message] 대화상자가 나타나면 '화살쏘기'를 입력하고 [확인]을 클릭합니다.

② 풍선 코딩하기

❶ '풍선' 스프라이트를 선택한 다음 [이벤트] 팔레트의 클릭했을 때 를 삽입합니다. [형태] 팔레트의 숨기기 를 연결한 다음 [제어] 팔레트의 무한 반복하기 를 연결합니다.

❷ [제어] 팔레트의 만약 라면 을 연결합니다. [관찰] 팔레트의 ▼에 닿았는가? 를 연결한 다음 ▼를 클릭하여 '화살'을 선택합니다.

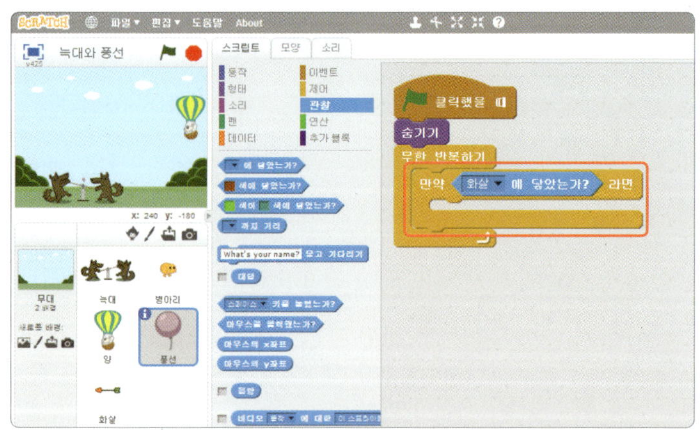

❸ [제어] 팔레트의 [모두▼ 멈추기]를 연결한 다음 ▼를 클릭하여 '스프라이트에 있는 다른 스크립트'를 선택합니다. [형태] 팔레트의 [숨기기]를 연결한 다음 [이벤트] 팔레트의 [병아리보이기▼ 방송하고 기다리기]를 연결합니다. ▼를 클릭하여 '풍선터지기'를 선택합니다. [병아리보이기▼ 방송하기]를 연결한 다음 ▼를 클릭하여 [새 메시지...]를 선택합니다. [New Message] 대화상자가 나타나면 '다음풍선'을 입력하고 [확인]을 클릭합니다.

❹ [이벤트] 팔레트의 [병아리보이기▼ (을)를 받았을 때]를 삽입한 다음 ▼를 클릭하여 '다음풍선'을 선택합니다. 이어서, [제어] 팔레트의 [1 초 기다리기]를 연결합니다.

TIP 화면이 작은 관계로 ❸번까지 작업한 내용을 보이지 않게 하였으니 이어서 작업합니다.

❺ [동작] 팔레트의 [x: -70 y: -108 이동하기]를 연결합니다. [관찰] 팔레트의 [x 좌표▼ of 병아리▼]를 'x:'에 연결한 다음 ▼를 클릭하여 '늑대'를 선택합니다. [연산] 팔레트의 [○+○]를 'y:'에 연결힌 디음 [관찰] 팔레트의 [x 좌표▼ of 병아리▼]를 [○+○]의 왼쪽에 연결하고 ▼를 클릭하여 [y 좌표▼ of 늑대]로 변경합니다. 이어서, 값에 '20'을 입력합니다.

❻ [형태] 팔레트의 크기를 24.3 % 로 정하기 를 연결한 다음 값을 '10'으로 변경하고 보이기 를 연결합니다. [제어] 팔레트의 10 번 반복하기 를 연결한 다음 값을 '9'로 변경합니다. 이어서, 1 초 기다리기 를 연결한 다음 값을 '0.2'로 변경합니다.

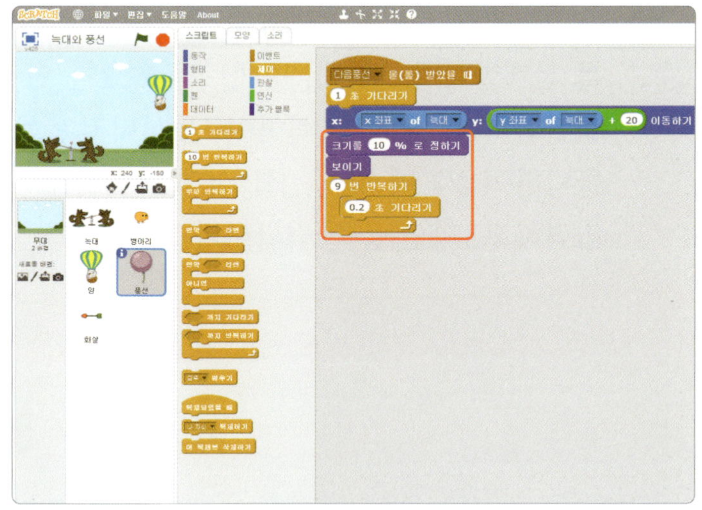

❼ [형태] 팔레트의 크기를 10 만큼 바꾸기 를 연결한 다음 [동작] 팔레트의 x: -70 y: -108 이동하기 를 연결합니다. [관찰] 팔레트의 x좌표 ▼ of 병아리 ▼ 를 'x:'에 연결한 후, ▼ 를 클릭하여 '늑대'를 선택합니다. [연산] 팔레트의 ◯ + ◯ 를 'y:'에 연결한 다음 [관찰] 팔레트의 x좌표 ▼ of 병아리 ▼ 를 ◯ + ◯ 왼쪽에 연결하고 ▼를 클릭하여 y좌표 ▼ of 늑대 ▼ 로 변경합니다. 이어서, 값에 '20'을 입력합니다.

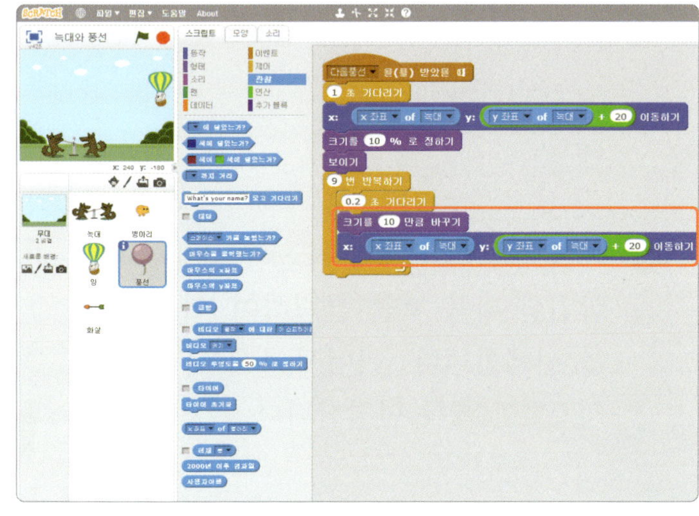

❽ [이벤트] 팔레트의 다음풍선 ▼ 방송하기 를 연결한 다음 ▼를 클릭하여 '병아리보이기' 를 선택하고 [제어] 팔레트의 까지 반복하기 를 연결합니다.

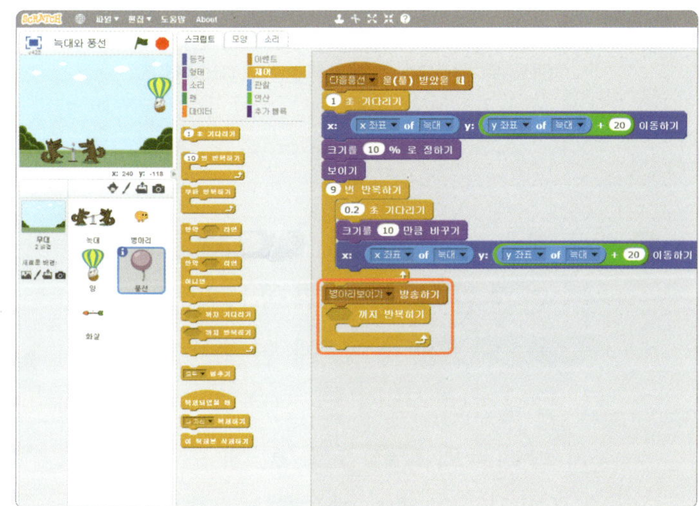

❾ [관찰] 팔레트의 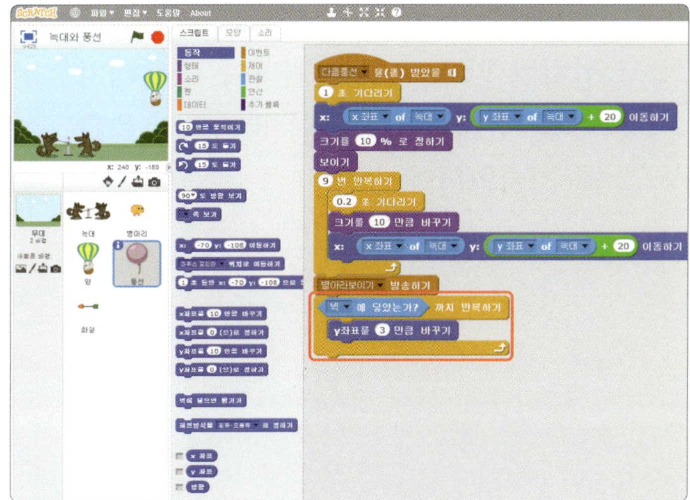 를 연결한 다음 ▼를 클릭하여 '벽'을 선택합니다. 이어서, [동작] 팔레트의 `y좌표를 10 만큼 바꾸기` 를 연결하고 값을 '3'으로 변경합니다.

❿ [형태] 팔레트의 `숨기기` 를 연결한 다음 [이벤트] 팔레트의 `다음풍선▼ 방송하기` 를 연결합니다. ▼를 클릭하여 '병아리숨기기'를 선택한 다음 `다음풍선▼ 방송하기` 를 하나 더 연결해 줍니다.

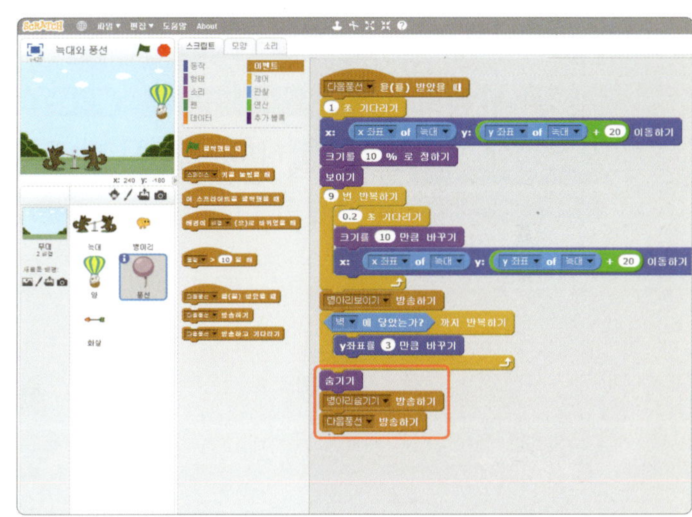

③ 화살 코딩하기와 게임 준비하기

❶ '화살' 스프라이트를 선택한 다음 [이벤트] 팔레트의 `클릭했을 때` 를 삽입한 다음 [형태] 팔레트의 `숨기기` 를 연결합니다.

❷ [이벤트] 팔레트의  를 삽입한 다음 ▼를 클릭하여 '풍선터지기'를 선택하고 [형태] 팔레트의 숨기기 를 연결합니다.

❸ [이벤트] 팔레트의 를 삽입한 다음 ▼를 클릭하여 '화살쏘기'를 선택합니다. [동작] 팔레트의 x: -231 y: -73 이동하기 를 연결한 후, 'x:'에 [연산] 팔레트의 ◯-◯ 를 연결합니다. [관찰] 팔레트의 x좌표 of 병아리 를 ◯-◯ 의 왼쪽에 연결하고 x좌표 of 양 을 선택한 다음 오른쪽에 '30'을 입력합니다. [연산] 팔레트의 ◯-◯ 를 'y:'에 연결합니다. [관찰] 팔레트의 x좌표 of 병아리 를 연결한 다음 y좌표 of 양 으로 변경하고 값에 '30'을 입력합니다.

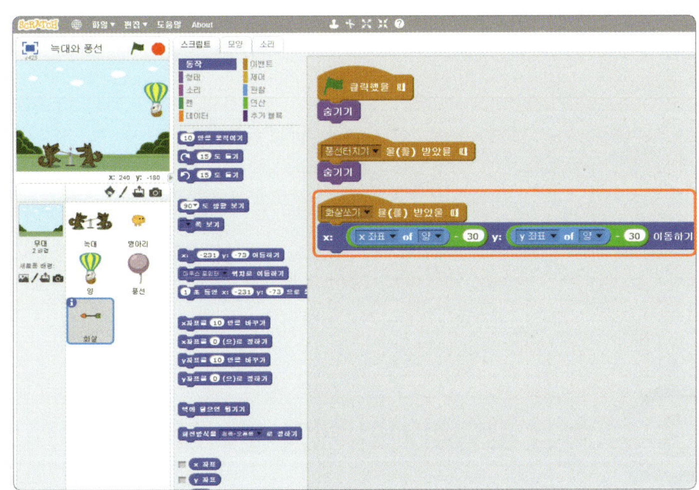

❹ [형태] 팔레트의 보이기 를 연결한 다음 [제어] 팔레트의 까지 반복하기 를 연결합니다. [관찰] 팔레트의 ▼에 닿았는가? 를 연결한 다음 ▼를 클릭하여 '벽'을 선택합니다.

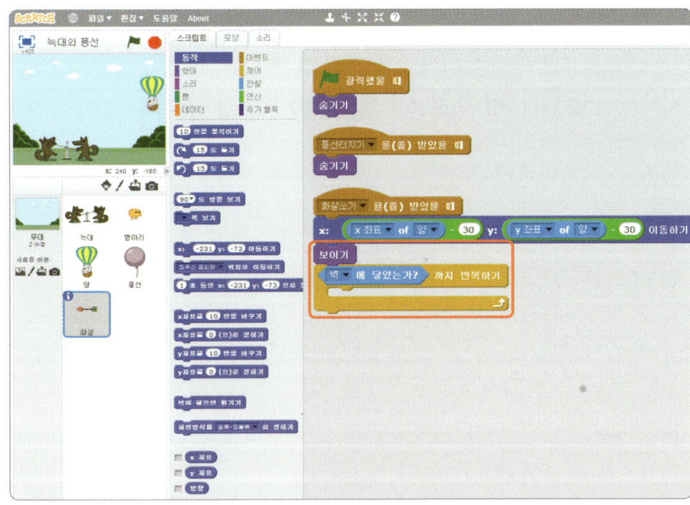

❺ [동작] 팔레트의 `x좌표를 10 만큼 바꾸기` 를 연결한 다음 값을 '−10'으로 변경합니다.

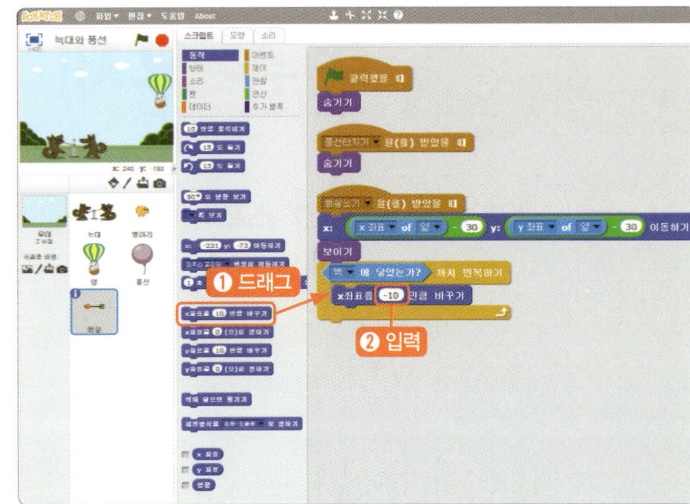

❻ [형태] 팔레트의 `숨기기` 를 연결합니다.

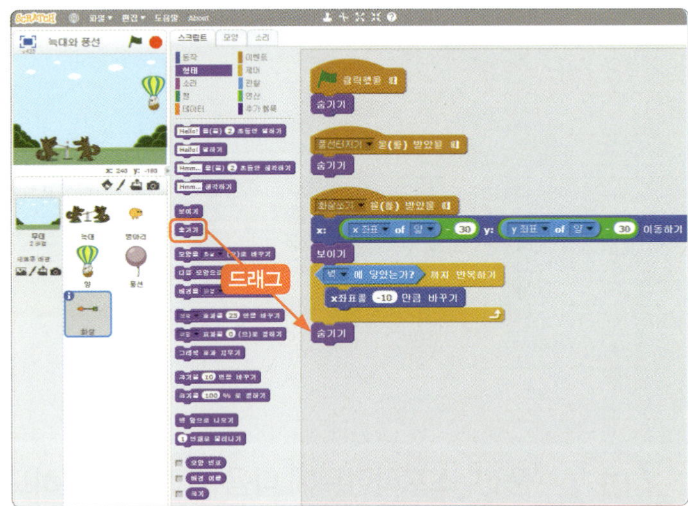

❼ [무대]를 선택한 다음 [이벤트] 팔레트의 `클릭했을 때` 를 삽입합니다. 이어서, `다음풍선 방송하기` 를 연결합니다.

연습 문제

 **01** 게임이 시작되면 '양' 스프라이트가 화면에 보이는 위치를 다음과 같이 지정해 보세요.

- x좌표 : 200, y좌표 : 50

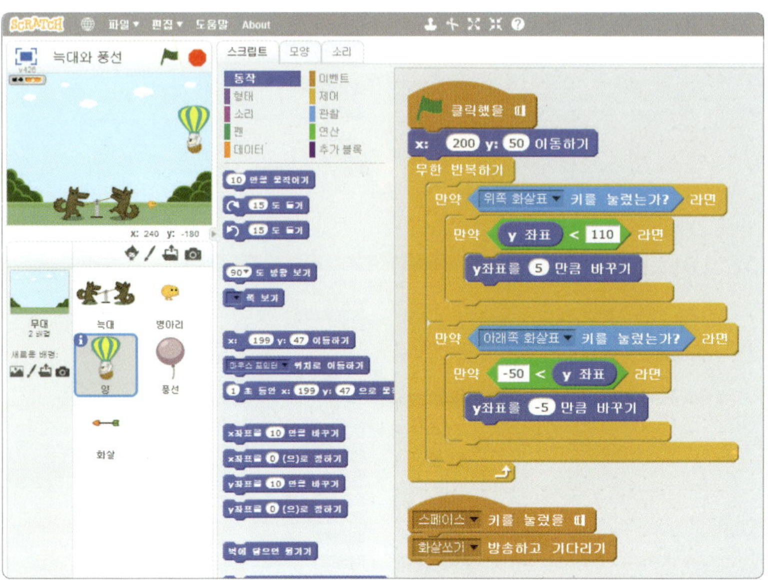

 **02** '풍선' 스프라이트에 다음 조건을 만족하도록 코딩해 보세요.

- '점수' 변수를 만들고 게임을 시작하면 값을 '0'으로 초기화한다.
- '풍선' 스프라이트가 '화살' 스프라이트에 닿으면 '1'점을 올린다.

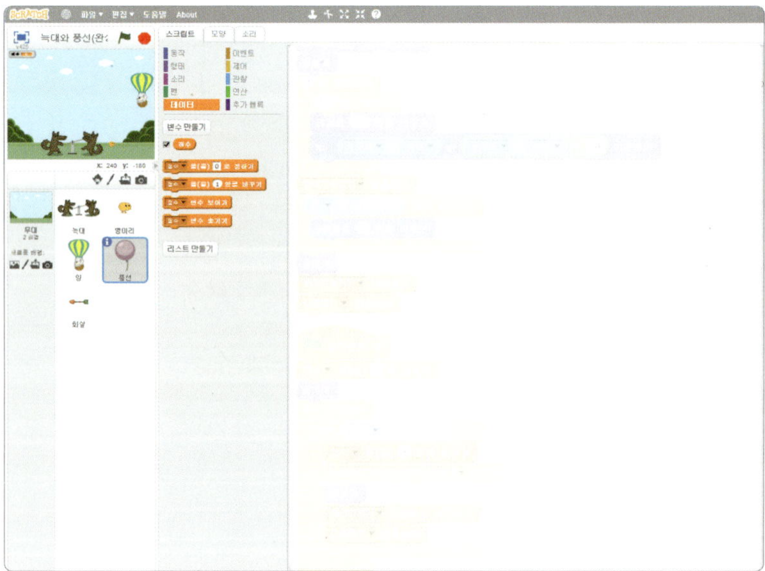

레이싱

트랙을 달리는 자동차를 만들어 보겠습니다. 트랙은 빠르게 달릴 수 있지만 안전 지역은 느린 속도로 달리고, 통과 불가는 지나갈 수 없도록 코딩하는 방법에 대해 알아보겠습니다.

학습목표

- 변수를 만들고 활용할 수 있습니다.
- 작성한 명령 블록을 복사하여 수정할 수 있습니다.
- 불필요한 명령 블록을 삭제할 수 있습니다.

- **예제 파일** : 레이싱카.sb2
- **완성 파일** : 레이싱카(dhkstjd).sb2
- **사용 방법** : 앞으로 이동(↑) , 뒤로 이동(↓), 오른쪽 회전(→), 왼쪽 회전(←) 키를 이용하여 자동차를 조정하는 게임입니다.

❶ '자동차' 스프라이트를 선택한 다음 [이벤트] 팔레트의 [클릭했을 때]를 삽입합니다. [동작] 팔레트의 [x: -45 y: 130 이동하기]를 연결한 다음 [90▼도 방향 보기]를 연결합니다.

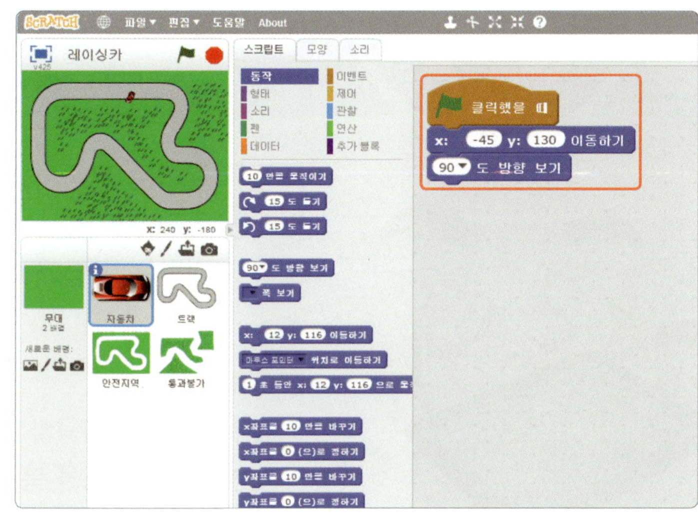

❷ 새로운 변수를 만들기 위해 [데이터] 팔레트를 선택한 다음 [변수 만들기]를 클릭합니다. [새로운 변수] 대화상자가 나타나면 '이전x좌표'를 입력하고 [확인]을 클릭합니다. 새로운 변수가 만들어지면, 동일한 방법으로 '이전y좌표'와 '이전방향' 변수를 만들어 줍니다.

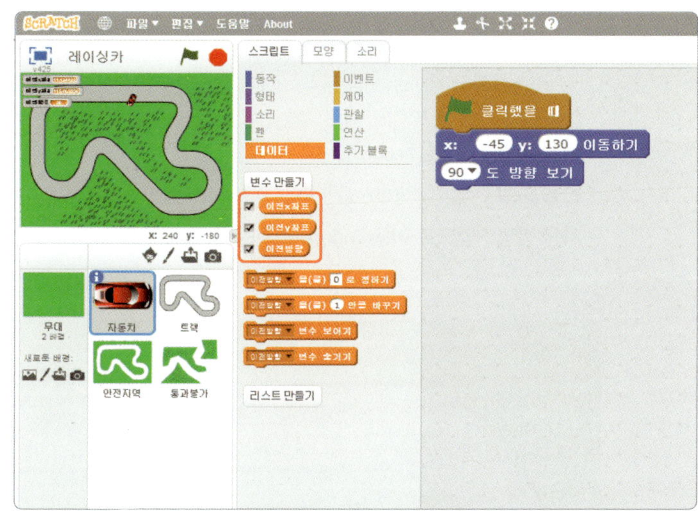

❸ '이전x좌표' 변수를 화면에서 숨기기 위해 [데이터] 팔레트의 변수 이름 앞에 있는 ☑를 클릭해 선택을 해제합니다. 동일한 방법으로 다른 '이전y좌표'와 '이전방향' 변수의 ☑를 클릭해 선택을 해제합니다.

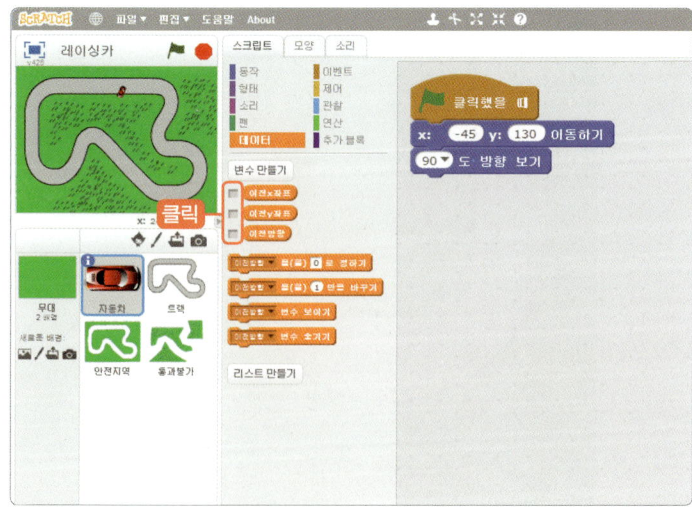

❶ [이벤트] 팔레트에서 클릭했을 때 를 삽입한 다음 [제어] 팔레트에서 무한 반복하기 를 연결합니다.

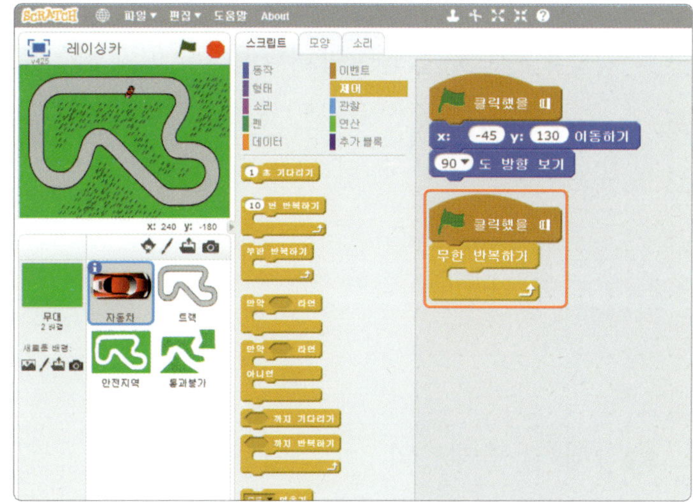

❷ 이어서, 만약 ~라면 을 연결한 후, [관찰] 팔레트의 스페이스 키를 눌렀는가? 를 연결하고 ▼를 클릭하여 '위쪽 화살표'를 선택합니다.

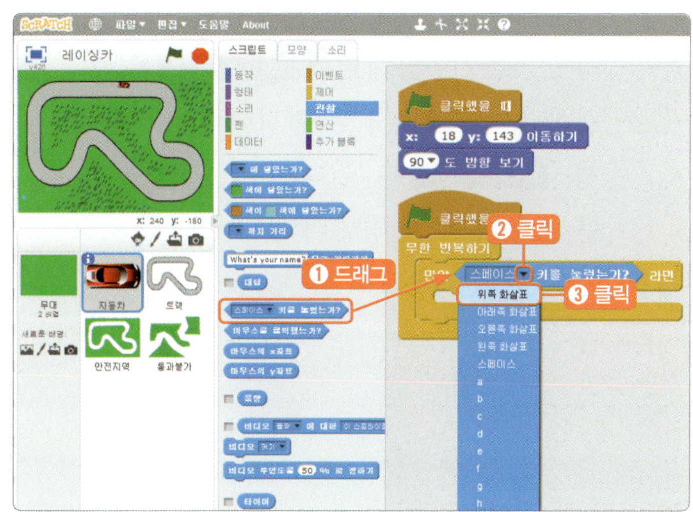

❸ [데이터] 팔레트의 이전방향 (을)를 0 로 정하기 를 연결한 다음 ▼를 클릭하여 '이전x좌표'를 선택합니다. 이어서, [동작] 팔레트의 x좌표 를 연결합니다.

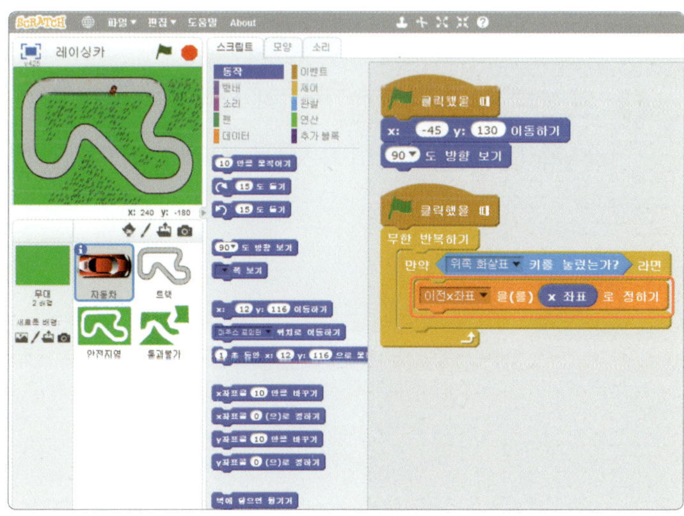

❹ [데이터] 팔레트의 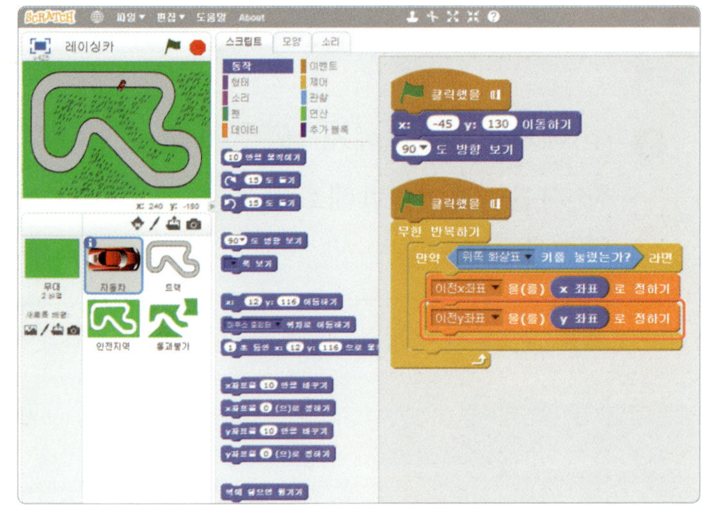 를 연결한 다음 ▼를 클릭하여 '이전y좌표'를 선택합니다. 이어서, [동작] 팔레트의 y좌표 를 연결합니다.

❺ [제어] 팔레트의 을 연결합니다. [관찰] 팔레트의 에 닿았는가? 를 연결한 다음 ▼를 클릭하여 '안전지역'을 선택하고, [동작] 팔레트의 10 만큼 움직이기 를 연결한 다음 값을 '1'로 변경합니다. 이어서, 10 만큼 움직이기 를 '아니면'에 연결한 다음 값을 '5'로 변경합니다.
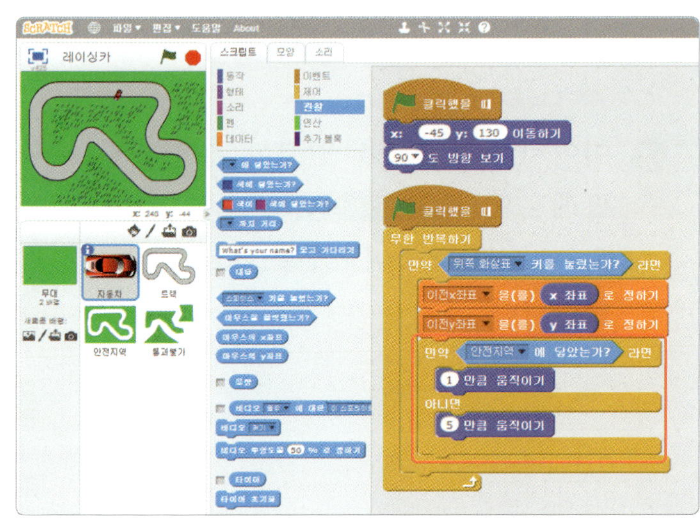

③ 복사하여 코딩 수정하기

❶ 완성된 부분 중 에서 마우스 오른쪽 단추를 눌러 [복사]를 선택합니다.
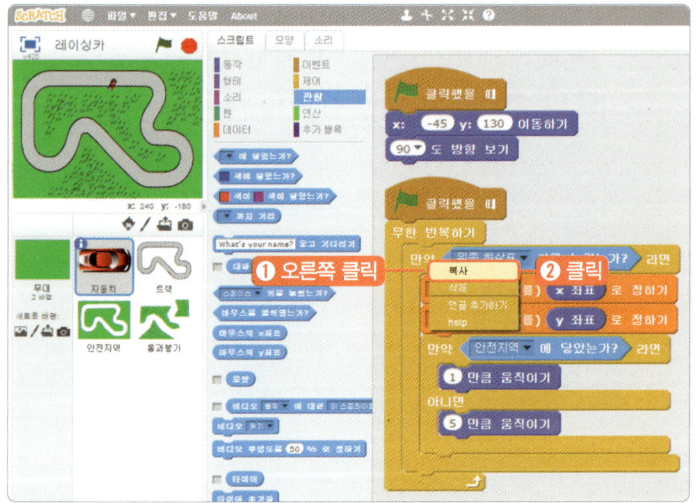

❷ 복사한 명령 블록을 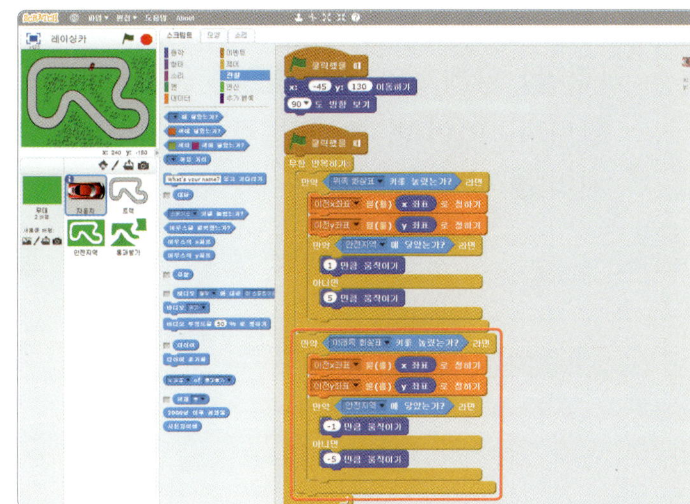 아래로 드래그하여 연결하고, ▼를 클릭하여 '아래쪽 화살표'를 선택한 후 값을 '−1'과 '−5'로 변경합니다.

4 · 왼쪽과 오른쪽으로 회전하기

❶ [제어] 팔레트의 ▨를 연결합니다. [관찰] 팔레트의 ◖스페이스 ▼ 키를 눌렀는가?◗를 연결한 다음 ▼를 클릭하여 '오른쪽 화살표'를 선택합니다.

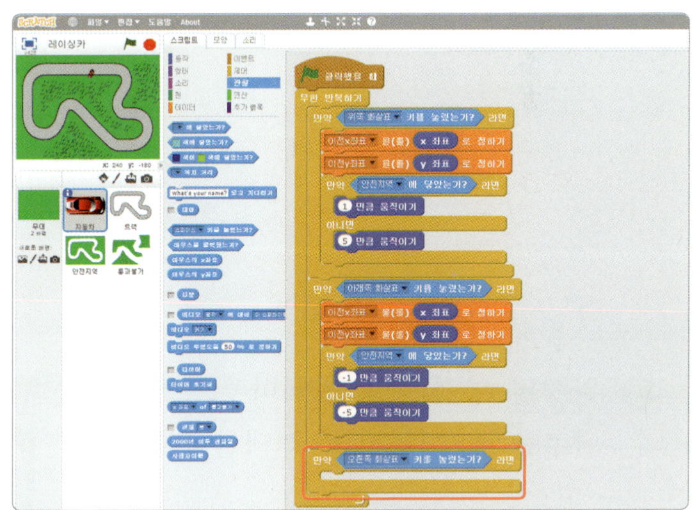

❷ [데이터] 팔레트의 ◖이전방향 ▼ (을)를 0 로 정하기◗를 연결한 다음 ▼를 클릭하여 '이전방향'을 선택하고 [동작] 팔레트의 ◖방향◗을 연결합니다.

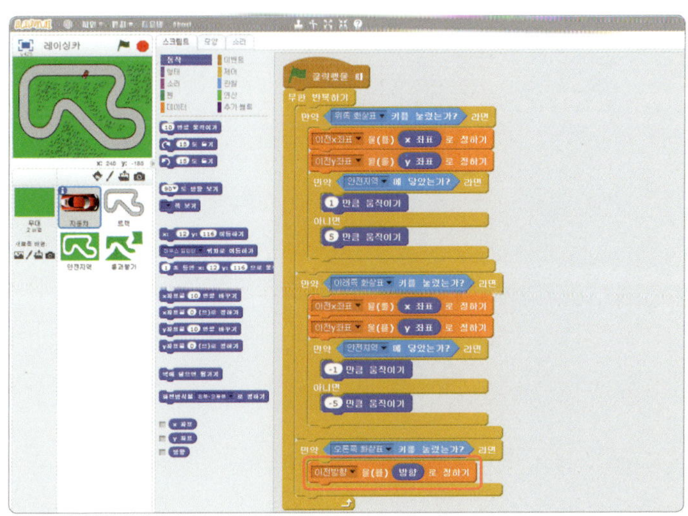

❸ [제어] 팔레트의 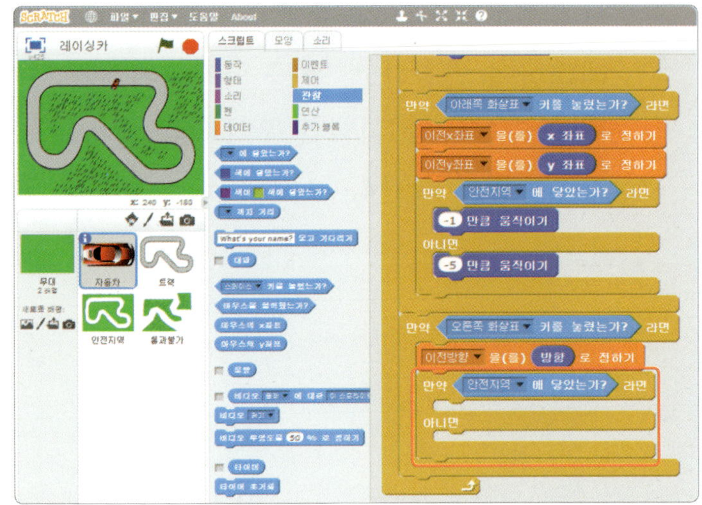을 연결한 다음 [관찰] 팔레트의 를 연결합니다. 이어서, ▼를 클릭하여 '안전지역'을 선택합니다.

❹ [동작] 팔레트의 를 연결한 다음 값을 '5'로 변경하고, 를 '아니면'에 연결한 다음 값을 '15'로 변경합니다.

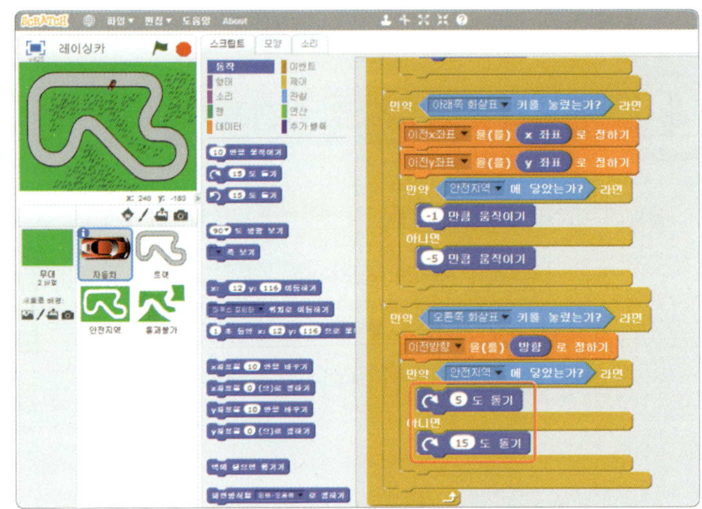

❺ 완성된 명령 블록에서 마우스 오른쪽 단추를 눌러 [복사]를 선택합니다.

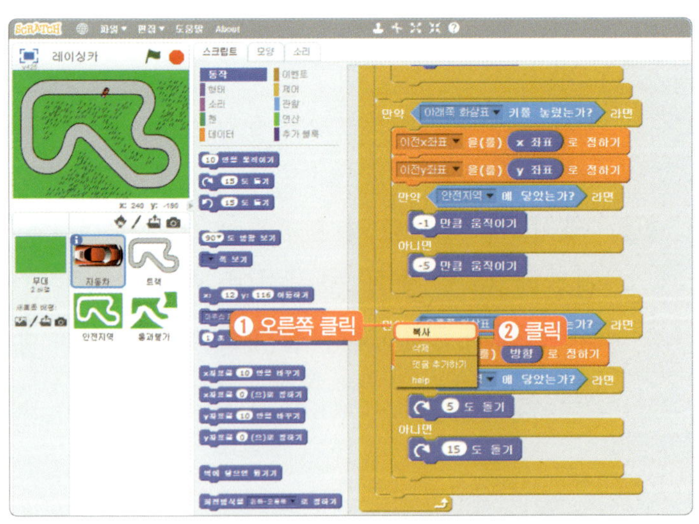

❻ 복사한 명령 블록을 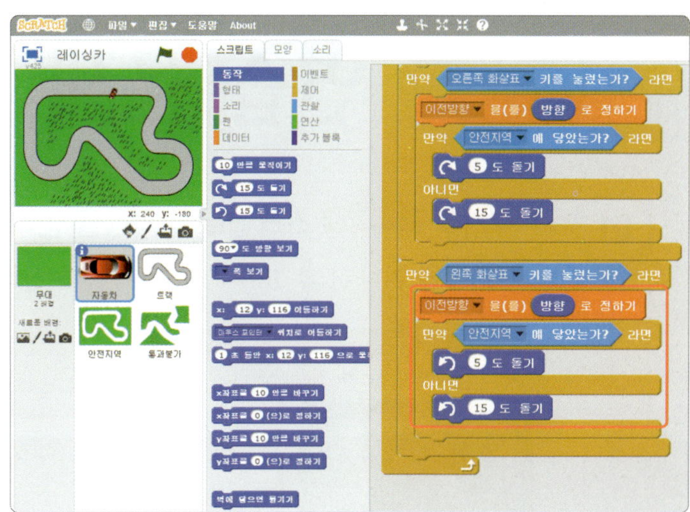 아래에
붙여 넣습니다. 이어서, ▼를 클릭하
여 '왼쪽 화살표'를 선택한 후 도 돌기
를 팔레트로 드래그합니다. 이렇게 하
면 명령 블록을 지울 수 있으며 나머
지 도 돌기도 팔레트로 드래그해 지
워줍니다. [동작] 팔레트의 15 도 돌기
를 그림과 같이 연결한 다음 값을 '5'와
'15'로 변경합니다.

5 '통과불과' 스프라이트에 부딪혔을 때 이전 위치로 돌아가기

❶ [이벤트] 팔레트의 를 삽입한
다음 [제어] 팔레트의 를 연결
합니다. 이어서, 라면을 삽입한 다
음 [관찰] 팔레트의 에 닿았는가? 를 연
결하고 ▼를 클릭하여 '통과불가'를 선
택합니다.

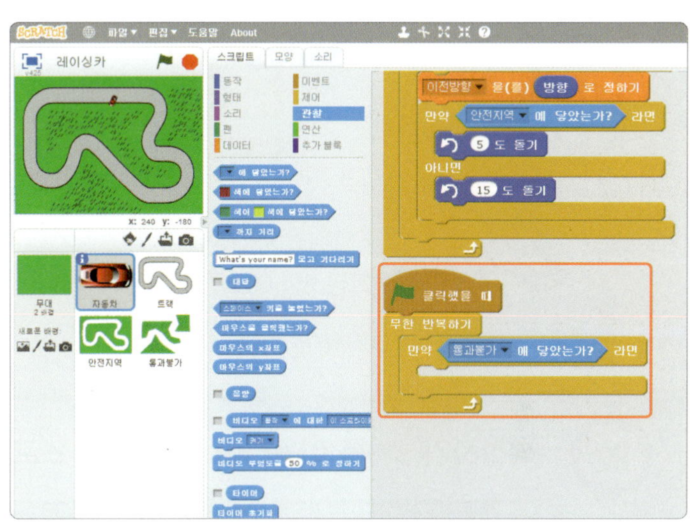

❷ [동작] 팔레트의 x: -45 y: 130 이동하기 를 연
결한 다음 [데이터] 팔레트의 이전x좌표
와 이전y좌표 를 연결합니다. 이어서, [동
작] 팔레트의 90 도 방향 보기 를 연결한 다
음 [데이터] 팔레트의 이전방향 을 연결
합니다. ▶를 클릭해 프로그램을 실행
합니다.

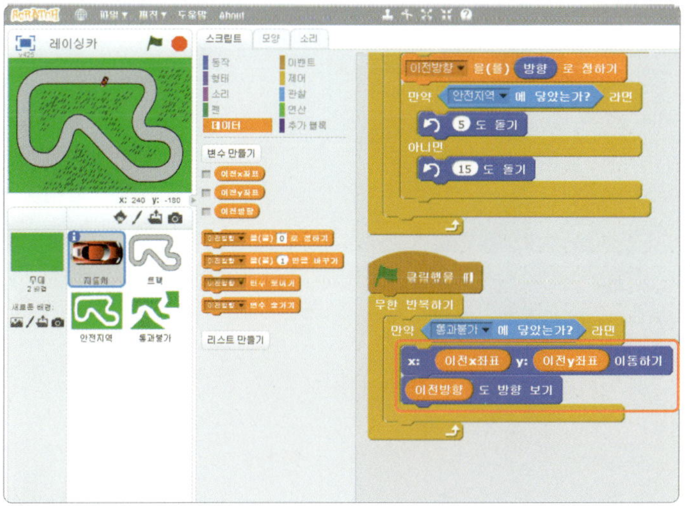

연습 문제

01 [무대]의 [클릭했을 때] 스크립트에 다음을 만족하도록 코딩해 보세요.

- 60초를 기다린 후 모두 멈추기를 실행한다.

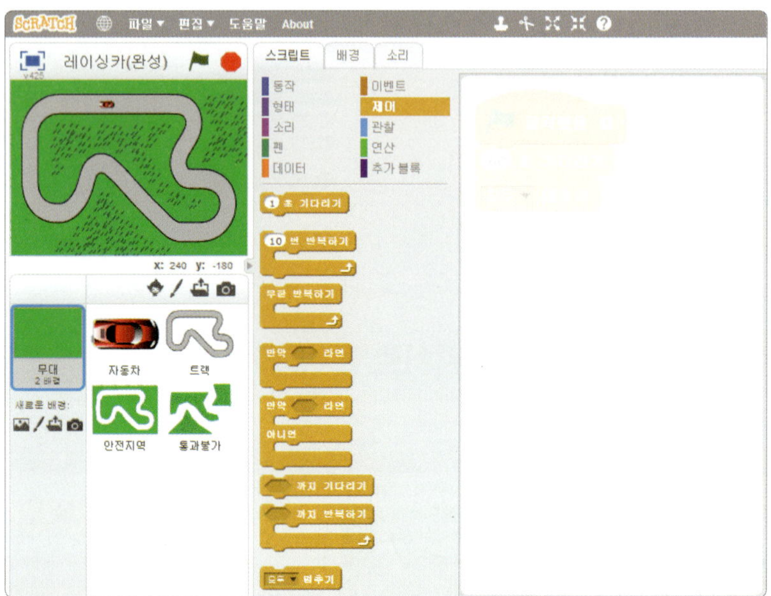

이렇게 코딩하면 60초를 기다린 후 게임을 멈추게 됩니다.

02 색칠하기( )를 이용하여 '통과불가' 스프라이트의 모양을 빨강색으로 변경해 보세요.

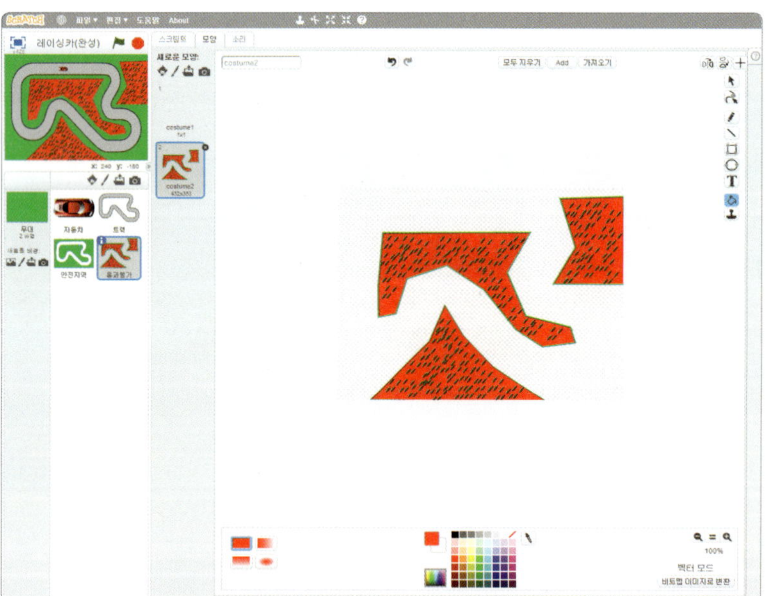

허들게임 ❶

지정된 시간 동안에만 게임을 할 수 있도록 코딩하는 방법에 대해 알아보겠습니다. 그리고 Space Bar 키를 눌러 다가오는 허들을 뛰어 넘도록 만들어 보겠습니다.

학습목표

- Space Bar 키를 누르면 스프라이트의 모양을 바꿀 수 있습니다.
- Space Bar 키를 누르면 스프라이트를 위로 움직였다가 아래로 내려오도록 한 후 점수를 증가시키는 코딩을 할 수 있습니다.

- **예제 파일 :** 허들게임.sb2
- **완성 파일 :** 허들게임(완성).sb2
- **사용 방법 :** 달리기 선수가 뛰다가 허들이 나오면 Space Bar 키를 눌러 허들을 뛰어 넘는 게임입니다.

❶ [무대]를 선택한 다음 [이벤트] 팔레트의 클릭했을 때 를 삽입합니다. [데이터] 팔레트의 시간▼(을)를 0 로 정하기 를 연결한 다음 값을 '60'으로 변경하고 시간▼(을)를 0 로 정하기 를 연결한 다음 ▼를 클릭하여 '점수'를 선택합니다.

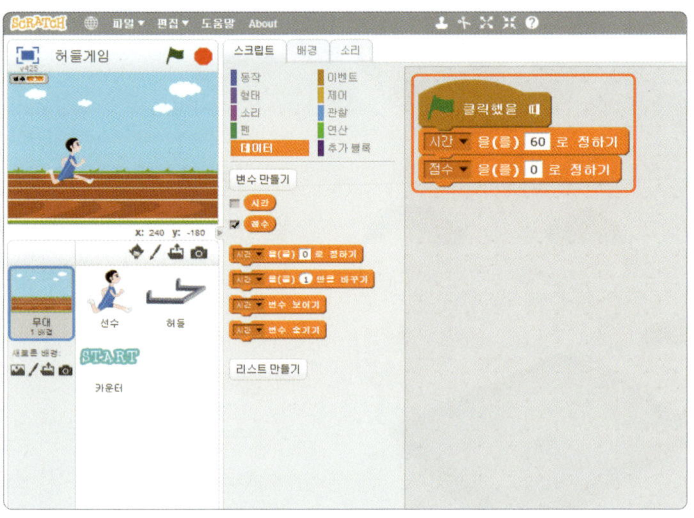

❷ [제어] 팔레트의 까지 반복하기 을 연결한 다음 [연산] 팔레트의 ◁=▷ 를 연결합니다. 이어서, [데이터] 팔레트의 시간 을 연결한 다음 값에 '0'을 입력합니다.

❸ [데이터] 팔레트의 시간▼을 1 만큼 바꾸기 를 연결한 다음 값을 '-1'로 변경하고 [제어] 팔레트의 1 초 기다리기 를 연결합니다. 이어서, [제어] 팔레트의 모두▼ 멈추기 를 연결합니다.

> **TIP**
> 이렇게 코딩하면 '시간' 변수의 값이 '60' 으로 시작하여 1씩 줄어들다가 0보다 작 아지면 게임이 끝나게 됩니다.

❶ '선수' 스프라이트를 선택한 다음 [이벤트] 팔레트의 _{클릭했을 때}를 삽입합니다. [형태] 팔레트의 모양을 넘어지기 ▼ (으)로 바꾸기를 연결한 다음 ▼를 클릭하여 '준비'를 선택합니다. [동작] 팔레트의 x: -100 y: -30 이동하기를 연결한 다음 값을 '-100', '-100'으로 변경합니다.

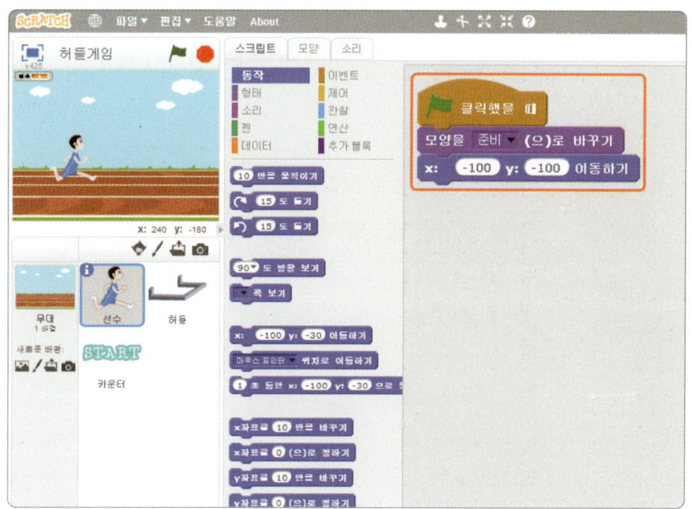

❷ [이벤트] 팔레트의 message1 ▼ (을)를 받았을 때를 삽입한 다음 ▼를 클릭하여 [새 메시지...]를 선택합니다. [New Message...] 대화상자가 나타나면 '출발'을 입력하고 [확인]을 클릭합니다. [제어] 팔레트의 무한 반복하기를 연결합니다.

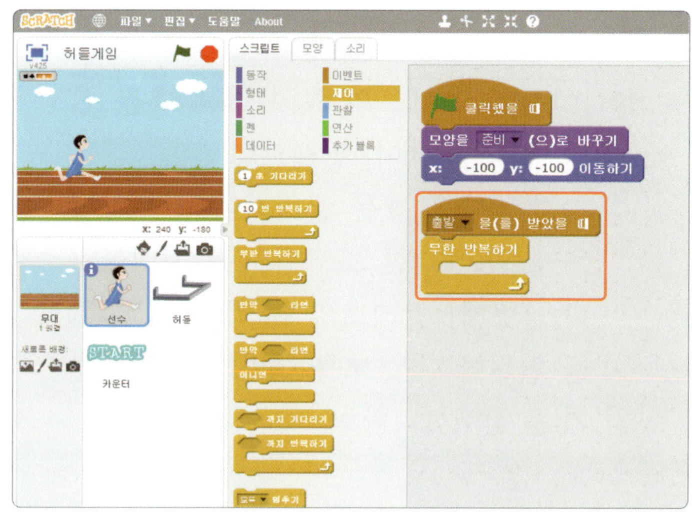

❸ [동작] 팔레트의 x: -100 y: -30 이동하기를 연결한 다음 값을 '-100', '-100'으로 변경합니다. [형태] 팔레트의 모양을 넘어지기 ▼ (으)로 바꾸기를 연결한 다음 ▼를 클릭하여 '달리기1'을 선택합니다. [제어] 팔레트의 1 초 기다리기를 연결한 다음 값을 '0.2'로 변경합니다.

❹ [형태] 팔레트의 `모양을 넘어지기 ▼ (으)로 바꾸기` 를 연결한 다음 ▼를 클릭하여 '달리기2'를 선택하고, [제어] 팔레트의 `1 초 기다리기` 를 연결한 다음 값을 '0.2'로 변경합니다.

이렇게 하면 출발을 받았을 때 모양을 '달리기1'과 '달리기2'로 0.2씩 보이면서 바뀌게 됩니다.

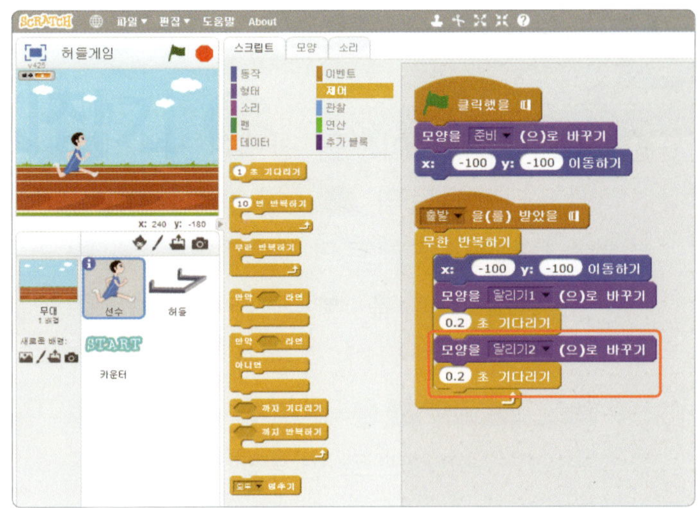

③ 뛰어넘는 모양 코딩하기

❶ [이벤트] 팔레트의 `스페이스 ▼ 키를 눌렀을 때` 를 삽입합니다. [제어] 팔레트의 `모두 ▼ 멈추기` 를 연결한 다음 ▼를 클릭하여 '스프라이트에 있는 다른 스크립트'를 선택합니다. [형태] 팔레트의 `모양을 넘어지기 ▼ (으)로 바꾸기` 를 연결한 다음 ▼를 클릭하여 '뛰어넘기'를 선택합니다.

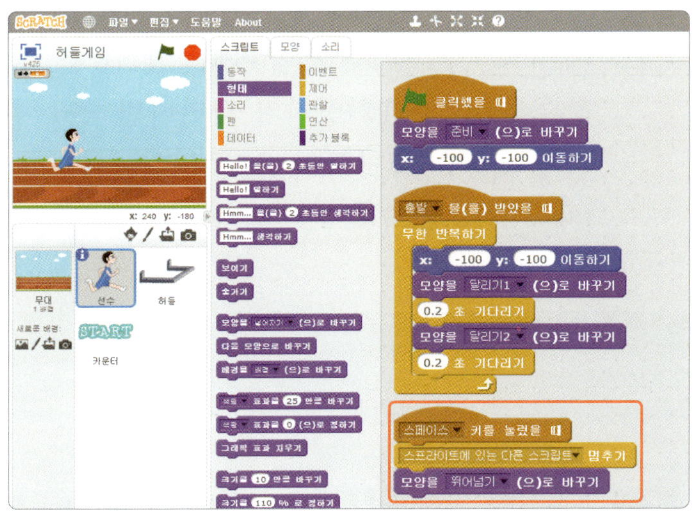

❷ [제어] 팔레트의 `10 번 반복하기` 를 연결한 다음 값을 '22'로 변경하고, [동작] 팔레트의 `y좌표를 10 만큼 바꾸기` 를 연결한 다음 값을 '5'로 변경합니다.

이렇게 코딩하면 선수가 위로 뛰어오르게 됩니다.

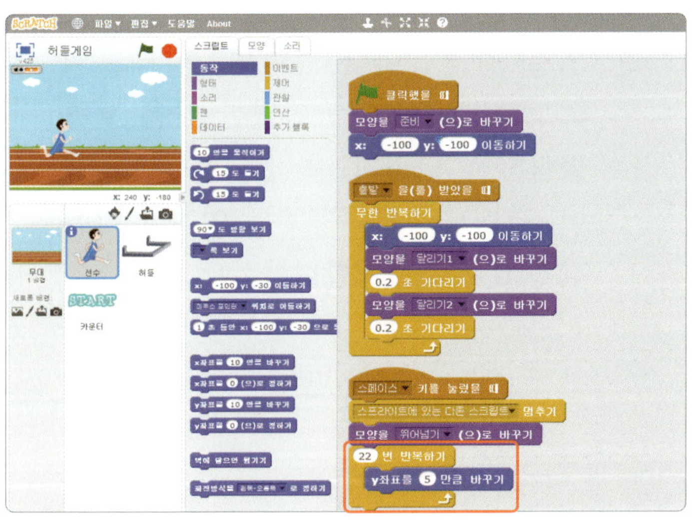

❸ [제어] 팔레트의 [10 번 반복하기]를 연결한 다음 값을 '22'로 변경하고, [동작] 팔레트의 [y좌표를 10 만큼 바꾸기]를 연결한 다음 값을 '-5'로 변경합니다.

TIP
이렇게 코딩하면 위로 뛰어오른 선수가 내려오게 됩니다.

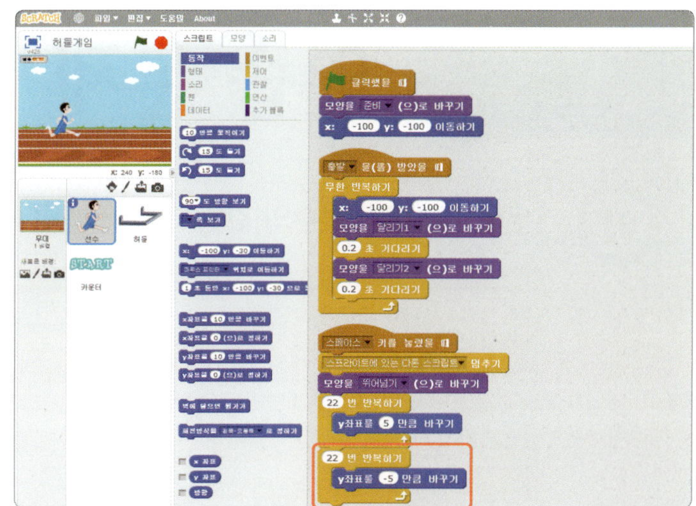

❹ [데이터] 팔레트의 [시간 (을)를 0 로 정하기]를 연결한 다음 ▼를 클릭하여 '점수'를 선택합니다. 값에 '1'을 입력한 다음 [이벤트] 팔레트의 [출발 방송하기]를 연결합니다.

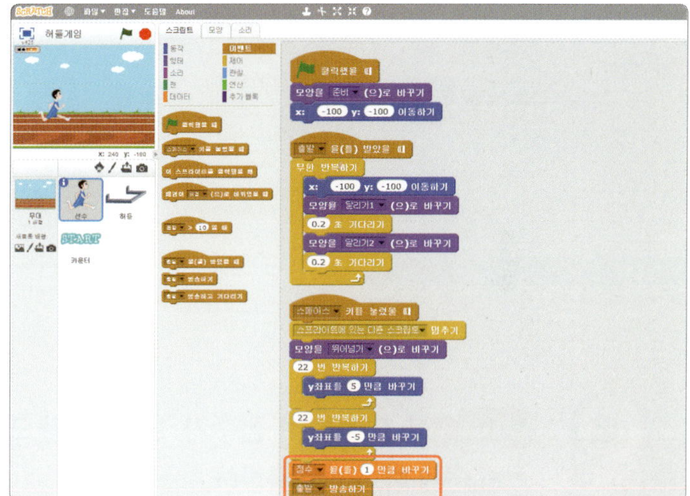

연습 문제

01 [무대]의 '시간' 변수의 값을 이용해 게임 시간을 '30'초로 변경해 보세요.

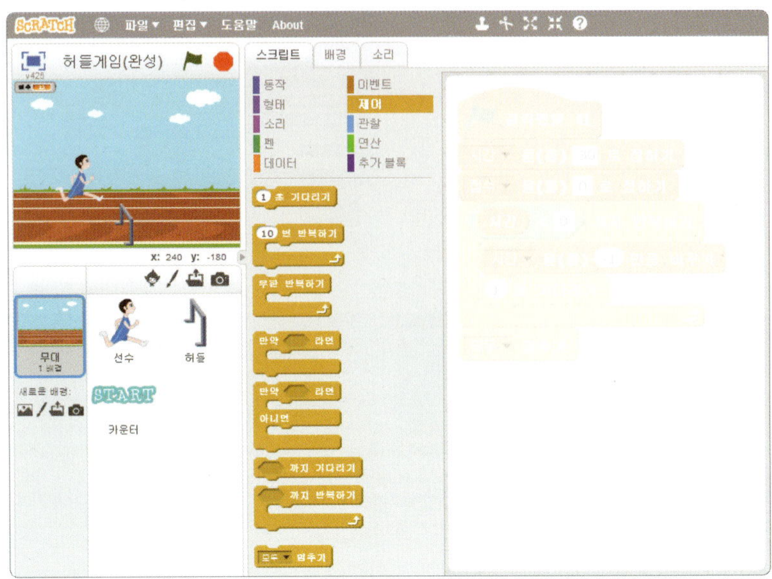

02 를 이용하여 점수가 '20점'보다 크면 다음 조건을 만족하도록 코딩해 보세요.

- '시간'을 화면에 표시한다.
- 게임을 종료한다.

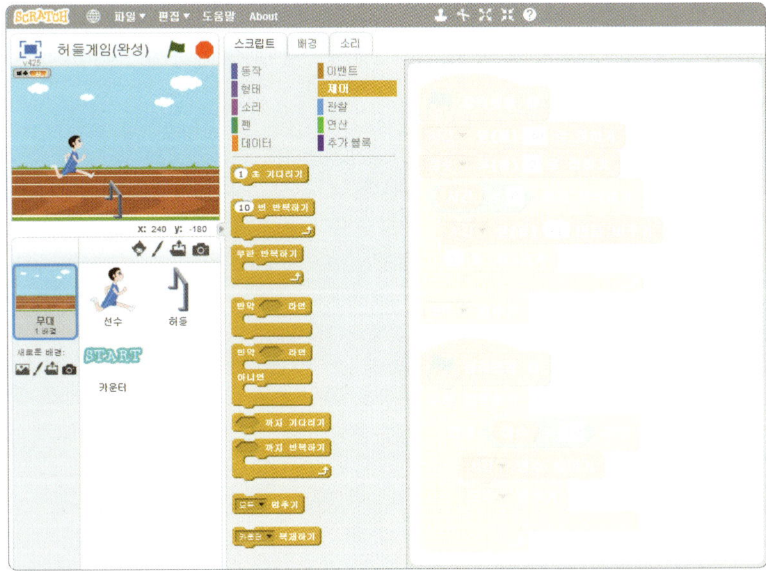

16 허들게임 ❷

허들이 오른쪽에서 왼쪽으로 이동하도록 코딩해 보겠습니다. 그리고 선수가 허들에 걸리면 선수가 넘어지고, 허들도 쓰러지도록 코딩해 보겠습니다.

학습목표

- 스프라이트에 닿으면 모양을 바꿀 수 있습니다.
- 게임 시작을 위한 카운터를 코딩할 수 있습니다

- **예제 파일** : 허들게임.sb2
- **완성 파일** : 허들게임(완성).sb2
- **사용 방법** : 달리기 선수가 뛰다가 허들이 나오면 Space Bar 키를 눌러 허들을 뛰어 넘는 게임입니다.

❶ '선수' 스프라이트를 선택한 다음 [이벤트] 팔레트의 ▭(을)를 받았을 때 를 삽입하고 ▼를 클릭하여 [새 메시지…]를 선택합니다. [New Message] 대화상자가 나타나면 '넘어지기'를 입력하고 [확인]을 클릭합니다. [제어] 팔레트의 ▭ 멈추기 를 연결한 다음 ▼를 클릭하여 '스프라이트에 있는 다른 스크립트'를 선택합니다.

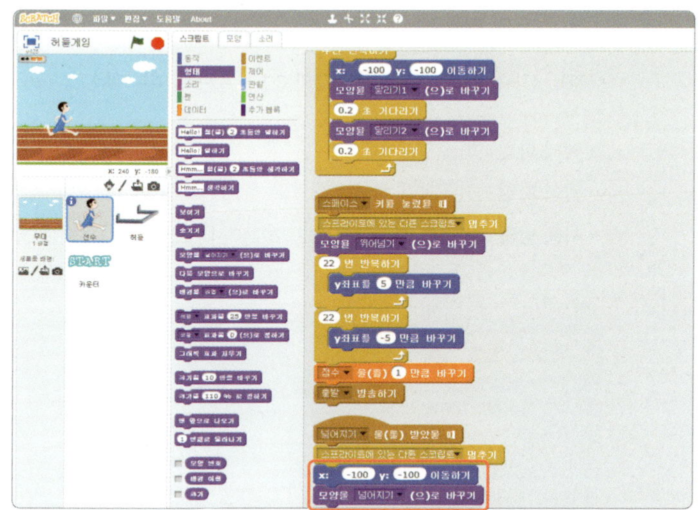

❷ [동작] 팔레트의 x: -100 y: -10 이동하기 를 연결한 다음 값을 '-100', '-100'으로 변경하고, [형태] 팔레트의 모양을 넘어지기 (으)로 바꾸기 를 연결합니다.

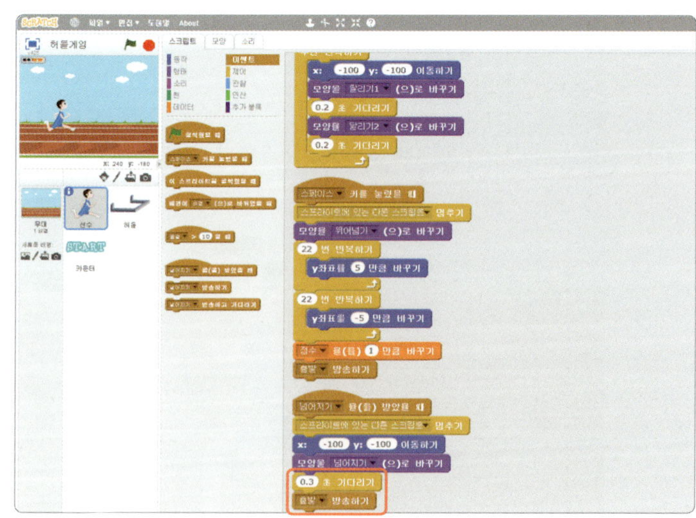

❸ [제어] 팔레트의 1 초 기다리기 를 연결한 다음 값을 '0.3'으로 변경합니다. [이벤트] 팔레트의 넘어지기 방송하기 를 연결한 다음 ▼를 클릭하여 '출발'을 선택합니다.

❶ '허들' 스프라이트를 선택한 다음 [이벤트] 팔레트의 클릭했을 때 를 삽입합니다. [동작] 팔레트의 x: -140 y: -130 이동하기 를 연결한 다음 값을 '210', '-130'으로 변경합니다.

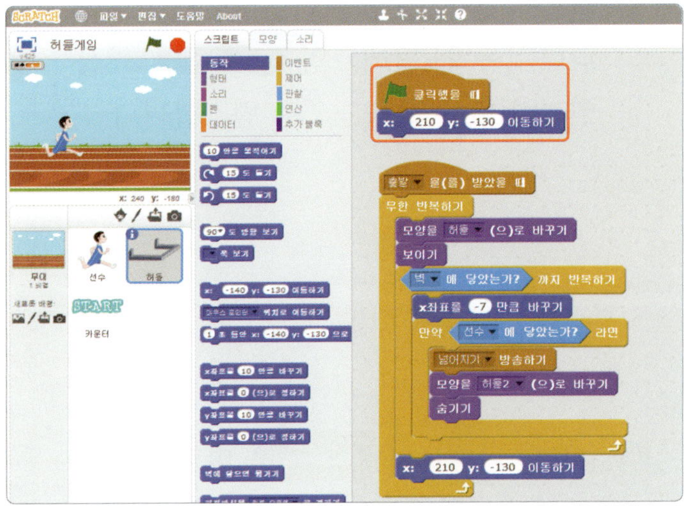

❷ [이벤트] 팔레트의 넘어지기 (을)를 받았을 때 를 삽입한 다음 ▼를 클릭하여 '출발'을 선택하고 [제어] 팔레트의 무한 반복하기 를 연결합니다.

❸ [형태] 팔레트의 모양을 허들2 (으)로 바꾸기 를 연결한 나음 ▼를 클릭하여 '허늘'을 선택하고 보이기 를 연결합니다.

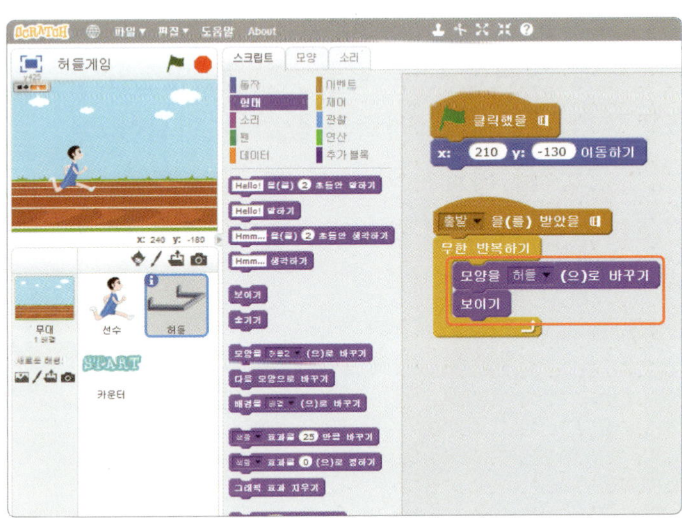

❹ [제어] 팔레트의 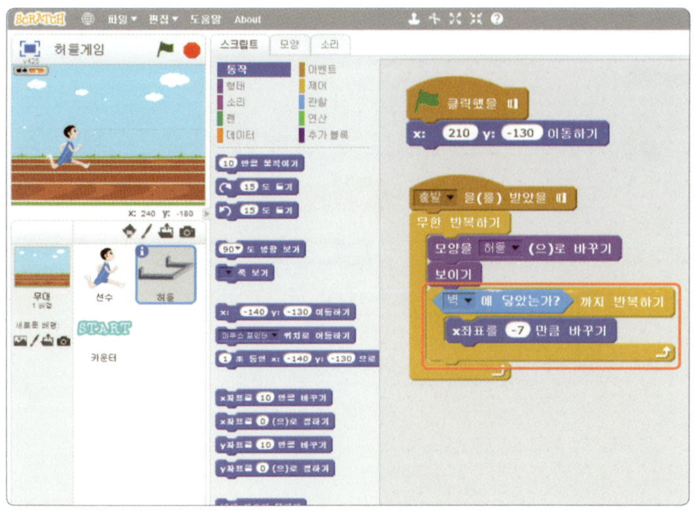를 연결합니다. [관찰] 팔레트의 를 연결한 다음 ▼를 클릭하여 '벽'을 선택합니다. [동작] 팔레트의 를 연결한 다음 값을 '-7'로 변경합니다.

❺ [제어] 팔레트의 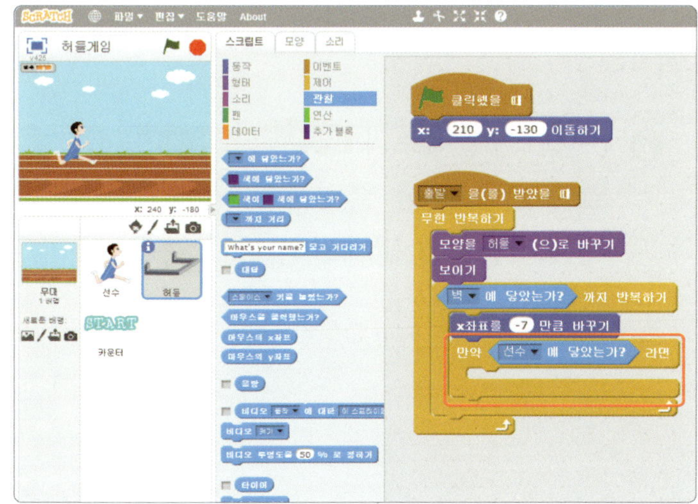을 연결합니다. 이어서, [관찰] 팔레트의 를 연결하고 ▼를 클릭하여 '선수'를 선택합니다.

❻ [이벤트] 팔레트의 를 연결합니다. [형태] 팔레트의 를 연결하고 [제어] 팔레트의 를 연결한 다음 값을 '0.2'로 변경합니다. [형태] 팔레트의 를 연결하고, [동작] 팔레트의 를 연결한 다음 값을 '210', '-130'으로 변경합니다. 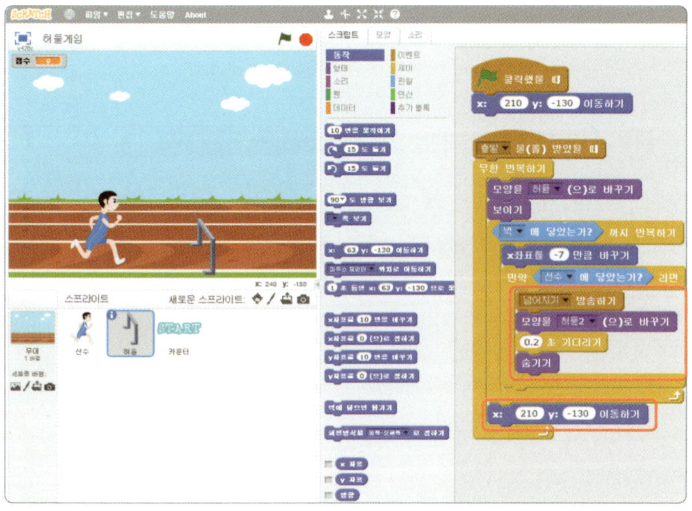

❶ '카운터' 스프라이트를 선택한 다음 [이벤트] 팔레트의 [클릭했을 때]를 삽입합니다. [형태] 팔레트의 [모양을 출발 (으)로 바꾸기]를 연결한 다음 ▼를 클릭하여 '3'을 선택합니다. 이어서, [보이기]를 연결합니다.

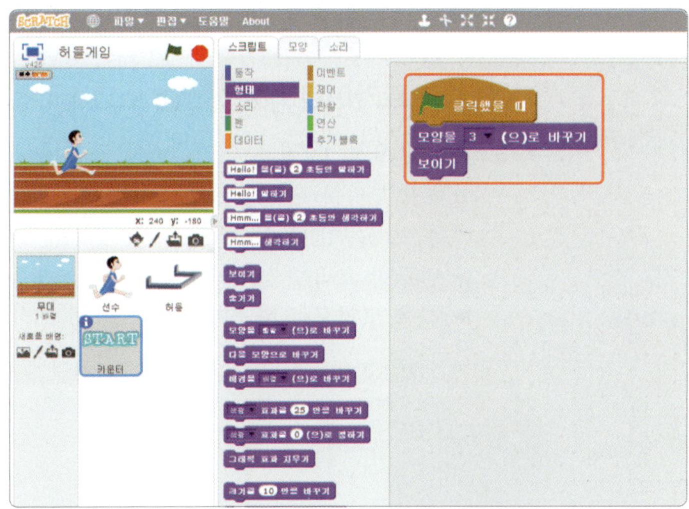

❷ [제어] 팔레트의 [10 번 반복하기]를 연결한 다음 값을 '3'으로 변경합니다. 이어서, [1 초 기다리기]를 연결하고 [형태] 팔레트에서 [다음 모양으로 바꾸기]를 연결합니다.

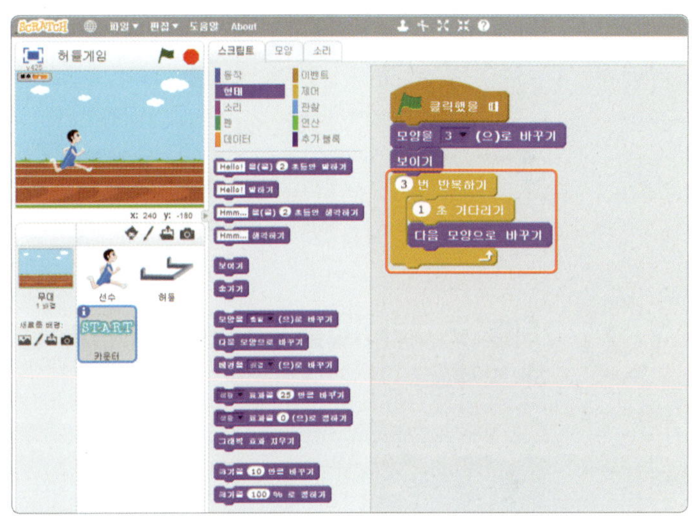

❸ [제어] 팔레트의 [1 초 기다리기]를 연결한 다음 [형태] 팔레트의 [숨기기]를 연결합니다. [이벤트] 팔레트의 [넘어지기 ▼ 방송하기]를 연결한 다음 ▼를 클릭하여 '출발'을 선택합니다.

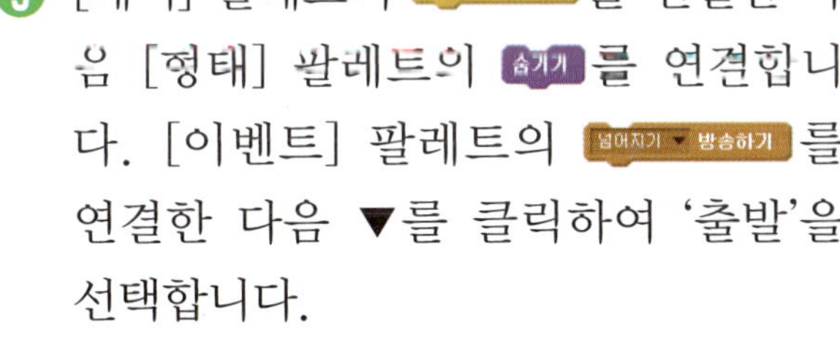

이렇게 코딩하면 모양을 1초마다 '3', '2', '1', 'START' 순으로 바꾼 다음 게임이 시작됩니다.

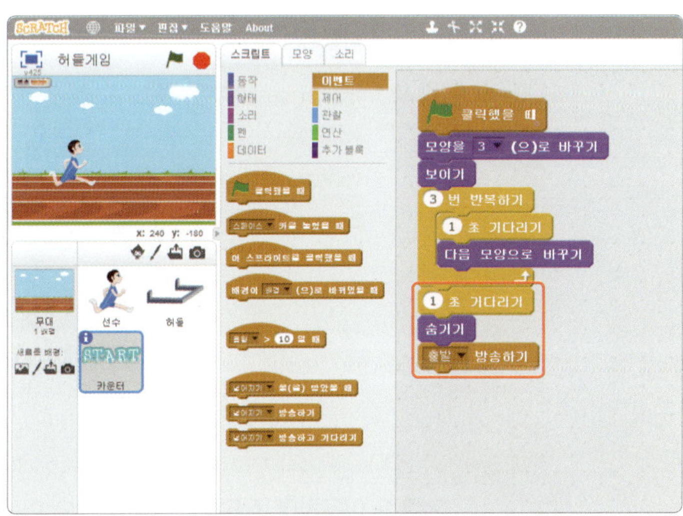

01 '카운터' 스프라이트의 스크립트를 다음과 같이 변경해 보세요.

- 모양을 '3'으로 바꿔 보이게 지정 블록 이후에 다음 명령을 4번 반복한다.
  - 반투명 효과를 '0'으로 정한다.
  - 다음 명령을 10번 반복한다.
    - ▶ 반투명 효과를 '10'만큼 바꾼 다음 0.1초 기다린다.
    - ▶ 다음 모양으로 바꾼다.

02 '허들' 스프라이트를 선택한 후 다음과 같이 코딩을 변경하고 어떤 점이 바뀌었는지 생각해 보세요.

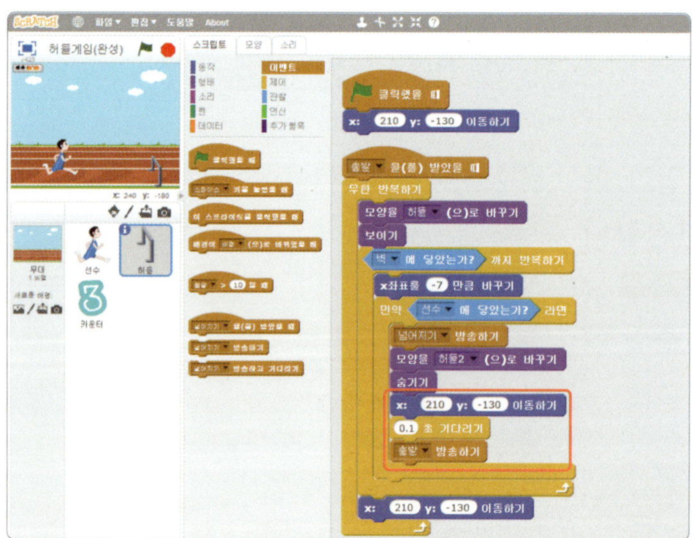

TIP 를 이용하여 스프라이트를 숨겨도 이동하기 명령 블록과 같은 명령 블록은 계속해서 실행하게 됩니다.

눈싸움 ❶

눈사람이 임의의 시간 동안만 화면에 표시되었다가 숨도록 코딩하겠습니다. 또한 완성된 스크립트를 다른 스프라이트에 복사하여 수정하는 방법에 대해서도 알아보겠습니다.

학습목표

- 스프라이트를 일정 시간 동안만 화면에 표시한 후 숨길 수 있습니다.
- 스크립트를 복사할 수 있습니다.
- 복사한 스크립트를 스프라이트에 알맞게 바꿀 수 있습니다.

- **예제 파일 :** 눈싸움.sb2
- **완성 파일 :** 눈싸움(완성).sb2
- **사용 방법 :** 숨어 있던 눈사람이 나오면 마우스로 드래그하여 과녁을 조준한 후 눈을 던져(Space Bar) 맞추는 게임입니다.

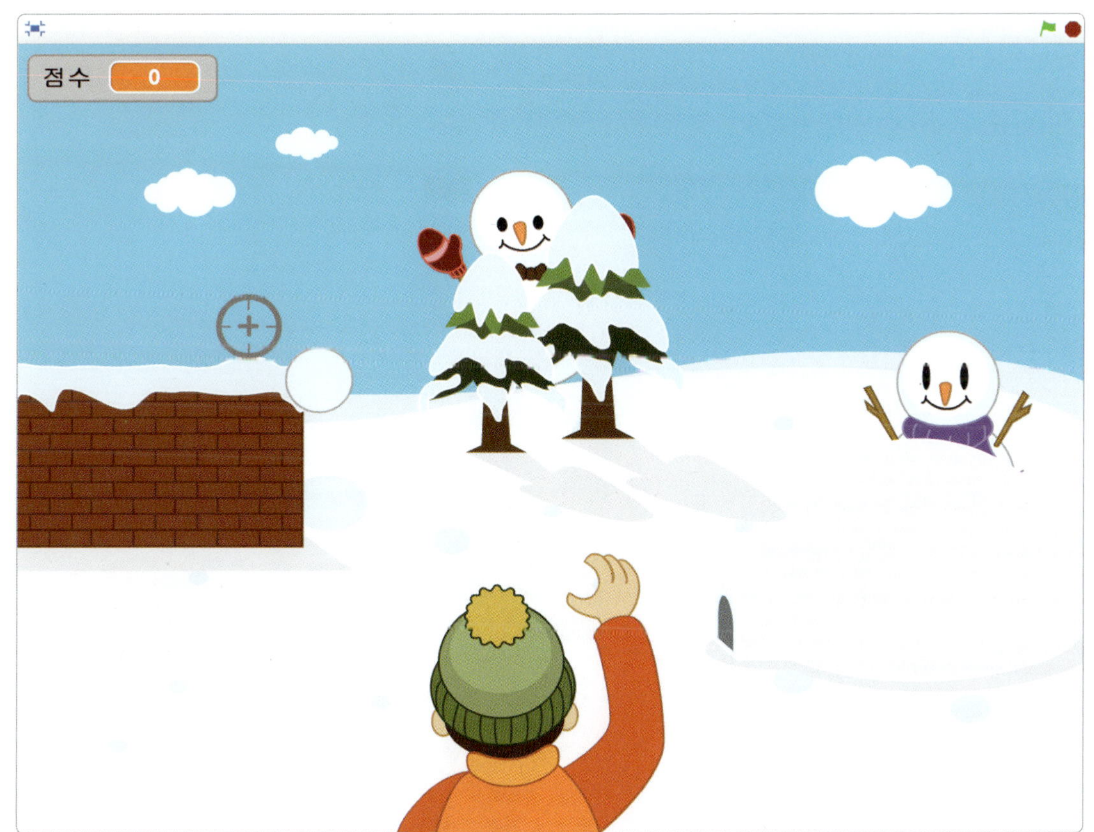

❶ [무대]를 선택한 다음 [데이터] 팔레트의 변수 만들기 를 클릭합니다. [새로운 변수] 대화상자가 나타나면 '점수'를 입력하고 [확인]을 클릭합니다.

❷ [이벤트] 팔레트의 클릭했을 때 를 삽입한 다음 [데이터] 팔레트의 점수 (을)를 0 로 정하기 를 연결합니다.

❶ '눈사람1' 스프라이트를 선택한 다음 [이벤트] 팔레트의 클릭했을 때 를 삽입합니다. [형태] 팔레트의 숨기기 를 연결하고 모양을 모양2 (으)로 바꾸기 를 연결한 다음 ▼ 를 클릭하여 '모양1'을 선택합니다.

❷ [제어] 팔레트의 무한 반복하기를 연결한 다음 ① 초 기다리기를 연결합니다. [연산] 팔레트의 ① 부터 ⑩ 사이의 난수를 연결한 다음 값을 '1.5'와 '4'로 변경합니다.

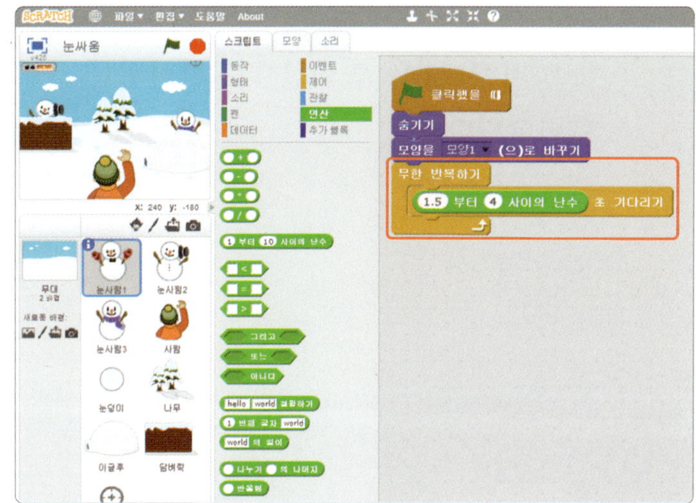

❸ [형태] 팔레트의 보이기를 연결한 다음 [제어] 팔레트의 ① 초 기다리기를 연결합니다. 이어서, 값을 '2'로 변경한 다음 [형태] 팔레트의 숨기기를 연결합니다.

TIP

이렇게 코딩하면, '눈사람1' 스프라이트가 1.5초에서 4초가 지나면 2초 동안 화면에 표시된 후 숨겨지게 됩니다.

❹ [이벤트] 팔레트의 message1 ▼ (을)를 받았을 때 를 삽입한 다음 ▼를 클릭하여 [새 메시지...]를 선택합니다.

❺ [New Message] 대화상자가 나타나면 '모양바꾸기1'을 입력한 다음 [확인]을 클릭합니다.

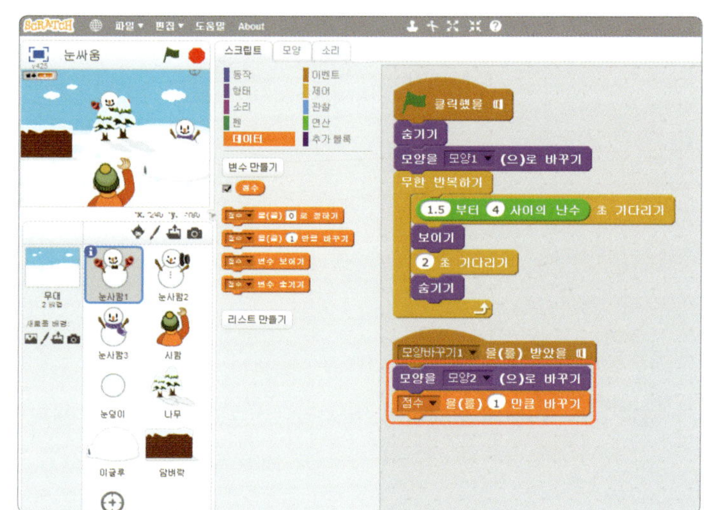

TIP

'모양바꾸기1' 스크립트는 '눈사람1' 스프라이트가 '눈덩이' 스프라이트에 닿았을 때 모양을 바꾸는 스크립트입니다.

❻ [형태] 팔레트의 `모양을 모양2 ▼ (으)로 바꾸기`를 연결한 다음 [데이터] 팔레트의 `점수 ▼ 를 1 만큼 바꾸기`를 연결합니다.

❼ [제어] 팔레트의 `1 초 기다리기`를 연결한 다음 값을 '0.5'로 변경하고, [형태] 팔레트의 `숨기기`를 연결합니다. 이어서, `모양을 모양2 ▼ (으)로 바꾸기`를 연결하고 ▼를 클릭하여 '모양1'을 선택합니다.

❶ '눈사람1' 스프라이트의 스크립트를 '눈사람2' 스프라이트로 드래그합니다. 동일한 방법으로 스크립트를 '눈사람2' 스프라이트로 드래그합니다. 이렇게 하면 스크립트를 복사할 수 있습니다.

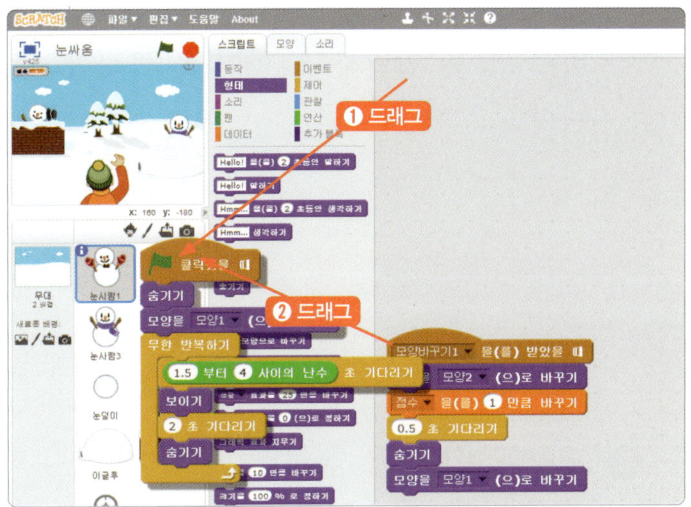

❷ '눈사람2' 스프라이트를 선택하면 2개의 스크립트가 복사되어 있으며, 를 아래로 드래그하여 정리합니다.

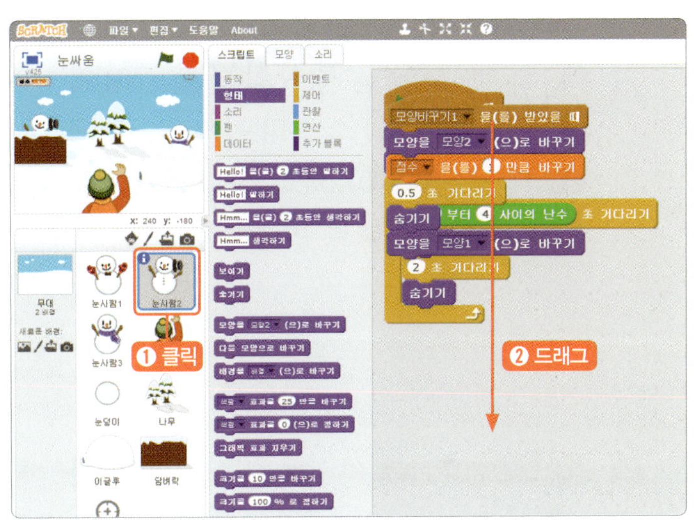

❸ 복사된 스크립트에서 의 값을 로 변경합니다.

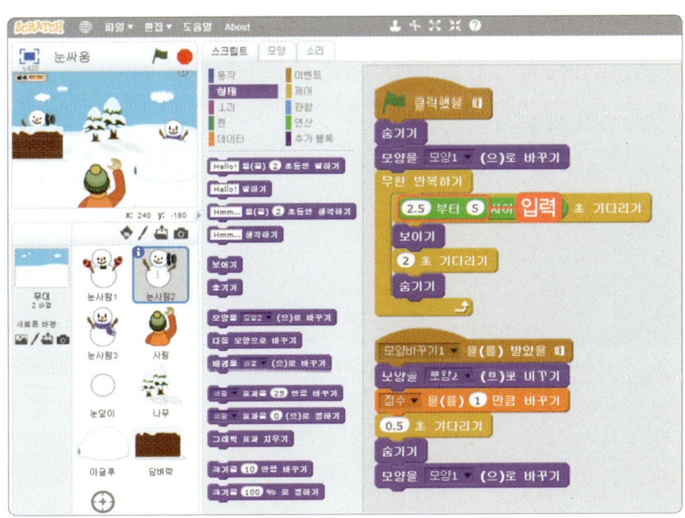

④ 

④ 모양바꾸기1 ▼ (을)를 받았을 때 의 ▼를 클릭하여 [새 메시지...]를 선택합니다. [New Message] 대화상자가 나타나면 '모양 바꾸기2'를 입력하고 [확인]을 클릭합니다.

⑤ 

⑤ 동일한 방법으로 '눈사람1' 스프라이트의 클릭했을 때 스크립트와 모양바꾸기1 ▼ (을)를 받았을 때 스크립트를 '눈사람3' 스프라이트에 드래그하여 복사합니다. 이어서, '눈사람3' 스프라이트를 선택한 다음 1.5 부터 4 사이의 난수 초 기다리기 의 값을 1.2 부터 4 사이의 난수 초 기다리기 로 변경해 줍니다.

⑥ 

⑥ 모양바꾸기1 ▼ (을)를 받았을 때 의 ▼를 클릭하여 [새 메시지...]를 선택합니다. [New Message] 대화상자가 나타나면 '모양 바꾸기3'을 입력하고 [확인]을 클릭합니다.

연습 문제

01 '눈사람1' 스프라이트의 모양바꾸기1 ▾ (을)를 받았을 때 스크립트에 모양을 바꾸면 'beat box1' 소리가 나오도록 코딩해 보세요. 'beat box1'은 '새로운 소리'의 저장소에서 소리 선택(🔊)을 이용하세요.

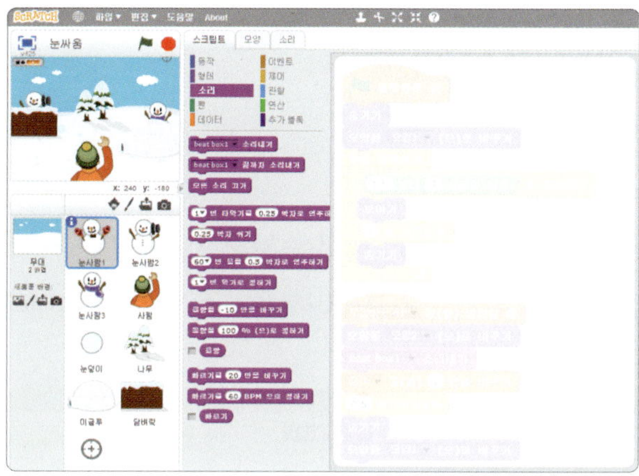

02 '눈사람2'와 '눈사람3' 스프라이트에도 'beat box1' 소리를 추가해 보세요.

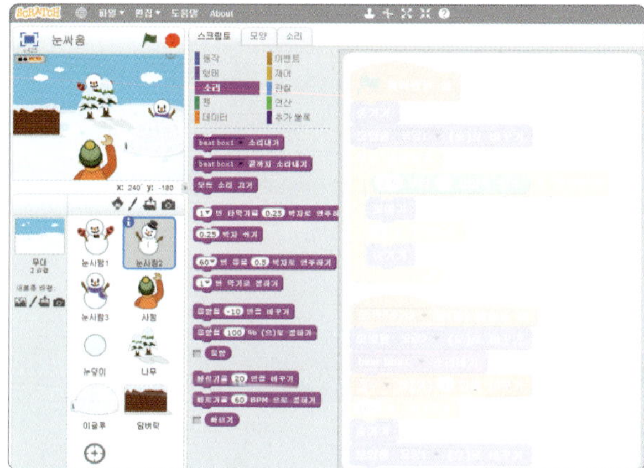

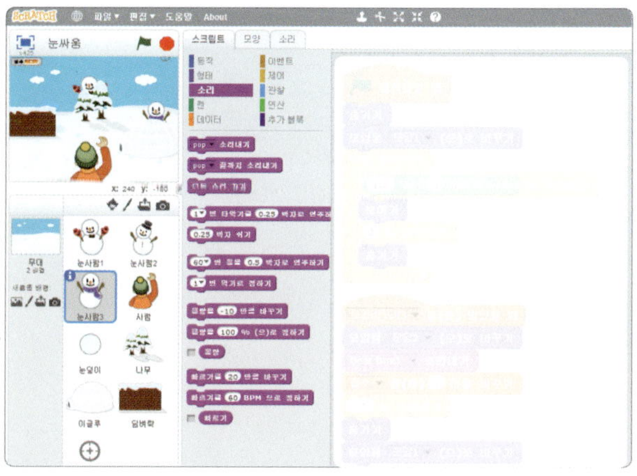

눈싸움 ❷

마우스를 따라 과녁 스프라이트가 움직이는 방법에 대해 알아보겠습니다. 또한 지정된 위치로 임의의 시간동안 스프라이트를 움직이는 방법에 대해서도 알아보겠습니다.

학습목표

- 마우스 포인터의 위치로 스프라이트를 이동할 수 있습니다.
- 지정된 시간동안 지정된 위치로 스프라이트를 이동할 수 있습니다.

- **예제 파일 :** 눈싸움.sb2
- **완성 파일 :** 눈싸움(완성).sb2
- **사용 방법 :** 숨어 있던 눈사람이 나오면 마우스로 드래그하여 과녁을 조준한 후 눈을 던져(Space Bar) 맞추는 게임입니다.

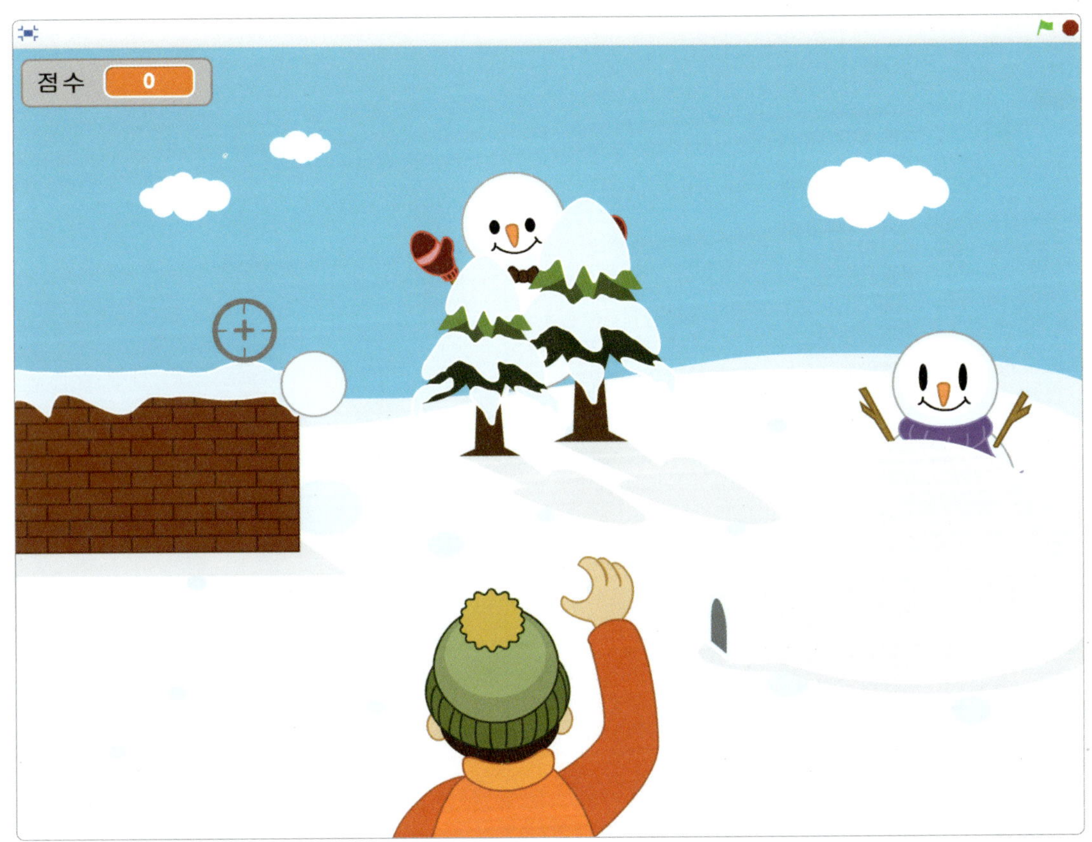

1 눈 던지는 사람 모양 코딩하기

❶ '사람' 스프라이트를 선택한 다음 [이벤트] 팔레트의 클릭했을 때 를 삽입하고 [형태] 팔레트의 모양을 사람 (으)로 바꾸기 를 연결합니다.

❷ [이벤트] 팔레트의 스페이스 키를 눌렀을 때 를 삽입하고, [제어] 팔레트의 1 초 기다리기 를 연결한 다음 값을 '0.1'로 변경합니다.

❸ [형태] 팔레트의 다음 모양으로 바꾸기 를 연결한 다음 [제어] 팔레트의 1 초 기다리기 를 연결하고 값을 '0.3'으로 변경해 줍니다. [형태] 팔레트의 다음 모양으로 바꾸기 를 연결합니다.

④ [이벤트] 팔레트의 `모양바꾸기1 ▼ 방송하기` 를 연결한 다음 ▼를 클릭하여 [새 메시지...]를 선택합니다. [New Message] 대화상자가 나타나면 '눈던지기'를 입력한 후 [확인]을 클릭합니다.

2 날아가는 눈덩이 코딩하기

❶ '눈덩이' 스프라이트를 선택한 다음 [이벤트] 팔레트의 `클릭했을 때` 를 삽입하고 [형태] 팔레트의 `숨기기` 를 연결합니다. [이벤트] 팔레트의 `눈던지기 ▼ 을(를) 받았을 때` 를 삽입한 다음 [형태] 팔레트의 `숨기기` 를 연결합니다.

❷ [동작] 팔레트의 `x: -191 y: 40 이동하기` 를 연결한 다음 [연산] 팔레트의 `○ + ○` 를 'x:'와 'y:'에 각각 연결합니다.

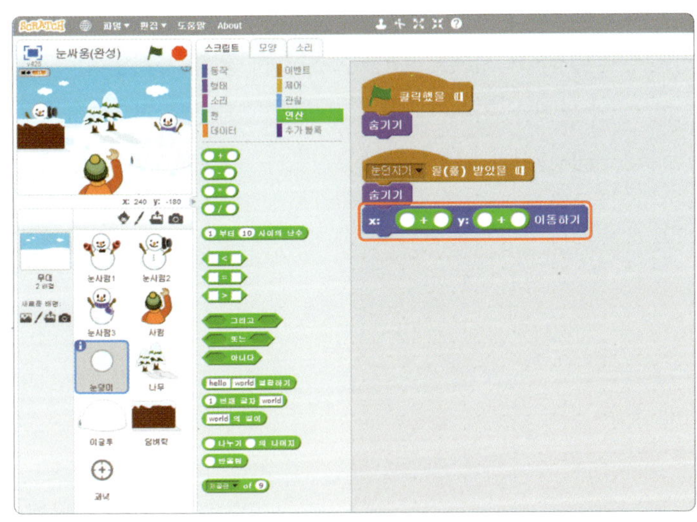

❸ [관찰] 팔레트의 x좌표 ▼ of 과녁 ▼ 을 'x:' 항목 ◯+◯ 의 왼쪽에 연결한 다음 ▼를 클릭하여 '사람'으로 변경하고 오른쪽에 '30'을 입력합니다. 이어서, x좌표 ▼ of 과녁 ▼ 을 'y:' 항목 ◯+◯ 의 왼쪽에 연결한 다음 ▼를 클릭하여 'y좌표'와 '사람'으로 변경하고 오른쪽에 '60'을 입력합니다.

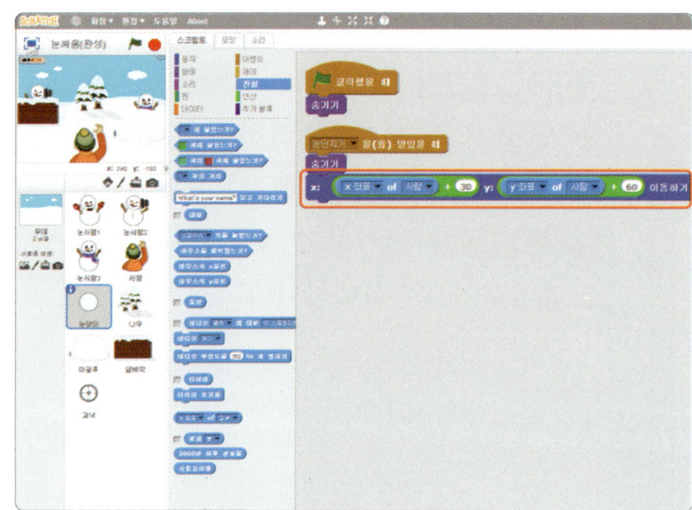

❹ [형태] 팔레트의 보이기 를 연결한 다음 맨 앞으로 나오기 를 연결합니다.

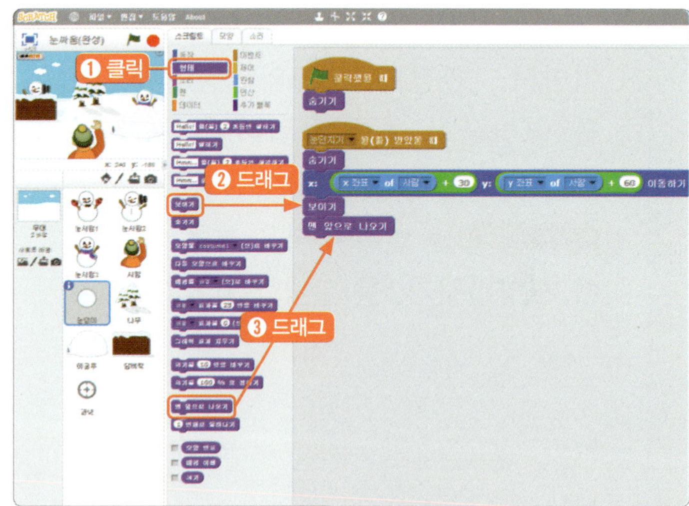

❺ [동작] 팔레트의 1 초 동안 x: 132 y: -2 으로 움직이기 를 연결한 다음 값을 '0.5'로 변경하고 [관찰] 팔레트의 x좌표 ▼ of 과녁 ▼ 을 'x:'에 연결한 다음 ▼를 클릭하여 'x 좌표'와 '과녁'으로 지정해 줍니다. 이어서, x좌표 ▼ of 과녁 ▼ 을 'y:'에 연결한 다음 ▼를 클릭하여 'y 좌표'와 '과녁'으로 지정해 줍니다.

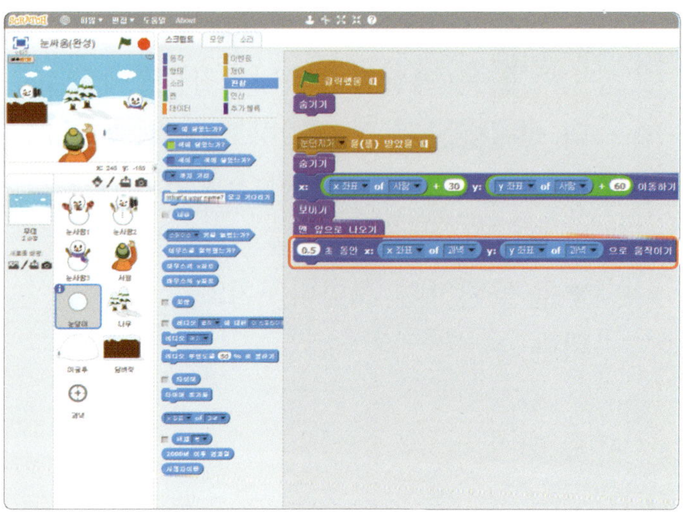

❻ [제어] 팔레트의 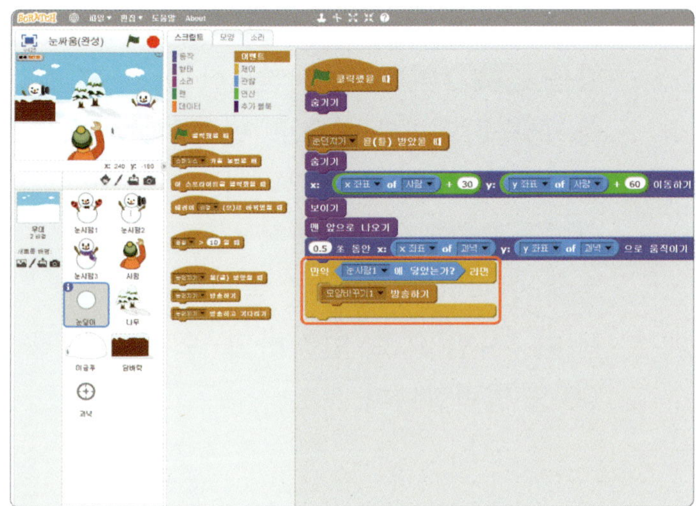을 연결합니다. 이어서, [관찰] 팔레트의 에 닿았는가? 를 연결하고 ▼를 클릭하여 '눈사람1'을 선택합니다. [이벤트] 팔레트의 방송하기를 연결하고 ▼를 클릭하여 '모양바꾸기1'을 선택합니다.

❼ [제어] 팔레트의 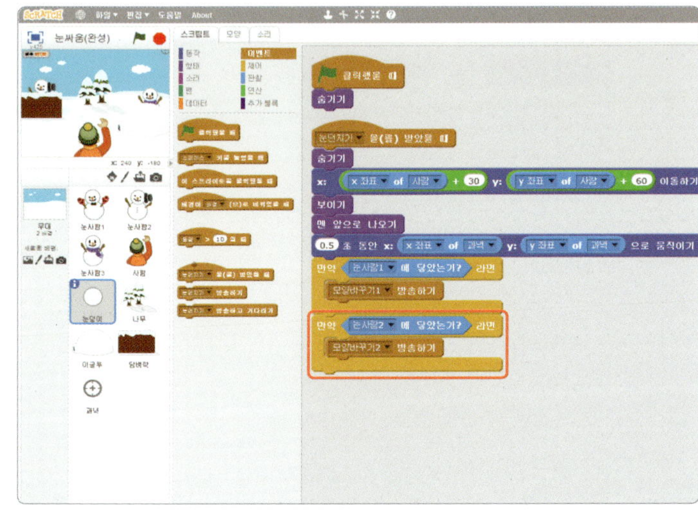을 연결합니다. 이어서, [관찰] 팔레트의 에 닿았는가? 를 연결하고 ▼를 클릭하여 '눈사람2'를 선택합니다. [이벤트] 팔레트의 방송하기를 연결한 다음 ▼를 클릭하여 '모양바꾸기2'를 선택합니다.

❽ 동일한 방법으로 [제어] 팔레트의 만약 라면을 연결합니다. [관찰] 팔레트의 에 닿았는가? 를 연결하고 ▼를 클릭하여 '눈사람3'을 선택합니다. [이벤트] 팔레트의 방송하기를 연결한 다음 ▼를 클릭하여 '모양바꾸기3'을 선택합니다.

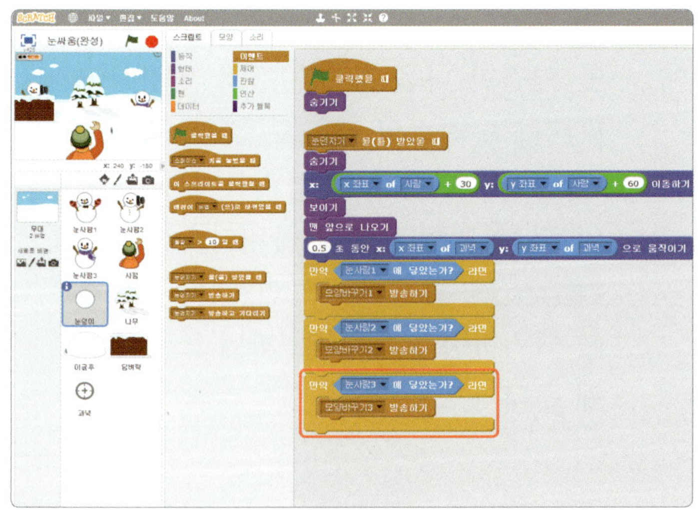

❾ [제어] 팔레트의 `1 초 기다리기` 를 연결한 다음 값을 '0.1'로 변경하고 [형태] 팔레트의 `숨기기` 를 연결합니다.

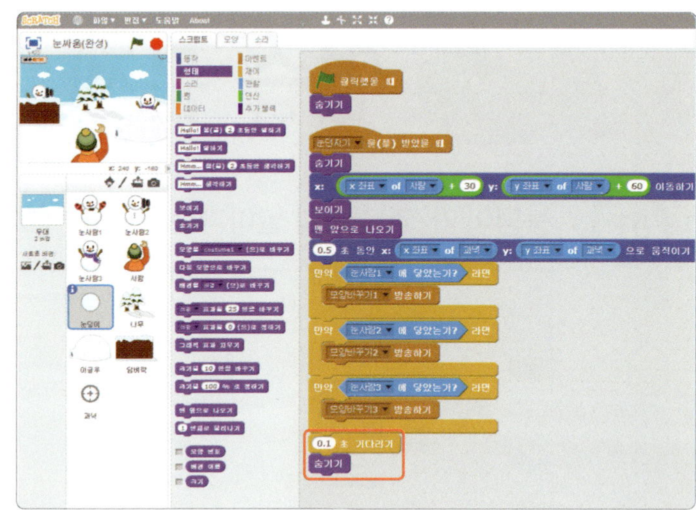

3 마우스를 따라 다니는 과녁

❶ '과녁' 스프라이트를 선택한 다음 [이벤트] 팔레트의 `클릭했을 때` 를 삽입하고 [제어] 팔레트의 `무한 반복하기` 를 연결합니다.

❷ [형태] 팔레트의 `맨 앞으로 나오기` 를 연결한 다음 [동작] 팔레트의 `마우스의 포인터 위치로 이동하기` 를 연결합니다. ▶를 클릭하여 프로그램을 실행합니다.

연습 문제

01 '눈덩이'가 '과녁'까지 날아가는 시간을 '1'초로 바꿔보세요. 눈이 어떻게 날아가나요?

02 '무대'에 다음 조건을 만족하도록 코딩해 보세요.

- 시간이 60초 이상이면 게임을 종료한다.
- 점수가 20점 이상이면 시간에 상관없이 게임을 종료한다.

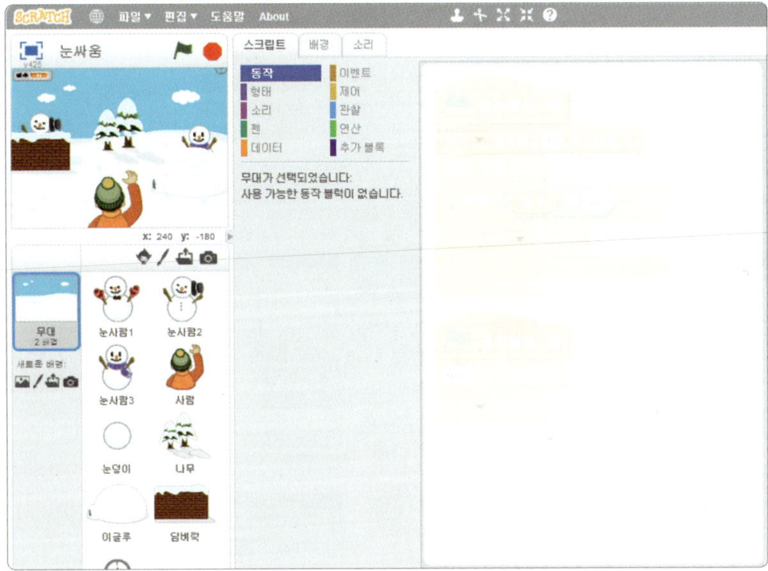

러시아워 ❶

자동차가 꽉 막혀 나가질 못하고 있습니다. 자동차를 클릭할 때마다 앞으로/위로 움직여 내 자동차가 밖으로 나올 수 있도록 만들어 보겠습니다. 또한 연산 명령을 이용하여 여러 개의 조건을 연결하는 방법에 대해서도 알아보겠습니다.

학습목표

- 스프라이트를 클릭하면 비어있는 곳으로 이동할 수 있습니다.
- 다른 스프라이트와 부딪혔을 때의 조건을 처리할 수 있습니다.
- 연산 명령 블록을 이용하여 여러 개의 조건을 연결할 수 있습니다.

- **예제 파일** : 러시아워.sb2
- **완성 파일** : 러시아워(완성).sb2
- **사용 방법** : 스프라이트 클릭(위/아래) 또는 (오른쪽/왼쪽) 이동

❶ '내자동차' 스프라이트를 선택한 다음 [이벤트] 팔레트의 클릭했을 때 를 삽입하고 [동작] 팔레트의 x: -146 y: 29 이동하기 을 연결합니다.

❷ [이벤트] 팔레트의 이 스프라이트를 클릭했을 때 를 삽입합니다. [동작] 팔레트의 x좌표를 10 만큼 바꾸기 를 연결한 다음 값을 '56'으로 변경합니다.

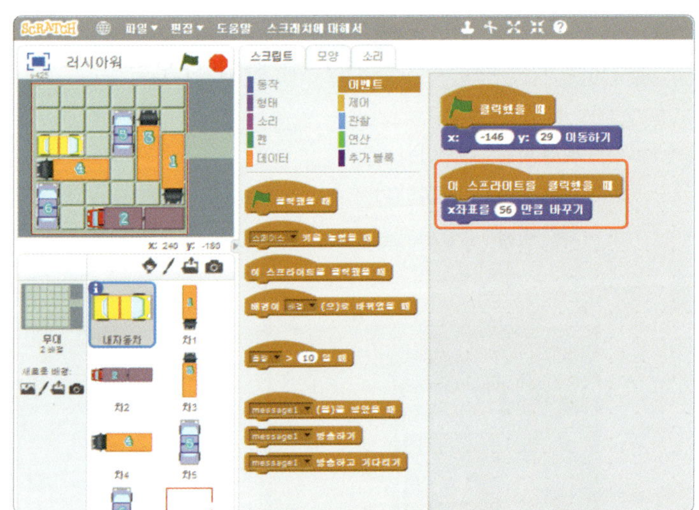

❸ [제어] 팔레트의 만약 라면 아니면 을 연결한 다음 [연산] 팔레트의 또는 을 연결합니다. 이어서, 또는 오른쪽에 또는 을 하나 더 연결합니다.

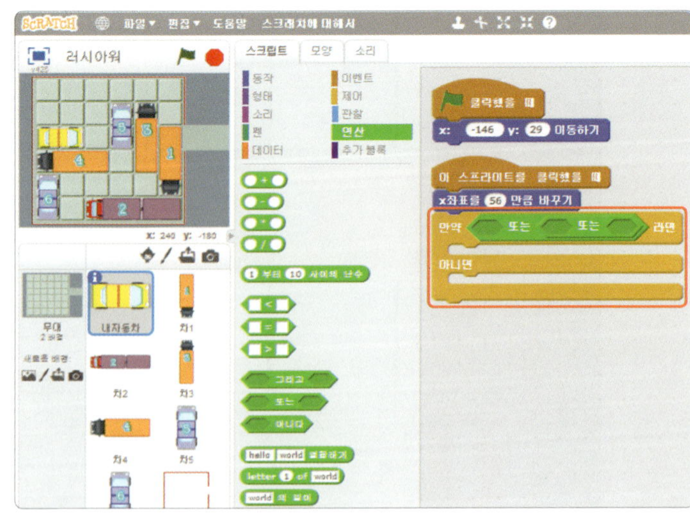

❹ [관찰] 팔레트의 〈▼에 닿았는가?〉 를 〈 또는 〉에 모두 연결한 다음 ▼를 클릭하여 '차1', '차3', '차5'를 각각 선택합니다. [동작] 팔레트의 x좌표를 10 만큼 바꾸기를 연결한 다음 값을 '−56'으로 변경합니다. [이벤트] 팔레트의 message1 방송하기를 연결한 다음 ▼를 클릭하여 [새 메시지...]를 선택하고 '내자동차왼쪽'을 입력한 다음 [확인]을 클릭합니다.

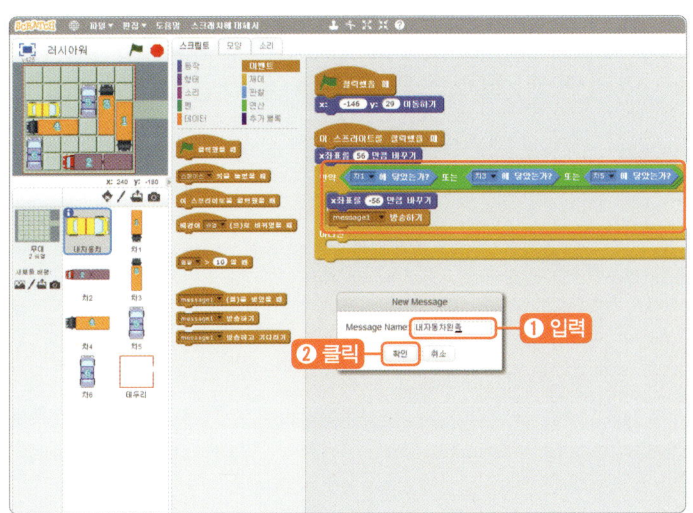

❺ [이벤트] 팔레트의 내자동차왼쪽 (을)를 방송하기를 연결한 다음 ▼를 클릭하여 [새 메시지...]를 선택합니다. [New Message] 대화상자가 나타나면 '내자동차오른쪽'을 입력하고 [확인]을 클릭합니다.

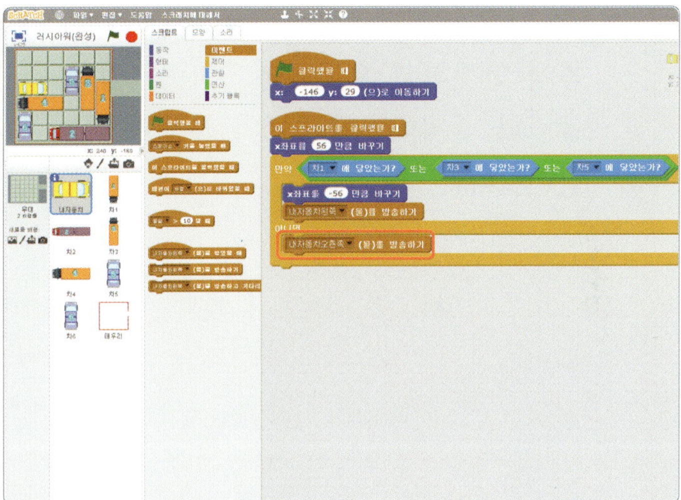

② '내자동차' 스프라이트를 오른쪽으로 이동하기

❶ [이벤트] 팔레트의 내자동차오른쪽 (을)를 받았을 때를 삽입한 다음 [제어] 팔레트의 무한 반복하기를 연결합니다. [동작] 팔레트의 x좌표를 10 만큼 바꾸기를 연결한 다음 값을 '56'으로 변경합니다.

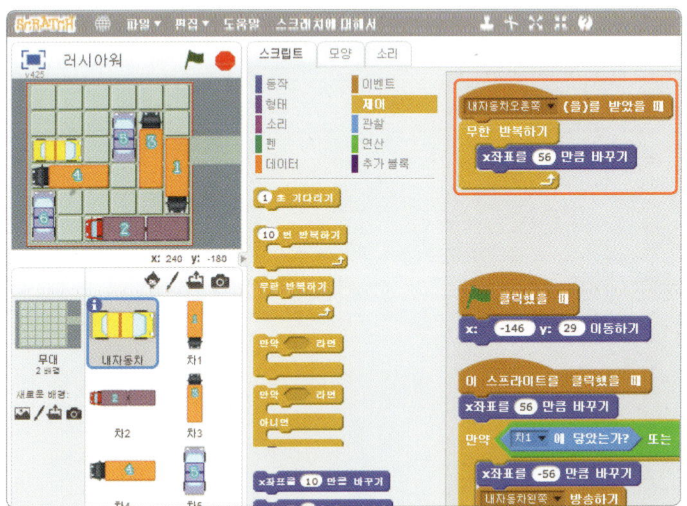

❷ [제어] 팔레트의 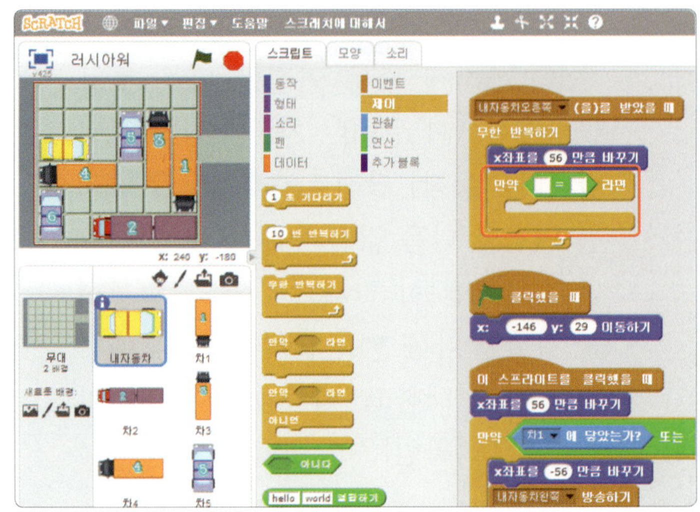을 연결한 다음 [연산] 팔레트의 을 연결합니다.

❸ [동작] 팔레트의 x좌표 를 의 왼 쪽에 연결하고 오른쪽에 '190'을 입력 합니다. [제어] 팔레트의 모두 멈추기 를 연결합니다. 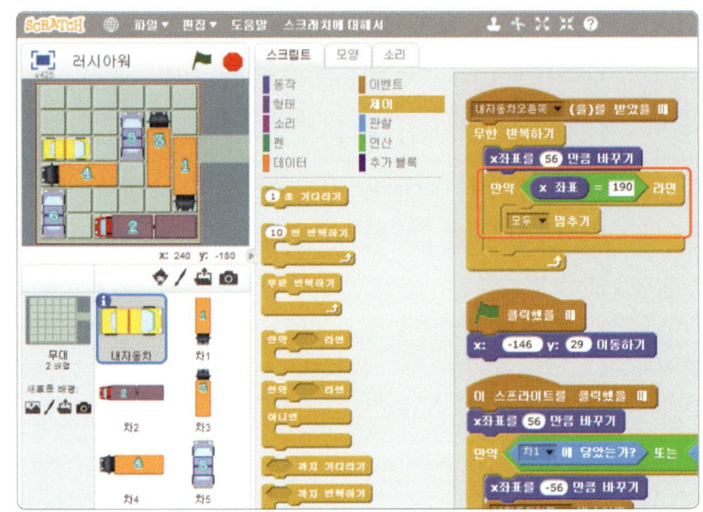

❹ [제어] 팔레트의 만약 라면 을 연결한 다 음 [연산] 팔레트의 또는 을 연결 합니다. 이어서, 또는 오른쪽에 또는 을 하나 더 연결합니다. 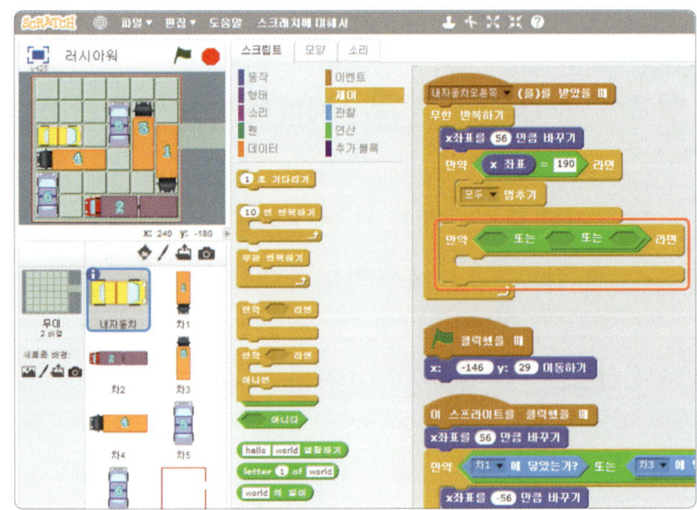

❺ [관찰] 팔레트의 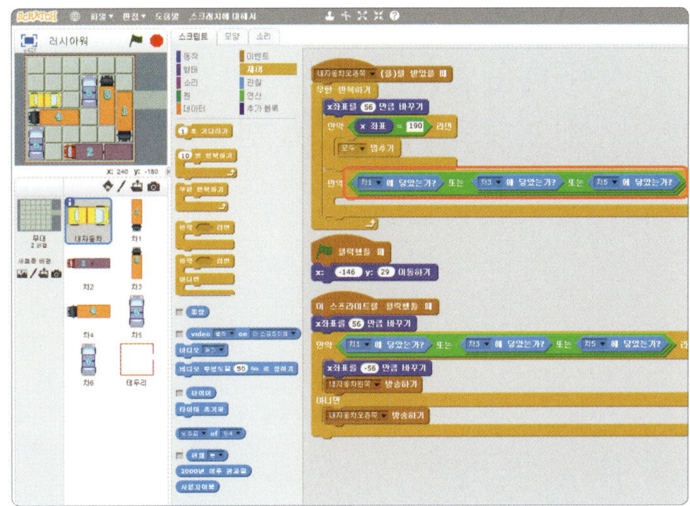 를
 를
또는 에 모두 연결한 다음 ▼를
클릭하여 '차1', '차3', '차5'를 각각 선
택합니다.

❻ [동작] 팔레트의 x좌표를 10 만큼 바꾸기 를 연결
한 다음 값을 '-56'으로 변경합니다.
[제어] 팔레트의 모두 멈추기 를 연결한 다
음 ▼를 클릭하여 '이 스크립트'를 선
택합니다.

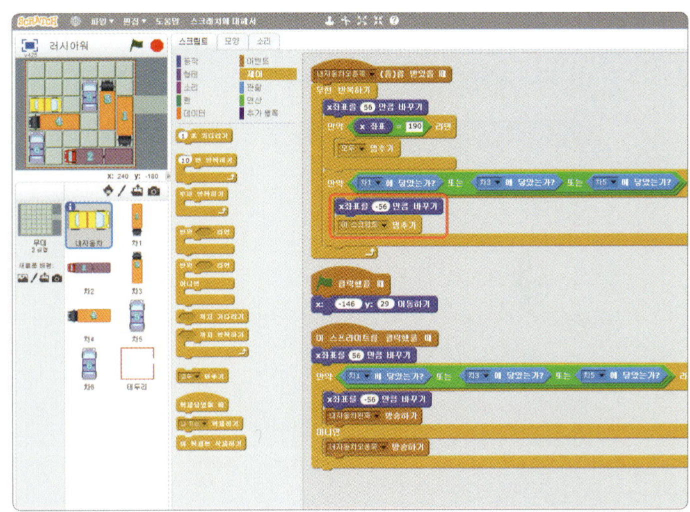

③ '내자동차' 스프라이트를 왼쪽으로 이동하기

❶ [이벤트] 팔레트의 내자동차왼쪽 (을)를 받았을 때
를 삽입한 다음 ▼를 클릭하여 '내자동
차왼쪽'을 선택하고, [제어] 팔레트의
무한 반복하기 를 연결합니다.

❷ [동작] 팔레트의 x좌표를 10 만큼 바꾸기 를 연결
한 다음 값을 '−56'으로 변경하고 [제
어] 팔레트의 만약 라면 을 연결합니다.

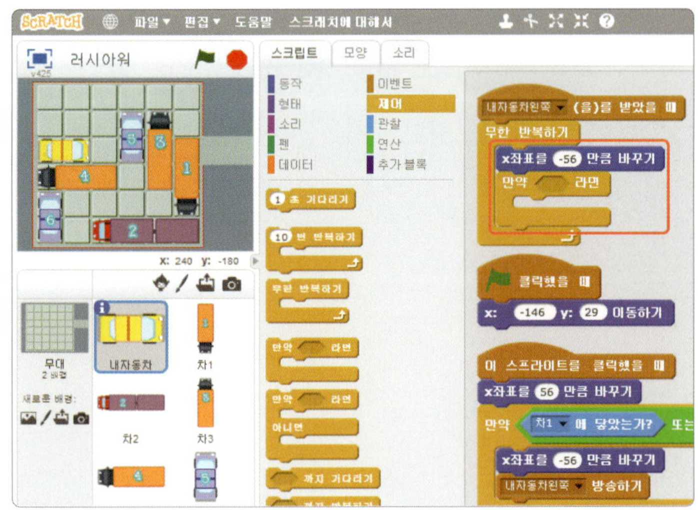

❸ [연산] 팔레트의 또는 을 연결한
다음 또는 의 왼쪽과 오른쪽에
에 닿았는가? 를 연결하고 '차6'과 '테두
리'를 각각 선택합니다.

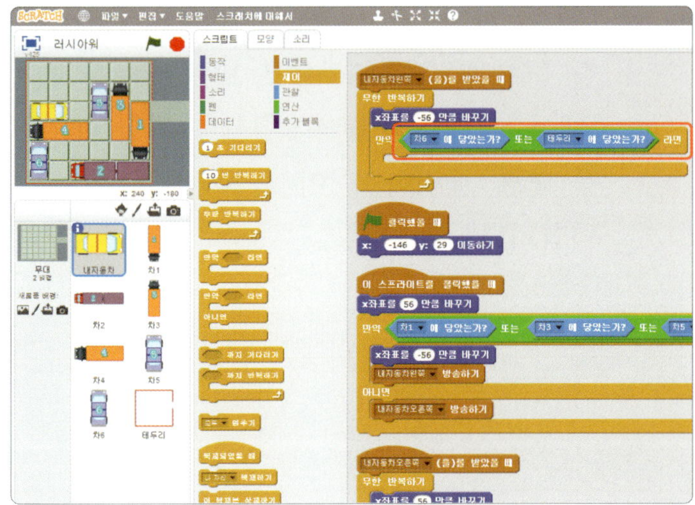

❹ [동작] 팔레트의 x좌표를 10 만큼 바꾸기 를 연결
한 후, 값을 '56'으로 변경합니다. [제
어] 팔레트의 모두 멈추기 를 연결한 다음
▼를 클릭하여 '이 스크립트'를 선택합
니다.

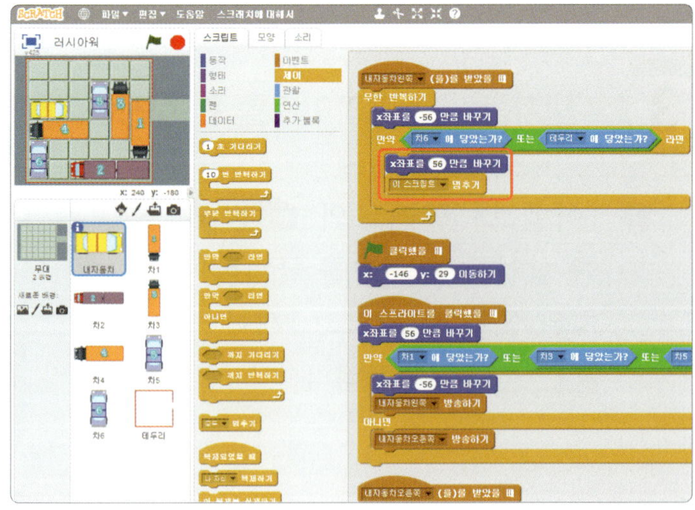

연습 문제

01 자동차가 왼쪽/오른쪽으로 이동했을 때 닿을 수 있는 스프라이트는 어떤 것들이 있는가?

이동방향	차1	차2	차3	차4	차5	차6	테두리
왼쪽							
오른쪽							

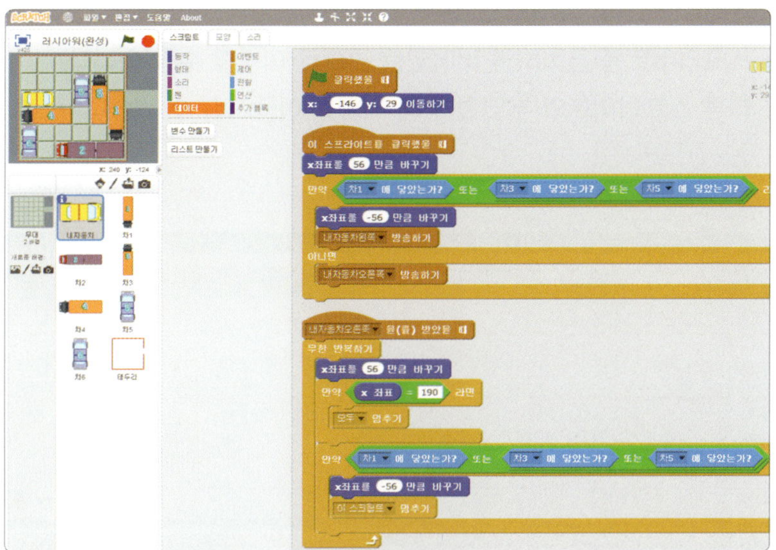

02 [무대]에 다음 조건을 만족하도록 코딩해 보세요.

- 시간이 60초 이상이면 게임을 종료한다.

20 러시아워 ❷

내 자동차가 아닌 다른 자동차를 클릭했을 때 위/아래 또는 왼쪽/오른쪽으로 움직이는 방법에 대해 알아보겠습니다.

학습목표

- 스프라이트를 클릭하면 비어있는 곳으로 이동할 수 있습니다.
- 다른 스프라이트와 부딪혔을 때 위치를 이동시킬 수 있습니다.

- **예제 파일 :** 러시아워.sb2
- **완성 파일 :** 러시아워(완성).sb2
- **사용 방법 :** 스프라이트 클릭(위/아래) 또는 (오른쪽/왼쪽) 이동

❶ 위/아래에 빈 부분이 있는지 확인하기

❶ '차1' 스프라이트를 선택한 다음 [이벤트] 팔레트의 클릭했을 때 를 삽입합니다. [동작] 팔레트의 x: 105 y: -26 이동하기 를 연결한 다음 [이벤트] 팔레트의 이 스프라이트를 클릭했을 때 를 삽입합니다. [동작] 팔레트의 y좌표를 10 만큼 바꾸기 를 연결한 다음 값을 '-56'으로 변경합니다.

❷ [제어] 팔레트의 만약 라면 아니면 을 연결한 다음 [연산] 팔레트의 또는 을 연결합니다. [관찰] 팔레트의 에 닿았는가? 를 또는 의 양쪽에 연결한 후 ▼를 클릭하여 '차2'와 '테두리'로 변경합니다.

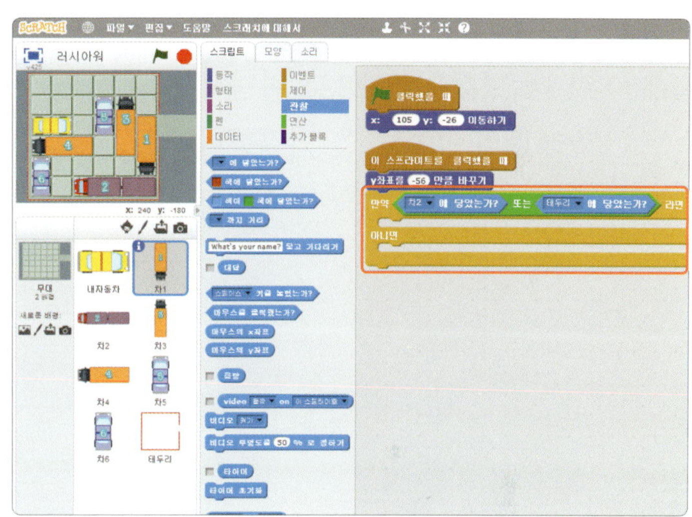

❸ [동작] 팔레트의 y좌표를 10 만큼 바꾸기 를 연결한 다음 값을 '56'으로 변경합니다. [이벤트] 팔레트의 내자동차오른쪽 (을)를 방송하기 를 연결한 다음 ▼를 클릭하여 [새 메시지...]를 선택합니다. [New Message] 대화상자가 나타나면 '1번위로'를 입력해 1번위로 방송하기 를 만들고 동일한 방법으로 1번아래로 방송하기 도 만들어 연결합니다.

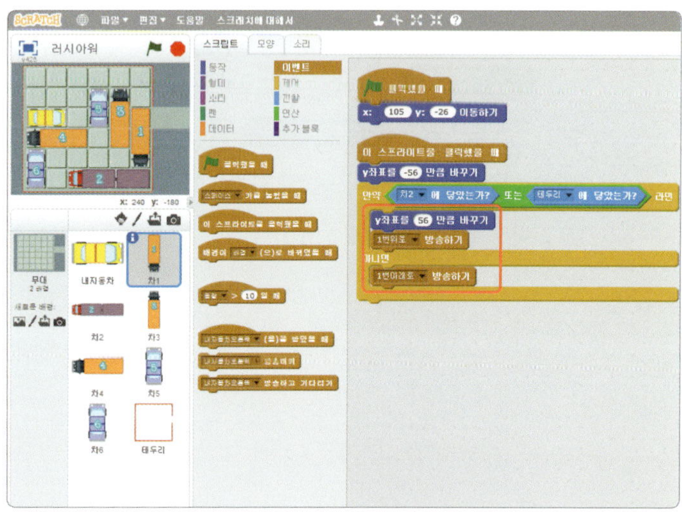

2 위/아래로 움직이기

❶ [이벤트] 팔레트의 `내자동차오른쪽 ▼ (을)를 받았을 때`를 삽입한 다음 ▼를 클릭하여 '1번 위로'를 선택합니다. [제어] 팔레트의 `무한 반복하기`를 연결합니다.

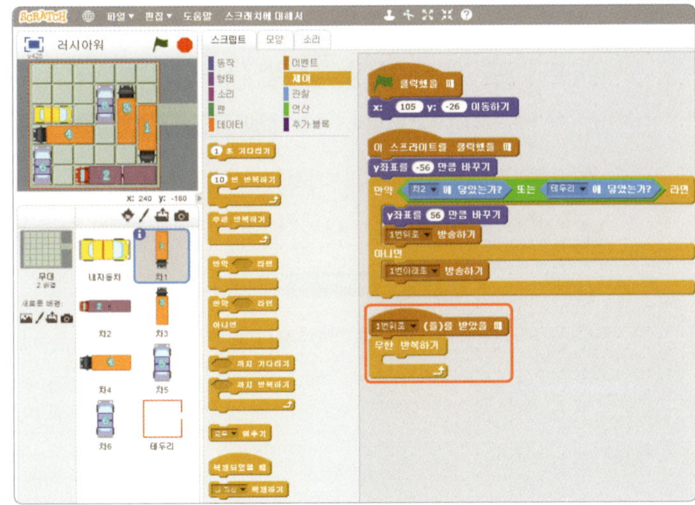

❷ [동작] 팔레트의 `y좌표를 10 만큼 바꾸기`를 연결한 다음 값을 '56'으로 변경하고 [제어] 팔레트의 `만약 ~라면`을 연결합니다.

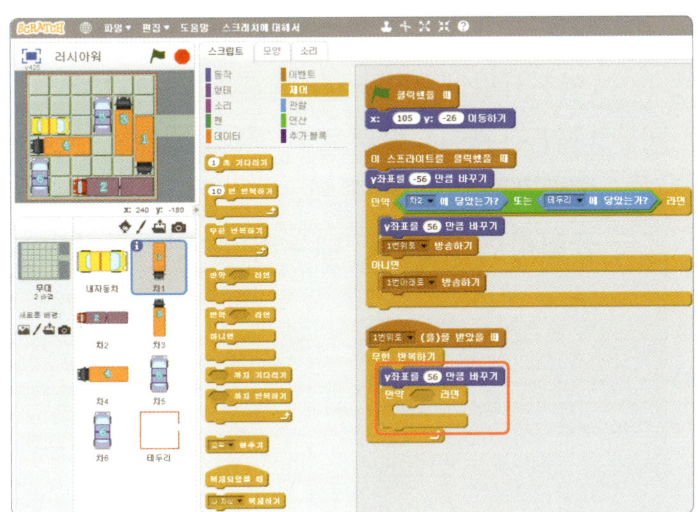

❸ [연산] 팔레트의 `~ 또는 ~`을 연결하고 `~ 또는 ~`의 왼쪽과 오른쪽에 [관찰] 팔레트의 `▼ 에 닿았는가?`를 연결합니다. 이어서, ▼를 클릭하여 '내자동차'와 '테두리'를 선택합니다.

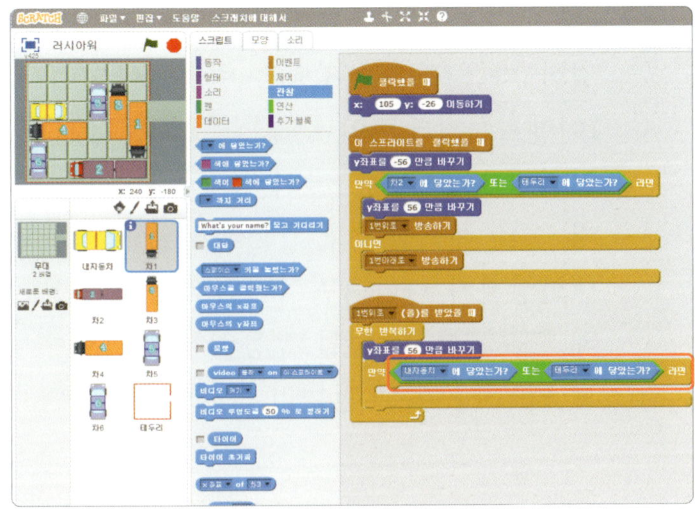

❹ [동작] 팔레트의 `y좌표를 10 만큼 바꾸기`를 연결해 값을 '–56'으로 변경합니다. [제어] 팔레트의 `모두▼ 멈추기`를 연결한 다음 ▼를 클릭하여 '이 스크립트'를 선택합니다.

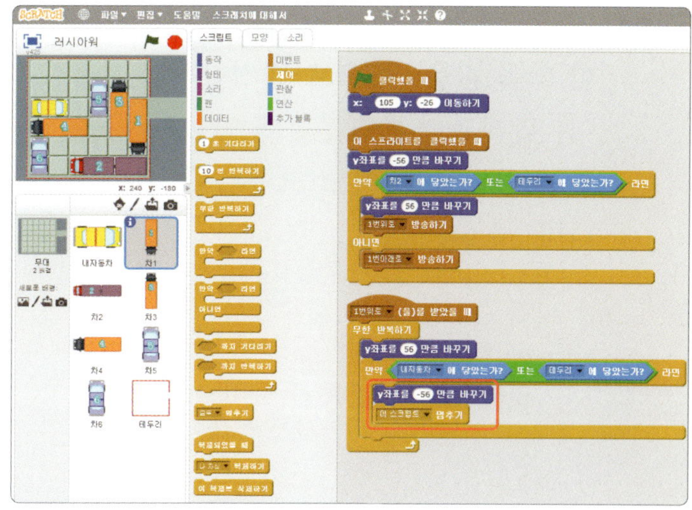

❺ [이벤트] 팔레트의 `1번아래로▼ (을)를 받았을 때`를 삽입한 다음 [제어] 팔레트의 `무한 반복하기`를 연결합니다.

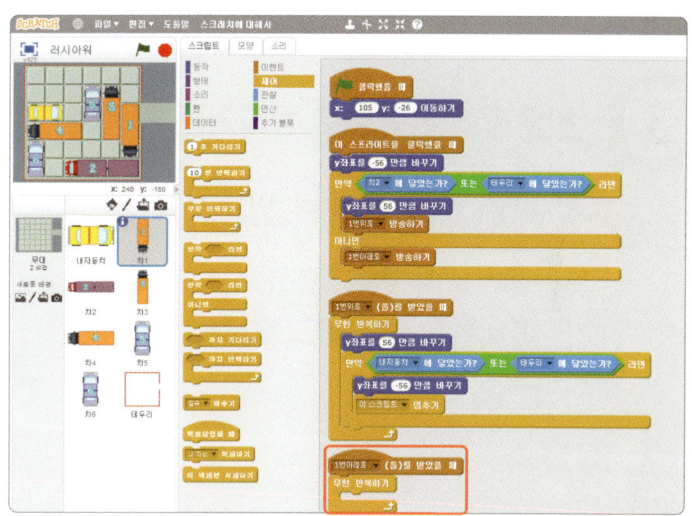

❻ [동작] 팔레트의 `y좌표를 10 만큼 바꾸기`를 연결해 값을 '–56'으로 변경합니다. [제어] 팔레트의 `만약 라면`을 연결한 다음 [연산] 팔레트의 `또는`을 연결하고 `또는`의 왼쪽과 오른쪽에 [관찰] 팔레트의 `▼ 에 닿았는가?`를 연결합니다. 이어서, ▼를 클릭하여 '차2'와 '테두리'를 선택합니다.

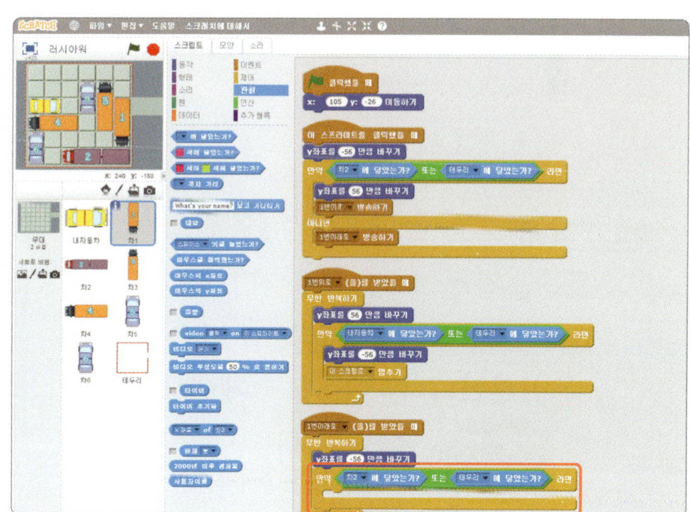

❼ [동작] 팔레트의 `y좌표를 10 만큼 바꾸기`를 연결한 다음 값을 '56'으로 변경합니다. [제어] 팔레트의 `모두▼ 멈추기`를 연결한 다음 ▼를 클릭하여 '이 스크립트'를 선택합니다.

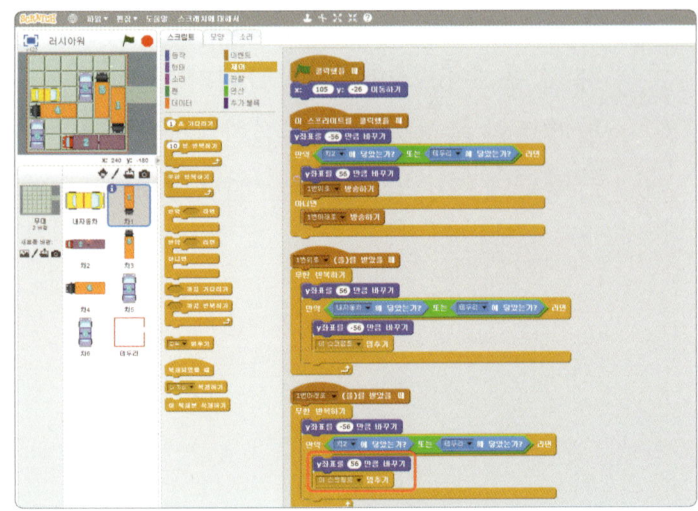

③ 왼쪽과 오른쪽으로 움직이는 자동차

❶ '차2' 스프라이트를 선택한 다음 [이벤트] 팔레트의 `클릭했을 때`를 삽입하고 [동작] 팔레트의 `x: 21 y: -137 이동하기`를 연결합니다.

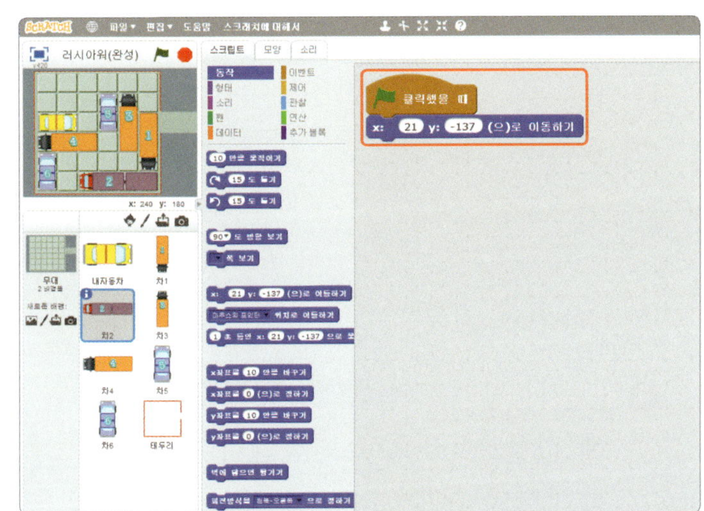

❷ [이벤트] 팔레트의 `이 스프라이트를 클릭했을 때`를 삽입한 다음 [동작] 팔레트의 `x좌표를 10 만큼 바꾸기`를 연결하고 값을 '56'으로 변경합니다. 이어서, [제어] 팔레트의 `만약 라면 아니면`을 연결합니다.

❸ [연산] 팔레트의 ◀─또는─▶ 을 그림과 같이 2개를 연결한 다음 ◀─또는─▶ 의 3개의 칸에 [관찰] 팔레트의 ◀─에 닿았는가?▶ 를 연결합니다. 이어서, ▼ 를 클릭하여 '차1', '차3', '테두리'를 선택합니다.

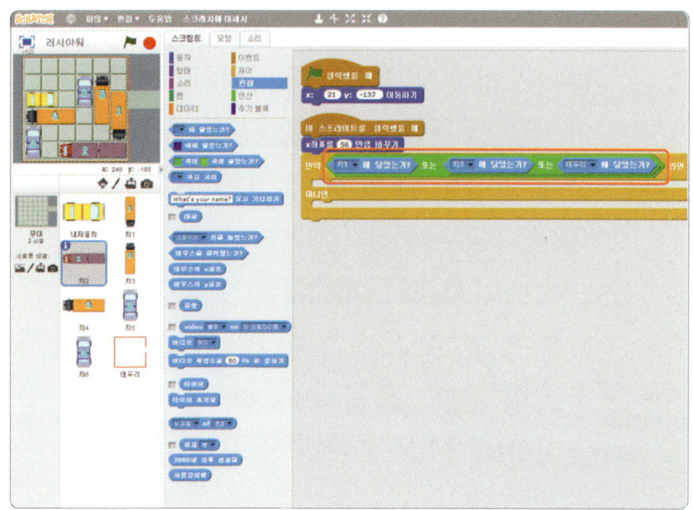

❹ [동작] 팔레트의 x좌표를 10 만큼 바꾸기 를 연결한 다음 값을 '−56'으로 변경합니다. [이벤트] 팔레트의 1번아래로 방송하기 를 연결한 다음 ▼를 클릭하여 [새 메시지...] 를 선택합니다. [New Message] 대화상자가 나타나면 '2번왼쪽'을 입력해 2번왼쪽 방송하기 를 만들고 동일한 방법으로 2번오른쪽 방송하기 도 만들어 연결합니다.

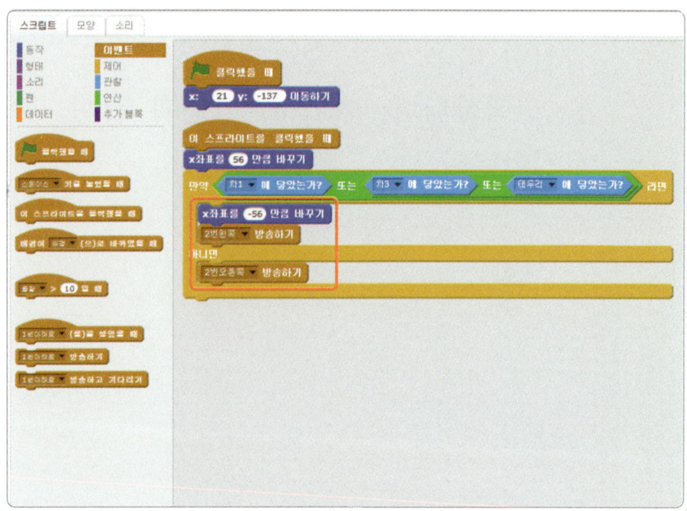

❺ 1번아래로 (을)를 받았을 때 를 삽입한 다음 ▼를 클릭하여 '2번오른쪽'을 선택합니다. [제어] 팔레트의 무한 반복하기 를 연결한 다음 [동작] 팔레트의 x좌표를 10 만큼 바꾸기 를 연결해 값을 '56'으로 변경합니다. [제어] 팔레트의 만약 라면 을 연결합니다.

❻ [연산] 팔레트의 ⬡ 또는 ⬡ 을 그림과 같이 2개를 연결합니다. [관찰] 팔레트의 ⬡▼ 에 닿았는가? 를 ⬡ 또는 ⬡ 의 3개의 칸에 연결한 다음 ▼를 클릭하여 '차1', '차3', '테두리'를 선택합니다. [동작] 팔레트의 x좌표를 10 만큼 바꾸기 를 연결한 다음 값을 '-56'으로 변경합니다. [제어] 팔레트의 모두▼ 멈추기 를 연결한 다음 ▼를 클릭하여 '이 스크립트'를 선택합니다.

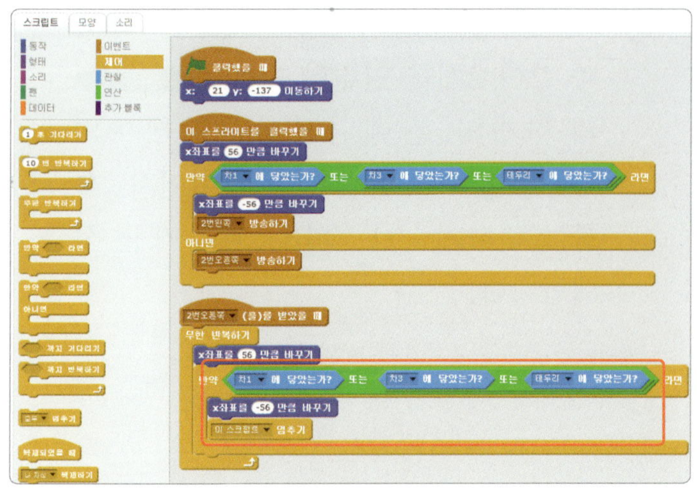

❼ [이벤트] 팔레트의 1번아래로▼ (을)를 받았을 때 를 삽입한 다음 ▼를 클릭하여 '2번왼쪽'을 선택합니다. 이어서, 그림과 같이 코딩합니다.

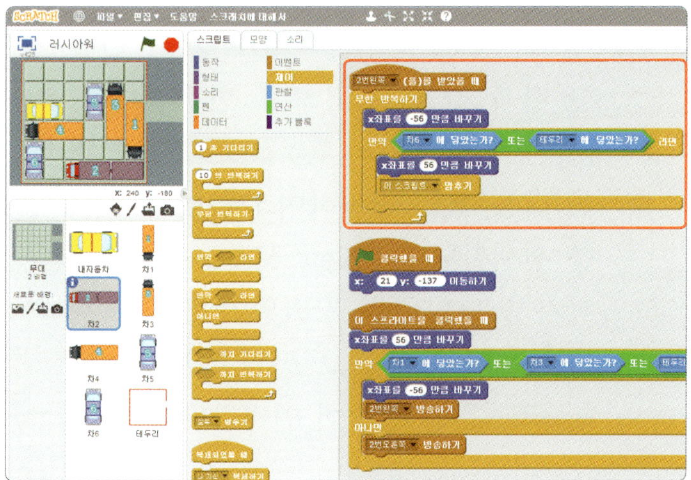

4 다른 차 코딩하기

❶ '차3' 스프라이트를 선택한 다음 그림과 같이 코딩합니다.

❷ '차4' 스프라이트를 선택한 다음 그림
과 같이 코딩합니다.

❸ '차5' 스프라이트를 선택한 다음 그림
과 같이 코딩한다.

❹ '차6' 스프라이트를 선택한 다음 그림
과 같이 코딩하고 ⚑를 클릭해 게임을
실행합니다.

연습 문제

01 '차1~차5' 스프라이트의 시작 위치를 다음과 같이 변경하시오.

스프라이트 이름	시작 위치	스프라이트 이름	시작 위치
차1 스프라이트	x : 105 y : 86	차4 스프라이트	x : 44 y : −24
차2 스프라이트	x : 21 y : −79	차5 스프라이트	x : −174 y : −110
차3 스프라이트	x : 50 y : 86	차6 스프라이트	x : −174 y : 110

02 위치를 바꿨을 때 '내자동차' 스프라이트는 어떤 스프라이트와 부딪힐 수 있는가?

이동방향	차1	차2	차3	차4	차5	차6	테두리
위로	○		○				
아래로					○	○	○

03 동일한 방법으로 '차1~차6' 스프라이트가 부딪힐 수 있는 스프라이트를 찾아보시오.

	이동방향	내자동차	차1	차2	차3	차4	차5	차6	테두리
차1	위로			○		○			○
차1	아래로								○
차2	위로						○		○
차2	아래로		○		○				
차3	위로	내자동차							
차3	아래로			○		○			○
차4	위로						○	○	
차4	아래로		○		○				○
차5	위로	내자동차				○		○	
차5	아래로			○					○
차6	위로								○
차6	아래로	내자동차				○	○		

04 위에서 확인 값을 이용해 '내자동차' 스프라이트와 '차1~차6' 스프라이트의 만약~라면 블록의 조건을 바꿔보시오.

21 우주여행 ❶

복제 명령을 이용하여 하나의 스프라이트를 여러 개 복제하는 방법에 대해 알아보겠습니다. 또한 복제되었을 때 다양한 위치에서 우주선 스프라이트를 향해 날아오도록 코딩하는 방법에 대해 알아보겠습니다.

학습목표

- 하나의 스프라이트를 여러 개 복제할 수 있습니다.
- 난수와 결합하기 명령 블록을 이용하여 임의의 스프라이트를 복제할 수 있습니다.

- **예제 파일 :** 우주여행.sb2
- **완성 파일 :** 우주여행(완성).sb2
- **사용 방법 :** 마우스를 드래그하여 우주선이 유성에 부딪치지 않도록 조정하는 게임입니다.

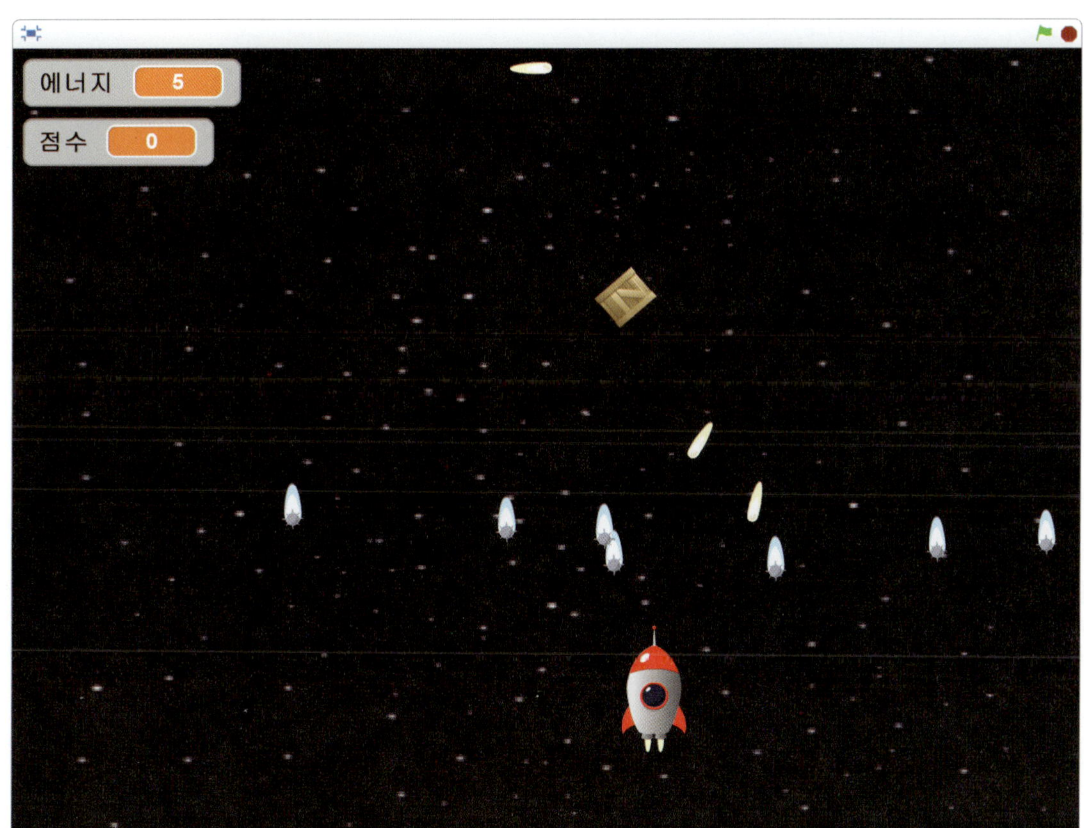

1 게임 준비하기

① [무대]를 선택한 다음 [이벤트] 팔레트의 ▨클릭했을 때▨를 삽입합니다. [데이터] 팔레트의 ▨유성개수 을(를) 0 로 정하기▨를 연결한 다음 ▼를 클릭하여 '속도'를 선택하고 값을 '3'으로 변경합니다. 동일한 방법으로 ▨유성개수 을(를) 0 로 정하기▨를 연결하여 그림처럼 코딩합니다.

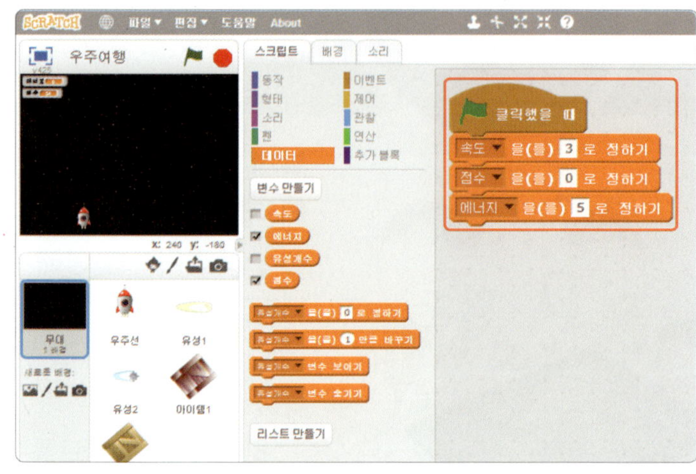

② [이벤트] 팔레트의 ▨message1 방송하기▨를 연결한 다음 ▼를 클릭하여 [새 메시지...]를 선택하고 '유성표시'를 입력합니다. 동일한 방법으로 [이벤트] 팔레트의 ▨message1 방송하기▨를 연결한 다음 ▼를 클릭하여 [새 메시지...]를 선택하고 '아이템표시'를 입력합니다.

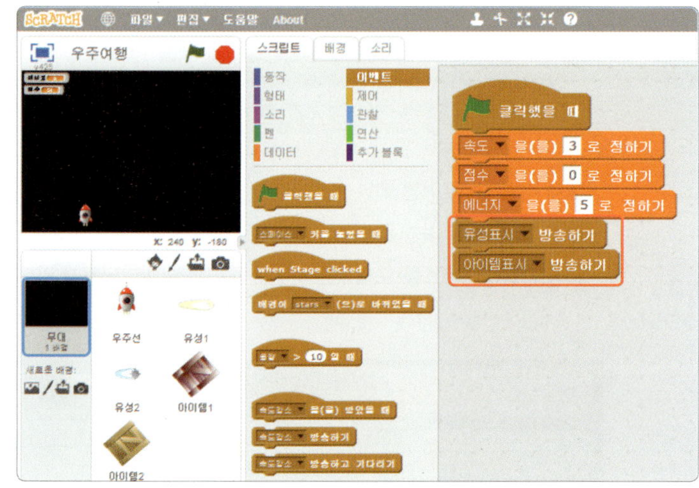

2 아이템과 유성을 표시하기

① [이벤트] 팔레트의 ▨message1 (을)를 받았을 때▨를 삽입한 다음 ▼를 클릭하여 '아이템표시'를 선택합니다. [제어] 팔레트의 ▨무한 반복하기▨를 연결합니다.

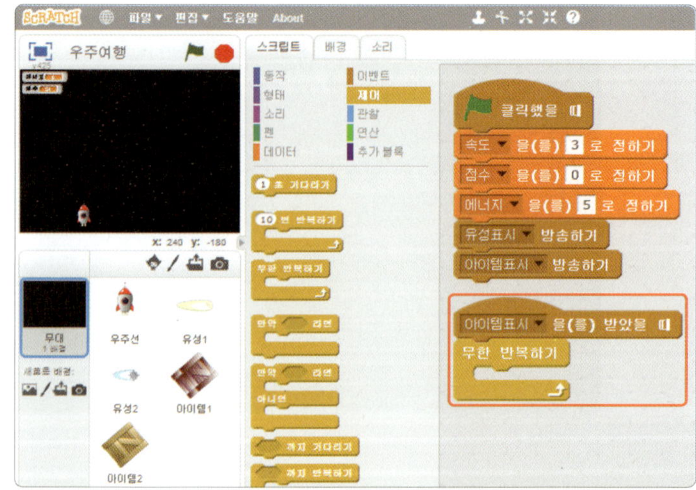

❷ [제어] 팔래트의 `1 초 기다리기`를 연결한 다음 [연산] 팔레트의 `1 부터 10 사이의 난수`를 연결해 값을 '2', '4.5'로 변경해 줍니다.

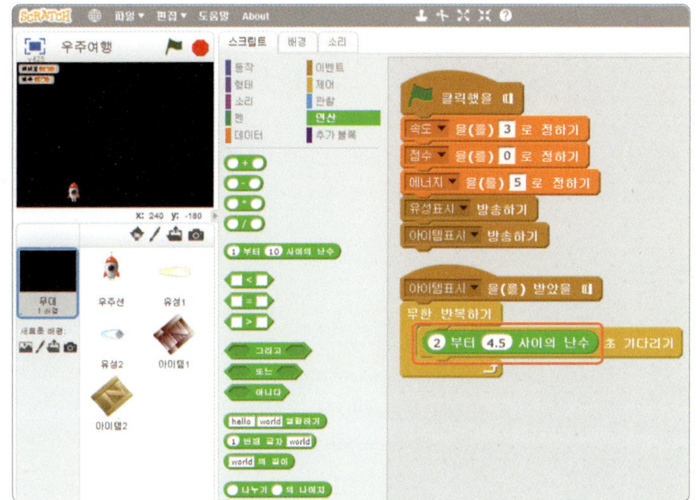

❸ [이벤트] 팔레트의 `message1 방송하기`를 연결한 다음 [연산] 팔레트의 `hello world 결합하기`를 연결합니다. `hello world 결합하기`의 왼쪽에 '아이템'을 입력한 다음 오른쪽에 [연산] 팔레트의 `1 부터 10 사이의 난수`를 연결하고 값을 '1', '2'로 변경합니다.

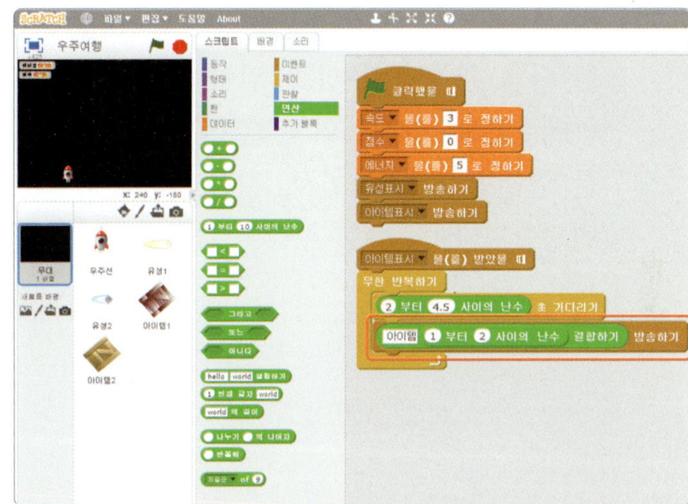

❹ [이벤트] 팔레트의 `아이템표시 ▼ (을)를 받았을 때`를 삽입한 다음 ▼를 클릭하여 '유성표시'를 선택합니다. 이어서, [제어] 팔레트의 `무한 반복하기`를 연결합니다.

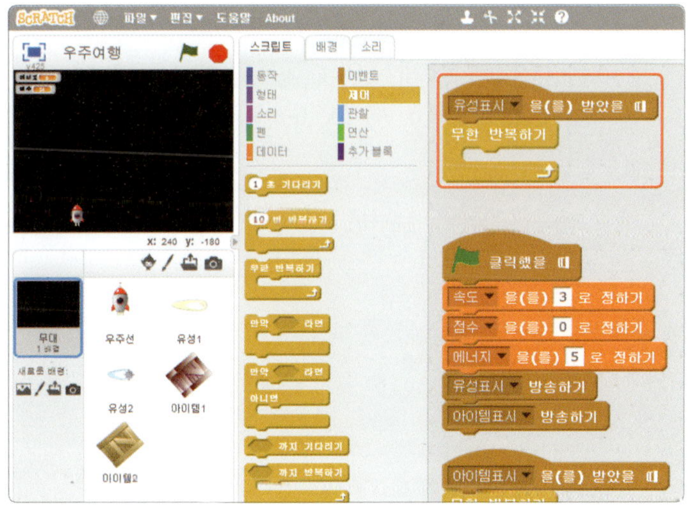

❺ [제어] 팔레트의 [10 번 반복하기]를 연결한 다음 [우주선 ▼ 복제하기]를 연결합니다.

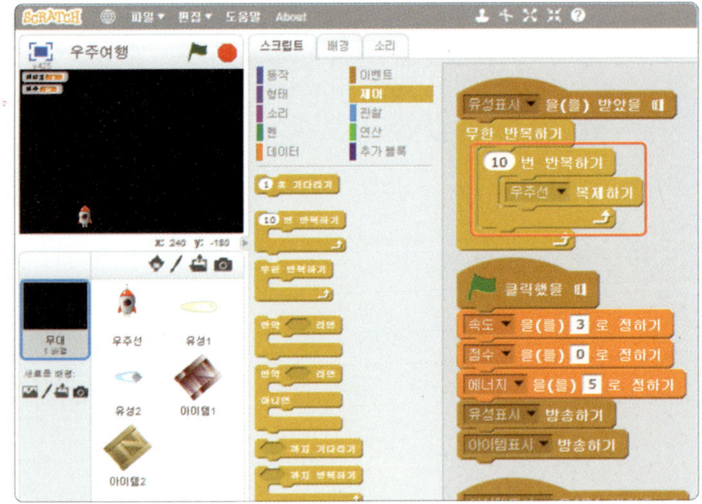

❻ [연산] 팔레트의 [hello world 결합하기]를 연결한 다음 왼쪽에 '유성'을 입력하고 오른쪽에 [연산] 팔레트의 [1 부터 10 사이의 난수]를 연결합니다. 이어서, 값을 '1', '2'로 변경합니다.

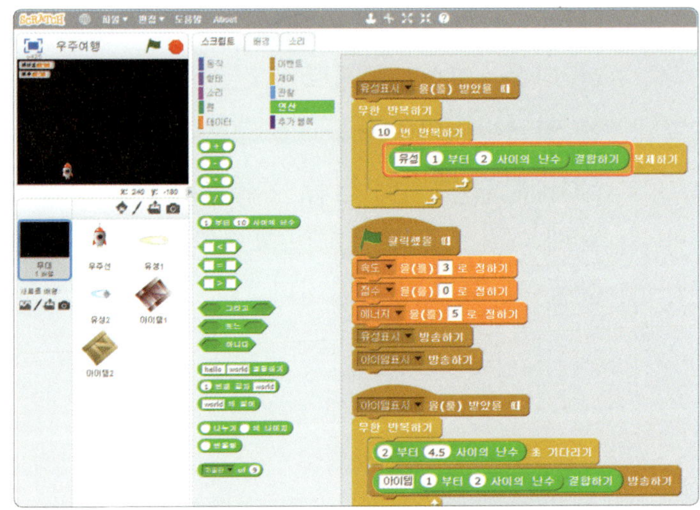

❼ [제어] 팔레트의 [1 초 기다리기]를 연결한 다음 [연산] 팔레트의 [1 부터 10 사이의 난수]를 연결하고 값을 '2.5', '5'로 변경합니다.

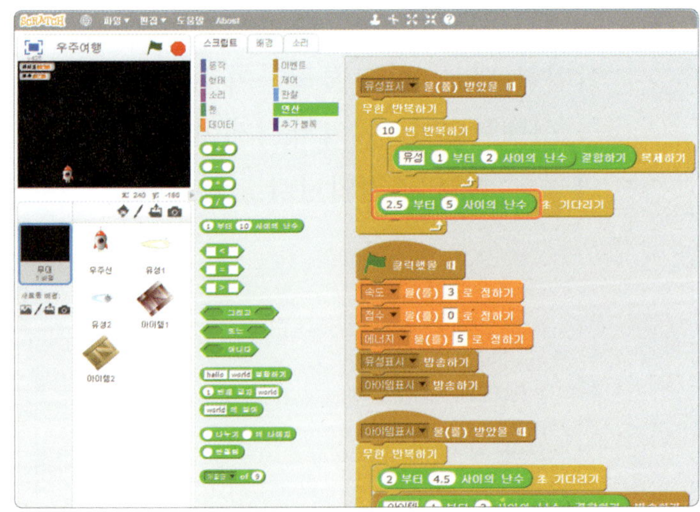

❶ [이벤트] 팔레트의 를 삽입한 다음 ▼를 클릭하여 [새 메시지...]를 선택하고 '점수확인'을 입력합니다. 이어서, [제어] 팔레트의 을 연결합니다.

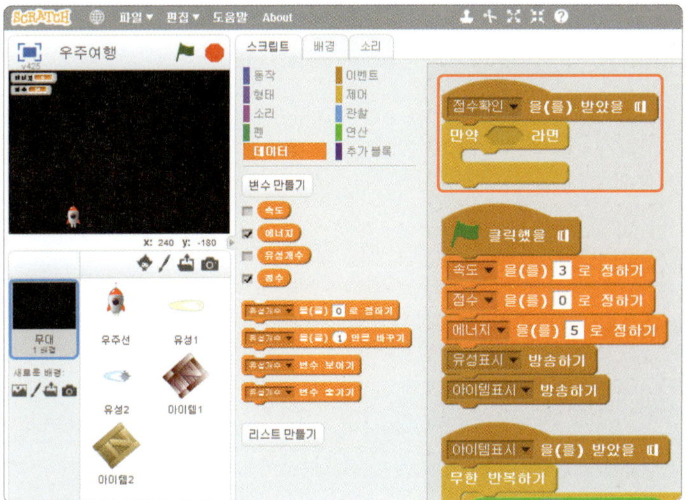

❷ [연산] 팔레트의 를 연결한 다음 [데이터] 팔레트의 점수 를 의 왼쪽에 연결하고 오른쪽에 '200'을 입력해 줍니다.

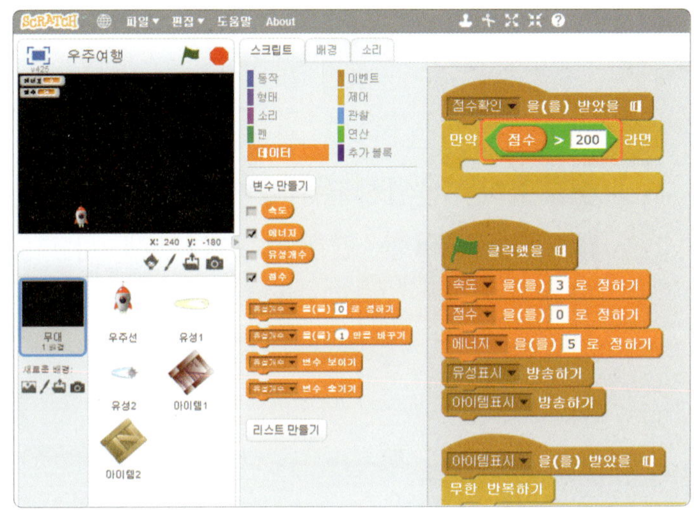

❸ [데이터] 팔레트의 를 연결한 다음 ▼를 클릭하여 '속도'를 선택하고, 값에 '11'을 입력합니다. [제어] 팔레트의 를 연결한 다음 ▼를 클릭해 '이 스크립트'를 선택합니다.

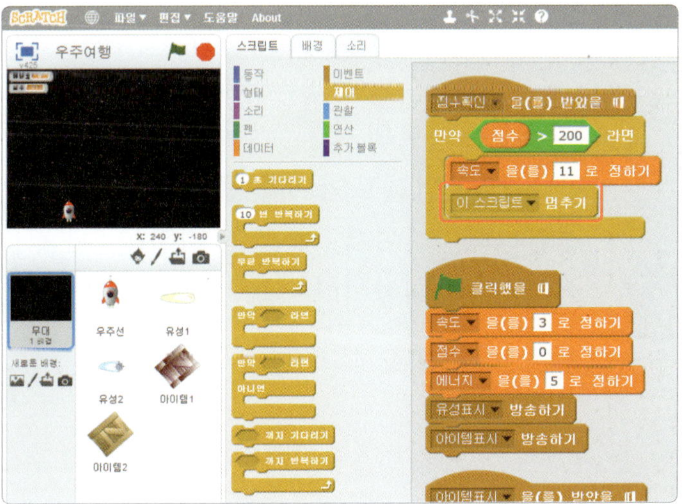

❹ 동일한 방법으로 그림처럼 코딩한 다음 점수와 속도를 지정합니다.

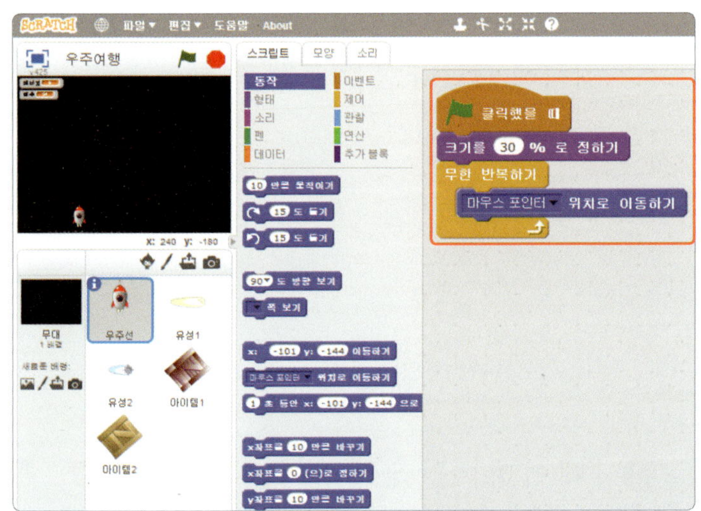

4 우주선 코딩하기

❶ '우주선' 스프라이트를 선택한 다음 클릭했을 때를 삽입하고, [형태] 팔레트의 크기를 30 % 로 정하기 를 연결합니다. [제어] 팔레트의 무한 반복하기를 연결한 다음 [동작] 팔레트의 마우스의 포인터 위치로 이동하기 를 연결합니다.

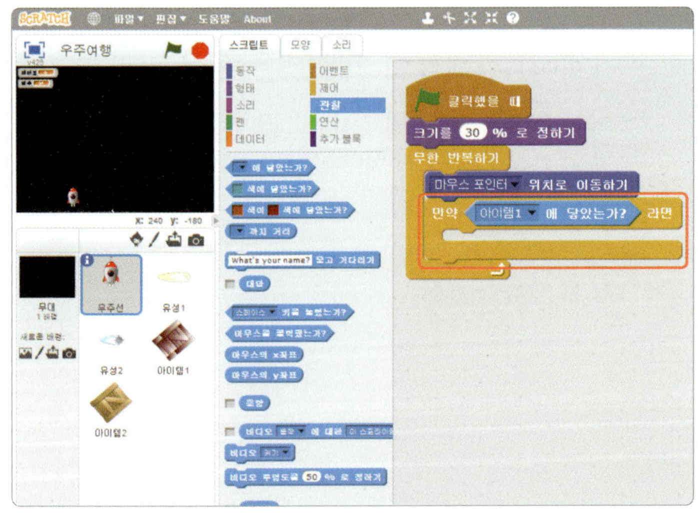

❷ [제어] 팔레트의 만약 라면 을 연결한 다음 [관찰] 팔레트의 에 닿았는가? 를 연결합니다. 이어서, ▼를 클릭하여 '아이템1'을 선택합니다.

❸ [이벤트] 팔레트의 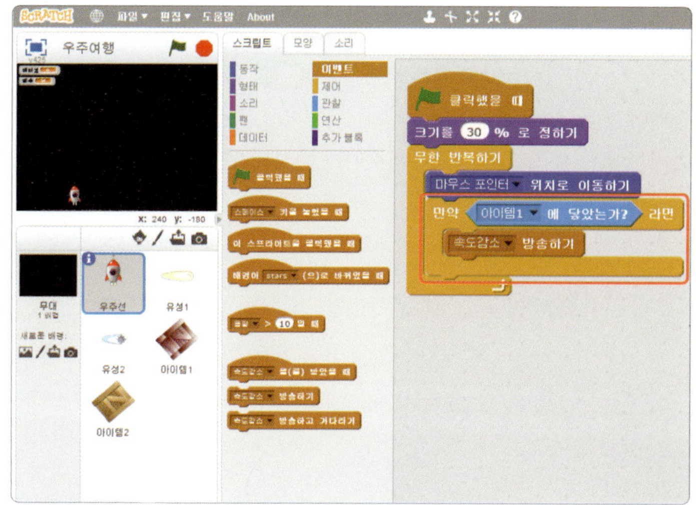를 연결한 다음 ▼를 클릭하여 [새 메시지…]를 선택하고 '속도감소'를 입력합니다.

❹ [제어] 팔레트의 을 연결한 다음 [관찰] 팔레트의 를 연결합니다. 이어서, ▼를 클릭하여 '아이템2'를 선택합니다. [이벤트] 팔레트의 를 연결한 다음 ▼를 클릭하여 [새 메시지…]를 선택하고 '모두숨기기'를 입력합니다.

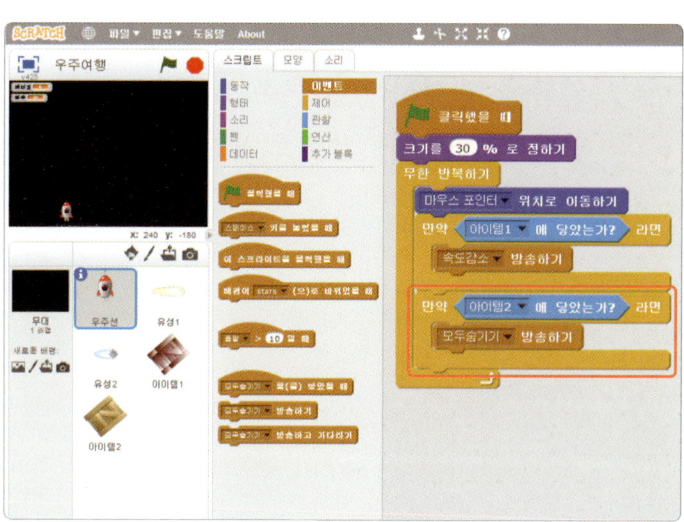

5 유성과 닿으면 에너지 감소하기

❶ [이벤트] 팔레트의 를 삽입한 다음 ▼를 클릭하여 [새 메시지…]를 선택하고 '에너지감소'를 입력합니다. [데이터] 팔레트의 를 연결한 다음 ▼를 클릭하여 '에너지'를 선택하고 값을 '-1'로 변경합니다.

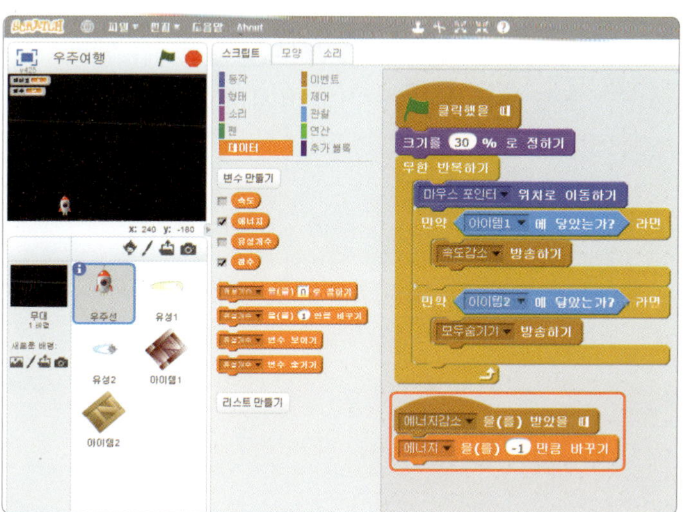

❷ [제어] 팔레트의 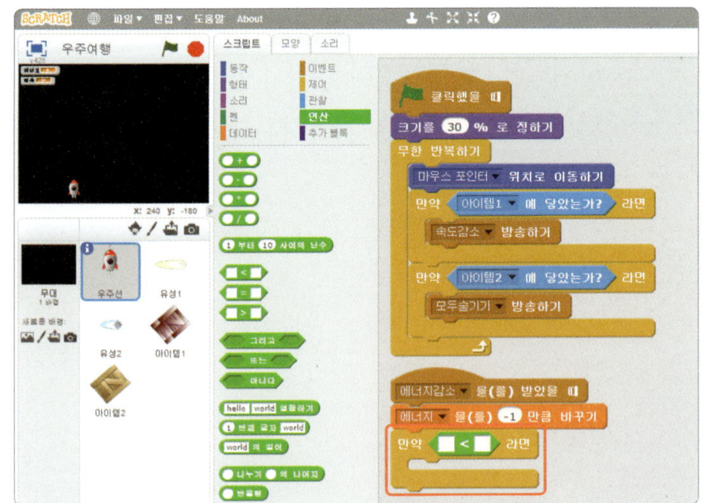 를 연결한 다음 [연산] 팔레트의 를 연결합니다.

❸ [데이터] 팔레트의 에너지 를 의 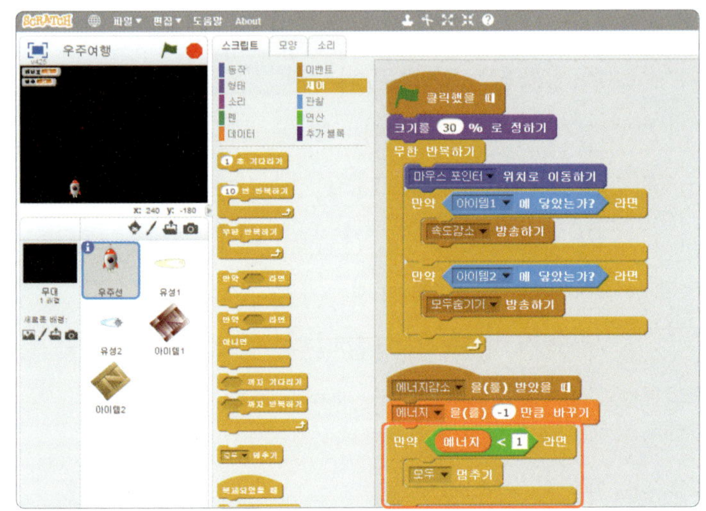 왼쪽에 연결하고 오른쪽에 '1'을 입력합니다. [제어] 팔레트의 모두 멈추기 를 연결합니다.

❹ [제어] 팔레트의 10 번 반복하기 를 연결하고 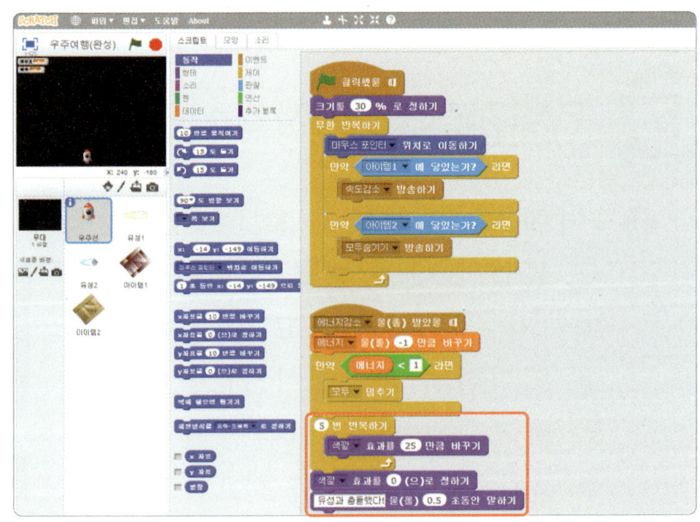 값을 '5'로 변경한 후 [형태] 팔레트에서 색깔 효과를 25 만큼 바꾸기 와 색깔 효과를 0 (으)로 정하기 를 연결합니다. [형태] 팔레트에서 Hello! 을(를) 2 초동안 말하기 를 연결한 다음 '유성과 충돌했다!'와 '0.5'로 변경합니다.

연습 문제

01 '우주선' 스프라이트를 선택한 다음 '아이템2' 스프라이트에 닿으면 에너지를 '1'만큼 늘릴 수 있도록 코딩하세요.

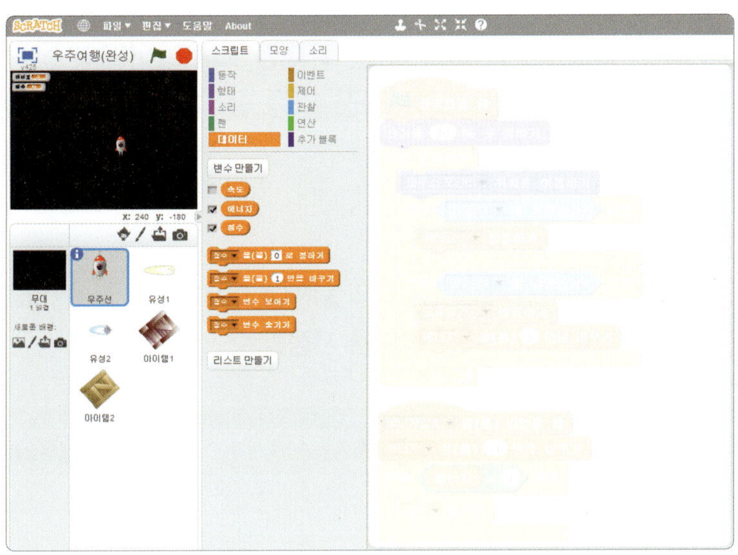

02 에너지가 '5' 이상이면 '아이템2'에 닿아도 '에너지' 변수의 값이 증가되지 않도록 코딩하세요.

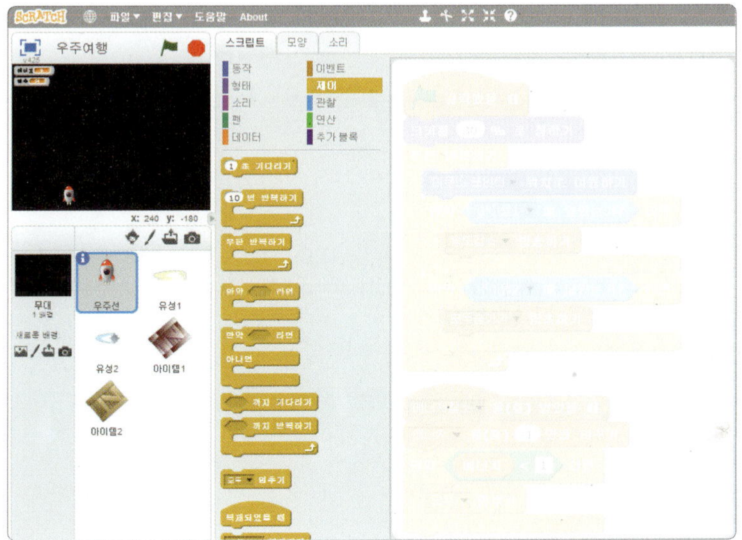

TIP

'5'이상은 5보다 크거나 같다는 것을 말하며, '5'이상이면 '아이템2' 스프라이트에 닿아도 에너지 변수의 값을 증가하지 않으므로, '5'보다 작을 때만 '에너지' 변수의 값을 증가되도록 코딩한다.

22 우주여행 ②

복제 명령으로 스프라이트를 복제했을 때 임의의 위치에 표시하는 방법에 대해 알아보겠습니다. 또한 복제된 스프라이트의 방향을 우주선 스프라이트를 바라보도록 바꾼 다음 움직이는 방법에 대해 알아보겠습니다.

학습목표

- 스프라이트가 복제될 때마다 임의의 위치에 표시되도록 할 수 있습니다.
- 복제된 스프라이트마다 다른 방향을 지정할 수 있습니다.

- **예제 파일** : 우주여행.sb2
- **완성 파일** : 우주여행(완성).sb2
- **사용 방법** : 마우스를 드래그하여 우주선이 유성에 부딪치지 않도록 조정하는 게임입니다.

❶ '유성1' 스프라이트를 선택한 다음 [이벤트] 팔레트의 클릭했을 때 를 삽입합니다. [형태] 팔레트의 크기를 10 % 로 정하기 를 연결합니다.

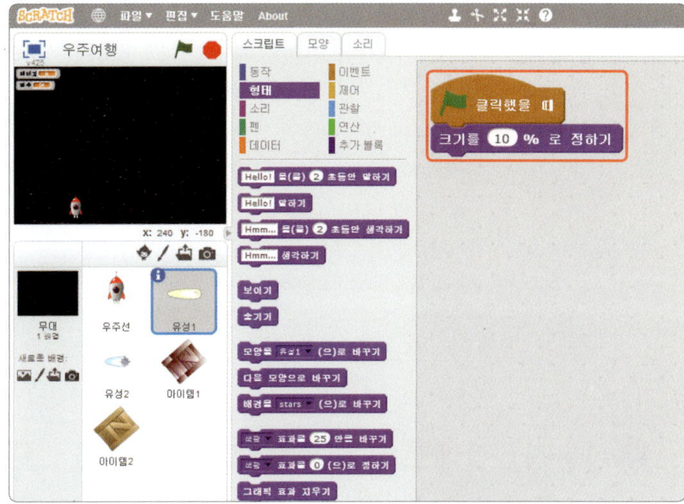

❷ [제어] 팔레트의 복제되었을 때 를 삽입한 다음 [동작] 팔레트의 x: 50 y: 172 이동하기 를 연결합니다. [연산] 팔레트의 1 부터 10 사이의 난수 를 'x:' 항목에 연결한 다음 값을 '-220', '220'으로 변경하고 'y:' 항목의 값은 '165'로 변경합니다.

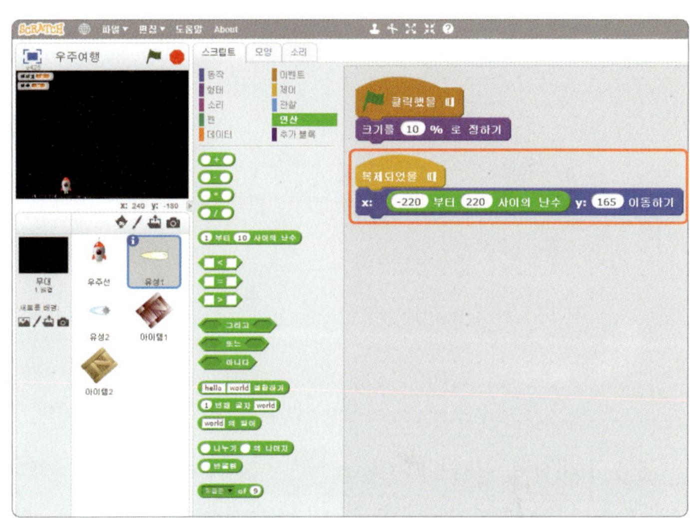

❸ [동작] 팔레트의 ▼쪽 보기 를 연결한 다음 ▼를 클릭하여 '우주선'을 선택하고, [형태] 팔레트의 보이기 를 연결합니다.

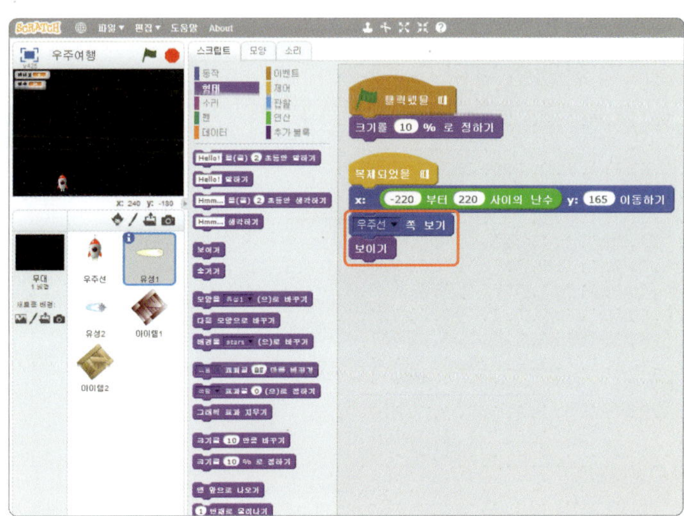

❹ [제어] 팔레트의 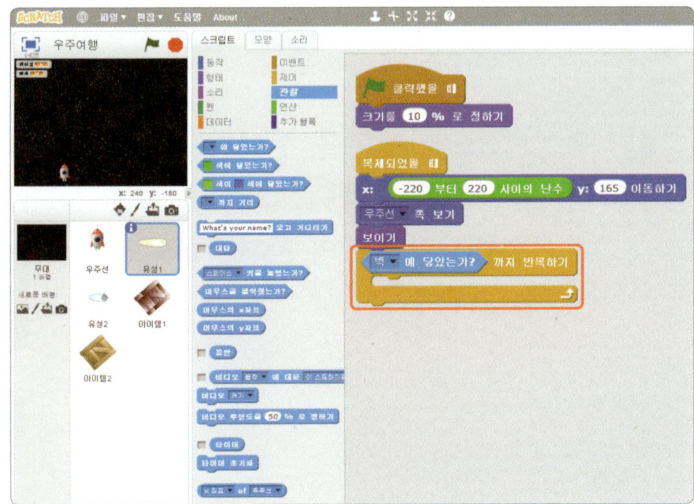를 연결합니다. [관찰] 팔레트의 ‘에 당았는가?’를 연결한 다음 ▼를 클릭하여 ‘벽’을 선택합니다.

❺ [동작] 팔레트의 ‘10 만큼 움직이기’를 연결한 다음 [데이터] 팔레트의 ‘속도’를 연결합니다.

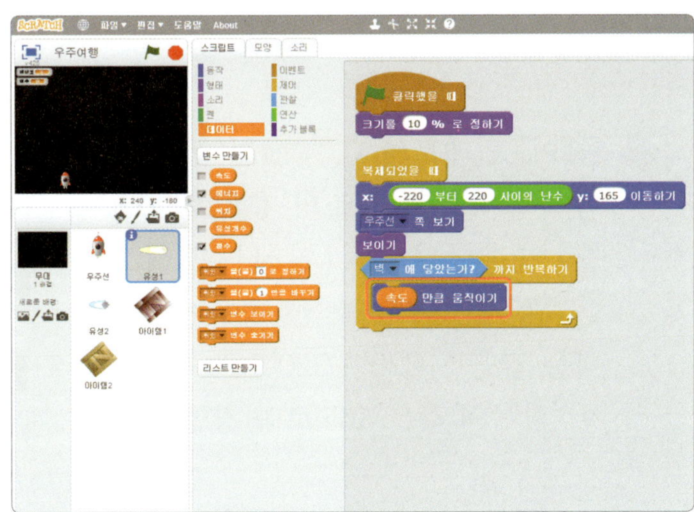

❻ [제어] 팔레트의 ‘만약 ~라면’을 연결합니다. [관찰] 팔레트의 ‘에 당았는가?’를 연결한 다음 ▼를 클릭하여 ‘우주선’을 선택합니다.

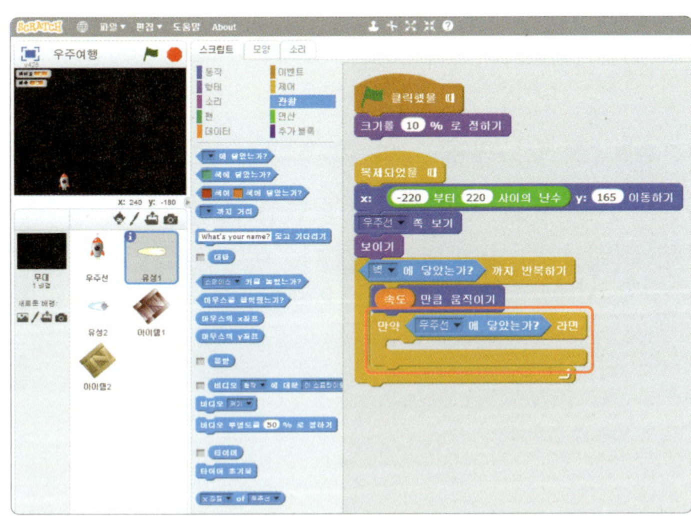

❼ [이벤트] 팔레트의 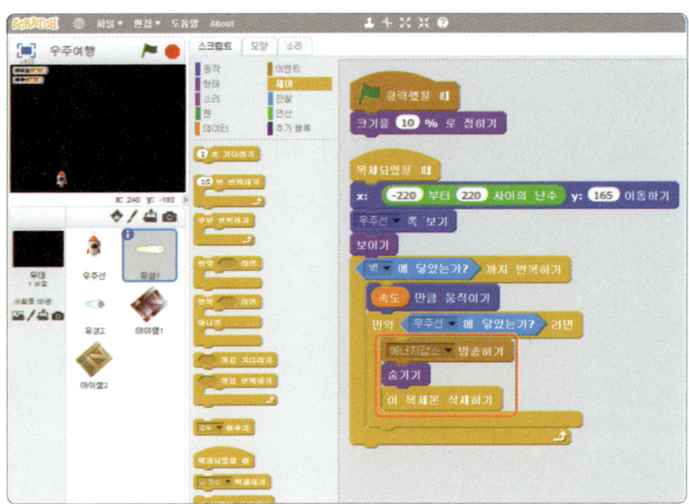를 연결한 다음 ▼를 클릭하여 '에너지감소'를 선택합니다. [형태] 팔레트의 [숨기기] 를 연결한 다음 [제어] 팔레트의 [이 복제본 삭제하기] 를 연결합니다.

❽ [데이터] 팔레트의 [점수 ▼ 를 1 만큼 바꾸기] 를 연결한 다음 ▼를 클릭하여 '점수'를 선택합니다. [이벤트] 팔레트의 [모두숨기기 ▼ 방송하기] 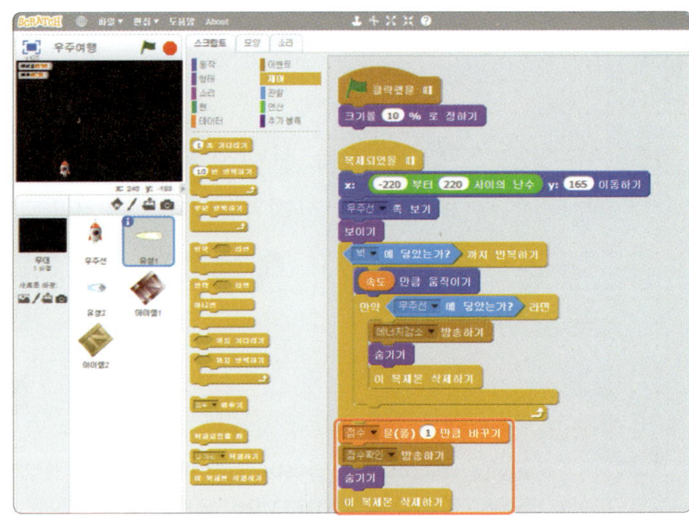를 연결한 다음 ▼를 클릭하여 '점수확인'을 선택합니다. [형태] 팔레트의 [숨기기] 를 연결한 다음 [제어] 팔레트의 [이 복제본 삭제하기] 를 연결합니다.

❾ [이벤트] 팔레트의 [모두숨기기 ▼ (을)를 받았을 때] 를 삽입한 다음 [데이터] 팔레트의 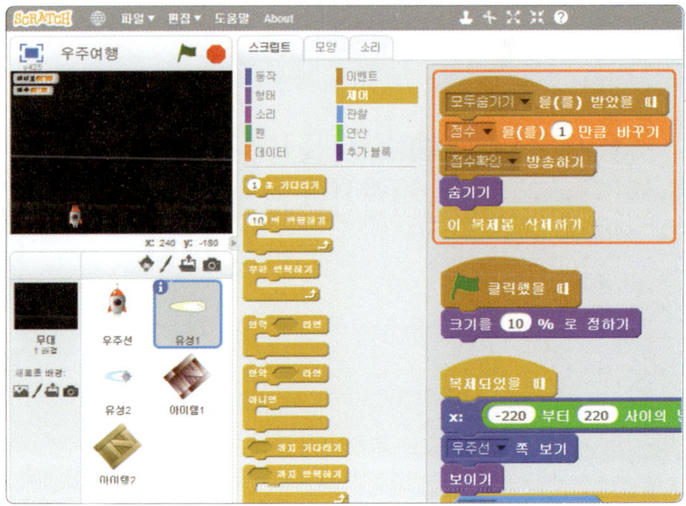[점수 ▼ 를 1 만큼 바꾸기] 를 연결하고 ▼를 클릭하여 '점수'를 선택합니다. [이벤트] 팔레트의 [모두숨기기 ▼ 방송하기] 를 연결한 다음 ▼를 클릭하여 '점수확인'을 선택합니다. [형태] 팔레트의 [숨기기] 를 연결한 다음 [제어] 팔레트의 [이 복제본 삭제하기] 를 연결합니다.

❶ '유성1'의 모든 코딩 내용을 '유성2'로 드래그하여 복사합니다.

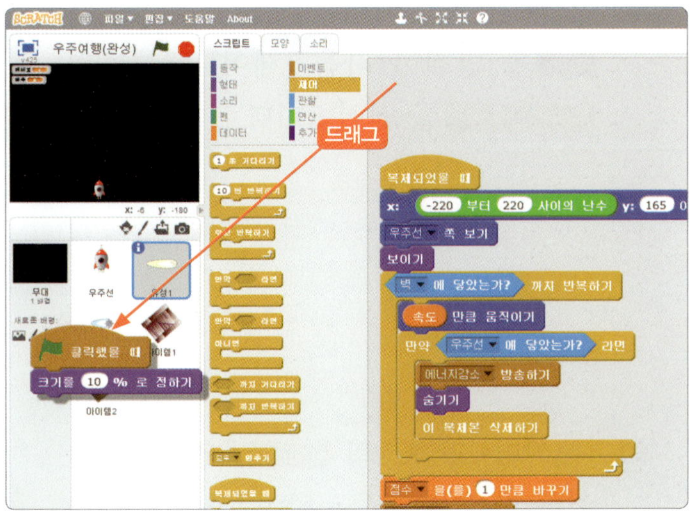

❷ '유성2' 스프라이트를 선택하여 복사된 블록을 드래그하여 정렬시킨 후, 크기를 '20'으로 변경하고 '우주선 ▼ 쪽 보기' 블록을 분리시킵니다.

TIP

유성1은 '우주선 ▼ 쪽 보기' 블록이 있기 때문에 우주선 방향으로 떨어지지만 '유성2'는 별다른 명령문이 없기 때문에 수직(아래) 방향으로만 떨어집니다.

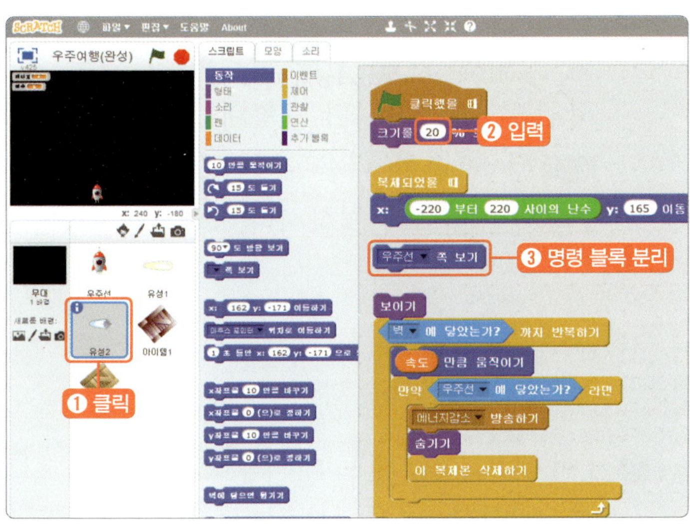

❸ 분리된 '우주선 ▼ 쪽 보기' 블록을 삭제한 후 '보이기' 블록을 연결시켜 유성2 코딩을 마무리합니다.

① '아이템1' 스프라이트를 선택한 다음 [이벤트] 팔레트의 [클릭했을 때] 를 삽입합 니다. [형태] 팔레트의 [크기를 50 % 로 정하기] 를 연결합니다.

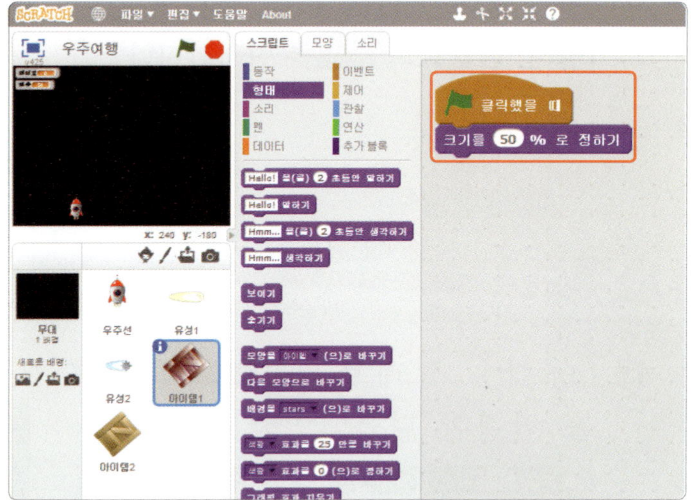

② [제어] 팔레트의 [무한 반복하기] 를 연결한 다 음 [만약 라면] 을 연결합니다. [관찰] 팔레 트의 [▼ 에 닿았는가?] 를 연결한 다음 ▼를 클릭하여 '우주선'을 선택합니다.

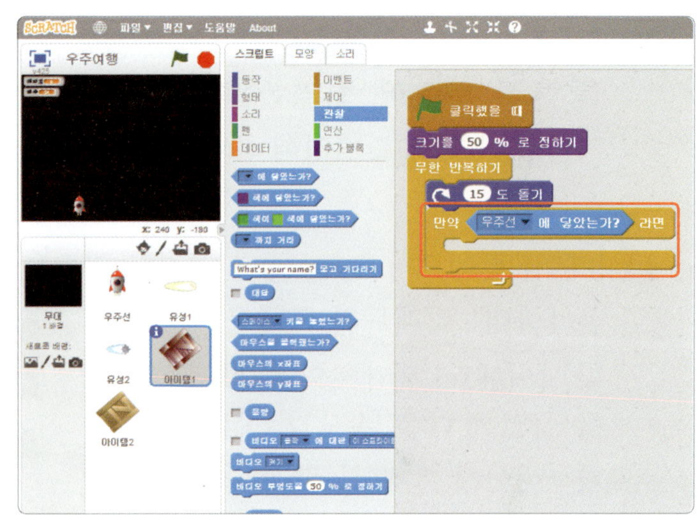

③ [제어] 팔레트의 [1 초 기다리기] 를 연결한 다 음 값을 '0.1'로 변경합니다. [형태] 팔 레트의 [숨기기] 를 연결합니다.

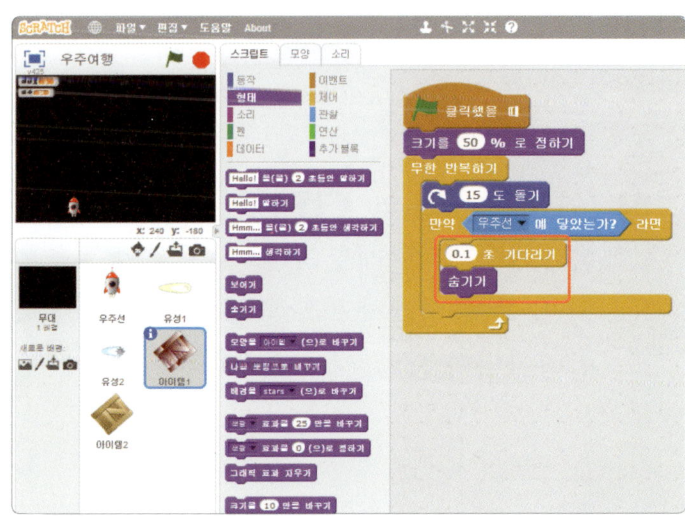

❹ [이벤트] 팔레트의 모두숨기기 ▼ (을)를 받았을 때 를 삽입한 다음 ▼를 클릭하여 [새 메시지]를 선택하고 '아이템1'을 입력합니다. [형태] 팔레트의 보이기 를 연결합니다.

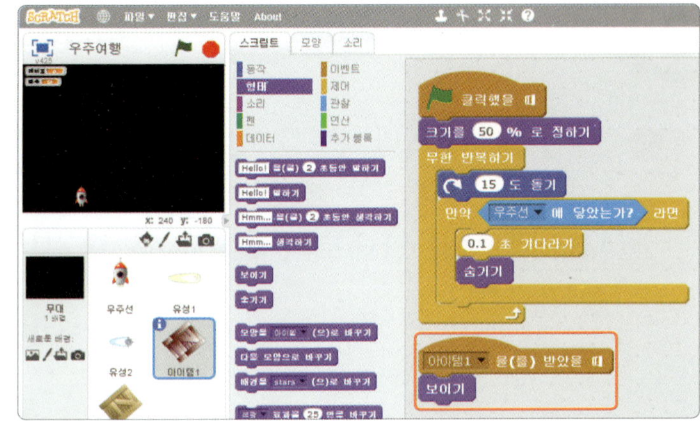

❺ [동작] 팔레트의 x: 4 y: -10 이동하기 를 연결한 다음 [연산] 팔레트의 1 부터 10 사이의 난수 를 'x:' 항목에 연결하고 값을 '-100', '100'으로 변경합니다. 동일한 방법으로 1 부터 10 사이의 난수 를 'y:' 항목에 연결한 다음 값을 '-100', '100'으로 변경해 줍니다.

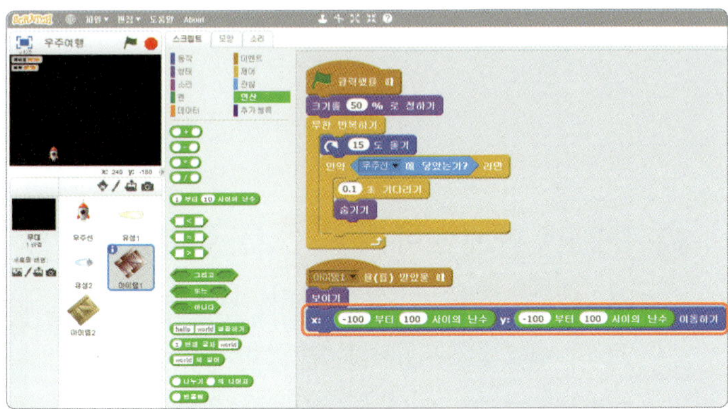

❻ [제어] 팔레트의 1 초 기다리기 를 연결한 다음 [형태] 팔레트의 숨기기 를 연결합니다. [이벤트] 팔레트의 모두숨기기 ▼ (을)를 받았을 때 를 삽입한 다음 '속도감소'를 선택합니다. 이어서, [제어] 팔레트의 만약 라면 을 연결합니다.

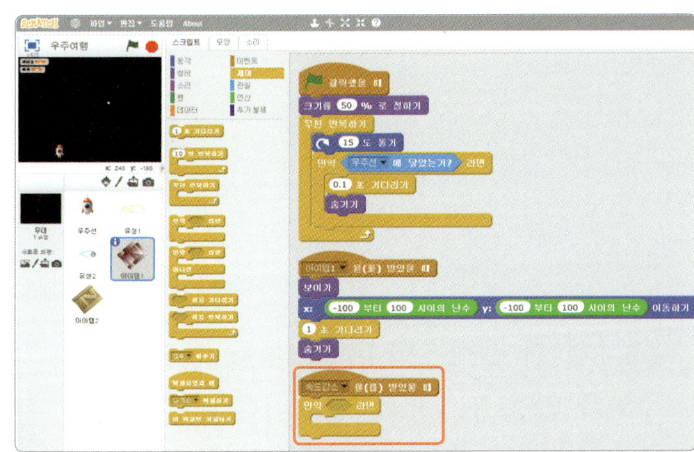

❼ [연산] 팔레트의 ◻ > ◻ 를 연결한 다음 [데이터] 팔레트의 속도 를 ◻ > ◻ 의 왼쪽에 연결하고 오른쪽 값에 '3'을 입력합니다.

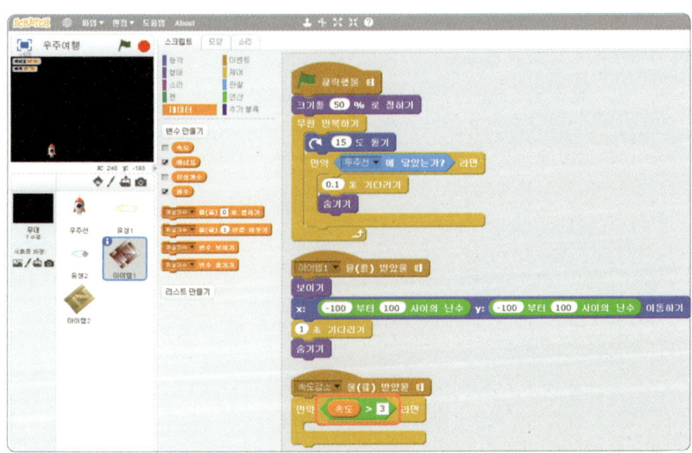

❽ [데이터] 팔레트의 점수를 1 만큼 바꾸기 를 연결한 다음 ▼를 클릭하여 '속도'를 선택하고 값을 '−2'로 변경합니다. [제어] 팔레트의 1 초 기다리기 를 연결한 다음 값을 '3'으로 변경합니다. [데이터] 팔레트의 점수를 1 만큼 바꾸기 를 연결한 다음 ▼를 클릭하여 '속도'를 선택하고 값을 '2'로 변경합니다.

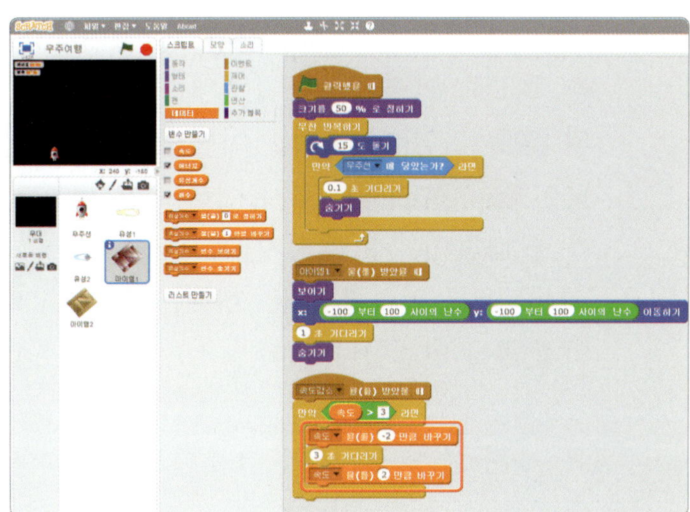

4 유성을 모두 숨기는 아이템

❶ '아이템2' 스프라이트를 선택한 다음 [이벤트] 팔레트의 클릭했을 때 를 삽입합니다. [형태] 팔레트의 크기를 50 % 로 정하기 를 연결한 다음 [제어] 팔레트의 무한 반복하기 를 연결합니다.

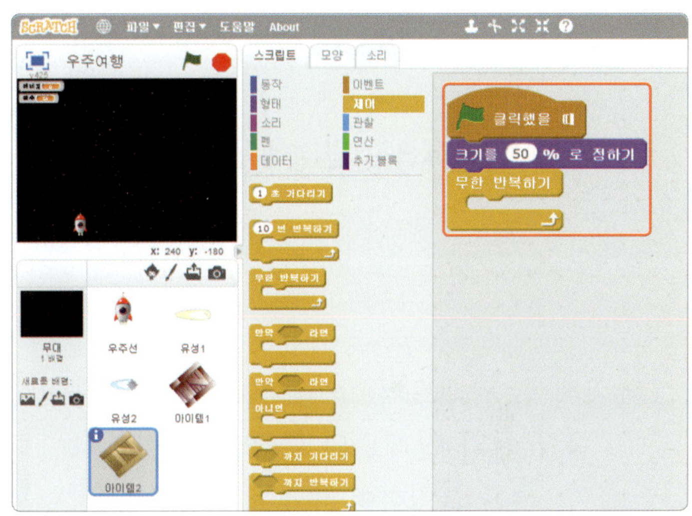

❷ [동작] 팔레트의 15 도 돌기 를 연결한 다음 [제어] 팔레트의 만약 라면 을 연결합니다. [관찰] 팔레트의 ▼에 닿았는가? 를 연결한 다음 ▼를 클릭하여 '우주선'을 선택합니다.

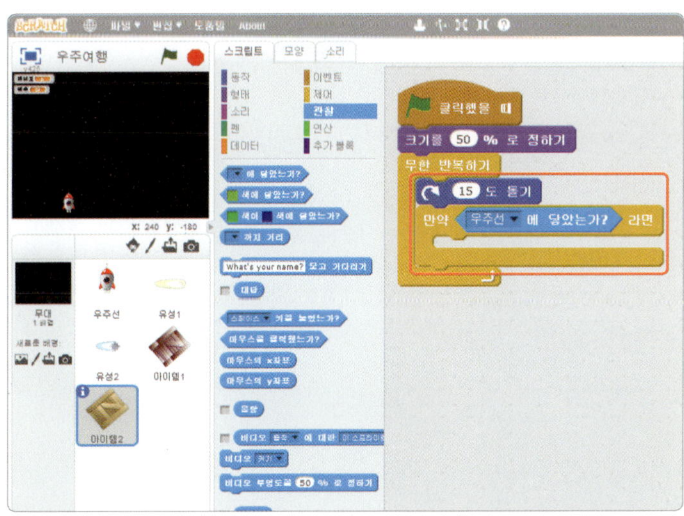

❸ [제어] 팔레트의 `1 초 기다리기` 를 연결한 다음 '0.1'로 변경합니다. [형태] 팔레트의 `숨기기` 를 연결합니다. [이벤트] 팔레트의 `모두숨기기 ▼ (을)를 받았을 때` 를 삽입한 다음 ▼ 를 클릭하여 [새 메시지]를 선택하고 '아이템2'를 입력합니다. [형태] 팔레트의 `보이기` 를 연결합니다.

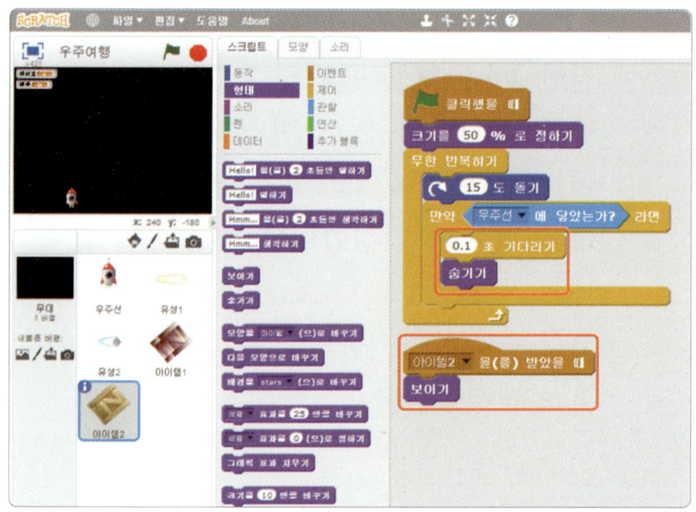

❹ [동작] 팔레트의 `x: 14 y: -84 이동하기` 를 연결한 다음 [연산] 팔레트의 `1 부터 10 사이의 난수` 를 'x:' 항목에 연결하고 값을 '-100', '100'으로 변경합니다. 동일한 방법으로 `1 부터 10 사이의 난수` 를 'y:' 항목에 연결한 다음 값을 '-100', '100'으로 변경해 줍니다.

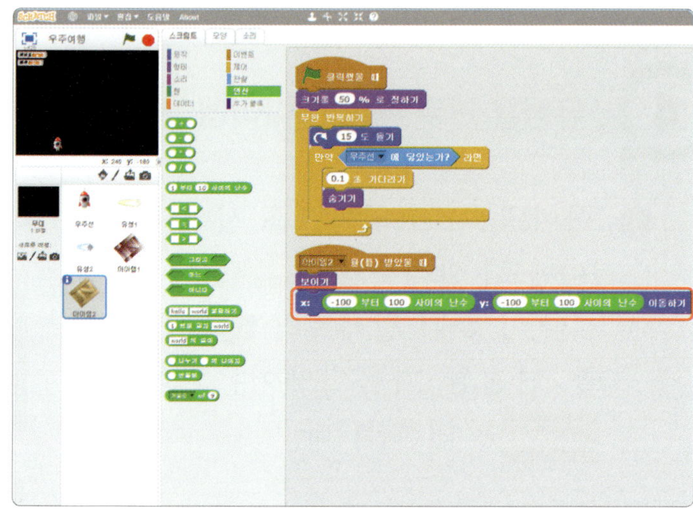

❺ [제어] 팔레트의 `1 초 기다리기` 를 연결한 다음 [형태] 팔레트의 `숨기기` 를 연결합니다. ⚑ 를 클릭하여 게임을 실행합니다.

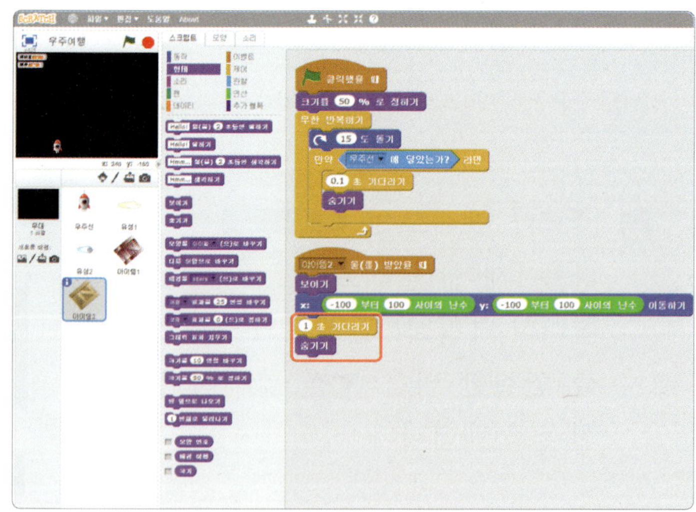

연습 문제

01 '아이템1' 스프라이트가 계속해서 15씩 왼쪽으로 회전할 수 있도록 코딩해 보세요.

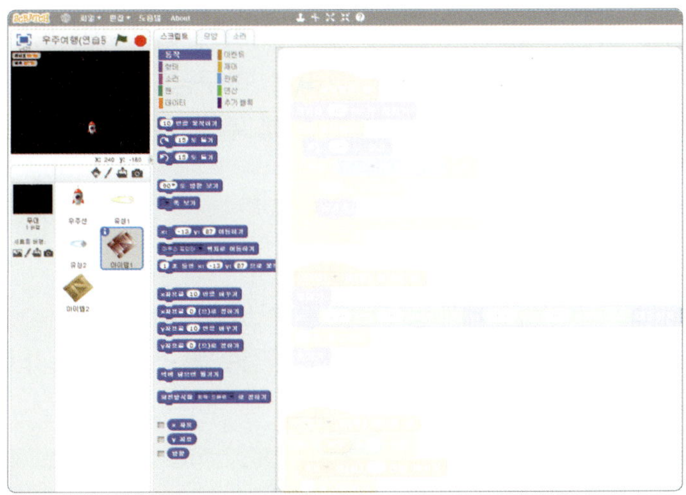

TIP 무한 반복에 왼쪽으로 15도 회전하기 명령 블록을 추가하면 화면에 보이는 것과 상관없이 15도씩 계속해서 회전을 하게 됩니다. 따라서 '아이템1'을 받아 화면에 표시되면 회전하는 것처럼 보이게 됩니다.

02 [무대]를 선택해 다음과 같이 코딩을 바꾸고 어떤 변화가 있는지 살펴보세요. 마우스 오른쪽 버튼을 눌러 유성 개수 '변수명'을 임시로 변경하여 코딩하세요.

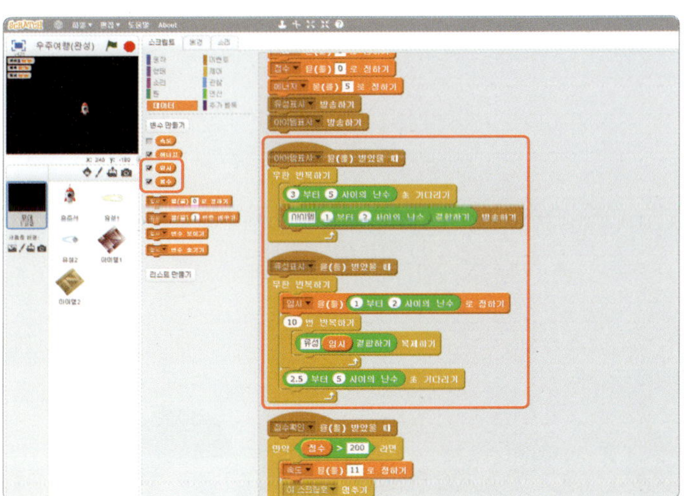

TIP '임시' 변수는 1과 2중 하나의 값을 갖게 되며, 이를 이용해 '유성'과 결합하므로, 한 가지 종류의 유성만 10번 복제된다. 따라서 같은 종류의 유성이 10개 나타난 후 사라지게 된다.

헤드축구 ❶

머리와 몸을 다른 스프라이트로 만들고 머리가 이동하면 몸이 따라 움직이는 방법을 알아보겠습니다. 그리고 '축구공' 스프라이트가 '공격수머리'나 '공격수몸' 등의 스프라이트에 부딪혔을 때 다양한 방향으로 튕길 수 있도록 코딩해 보겠습니다.

학습목표

- '축구공' 스프라이트가 벽에 닿으면 튕길 수 있습니다.
- '공격수머리' 스프라이트의 위치에 따라 '공격수몸' 스프라이트가 이동할 수 있습니다.

- **예제 파일** : 헤드축구.sb2
- **완성 파일** : 헤드축구(완성).sb2
- **사용 방법** : 축구공으로 상대편 골대에 넣을 수 있도록 몸을 움직여(←, →), 헤딩(Space Bar)을 하는 게임입니다.

❶ '공격수머리' 스프라이트를 선택한 다음 [이벤트] 팔레트의 ▶클릭했을 때 를 삽입합니다. [동작] 팔레트의 x: -256 y: -130 이동하기 를 연결한 다음 값에 '-160', '-130'을 입력하고 [제어] 팔레트의 무한 반복하기 를 연결합니다.

❷ [제어] 팔레트의 만약 ~라면 을 연결한 다음 [관찰] 팔레트의 스페이스▼ 키를 눌렀는가? 를 연결합니다. [제어] 팔레트의 10 번 반복하기 를 연결한 다음 값을 '7'로 변경합니다. [동작] 팔레트의 y좌표를 10 만큼 바꾸기 를 연결합니다.

❸ [제어] 팔레트의 10 번 반복하기 를 연결한 다음 값을 '7'로 변경합니다. [동작] 팔레트의 y좌표를 10 만큼 바꾸기 를 연결한 다음 값은 '-10'으로 변경합니다.

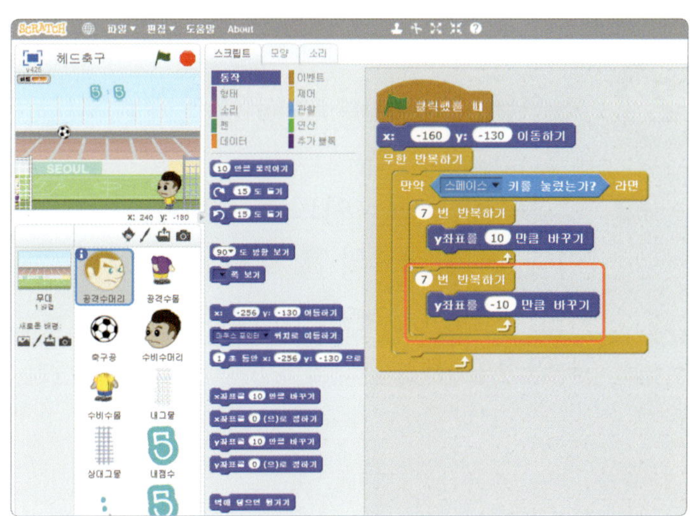

❹ [제어] 팔레트의 <만약 ~라면>을 연결한 다음 [관찰] 팔레트의 <스페이스▼ 키를 눌렀는가?>를 연결하고 ▼를 클릭하여 '오른쪽 화살표'를 선택합니다. [동작] 팔레트의 <x좌표를 10 만큼 바꾸기>를 연결합니다.

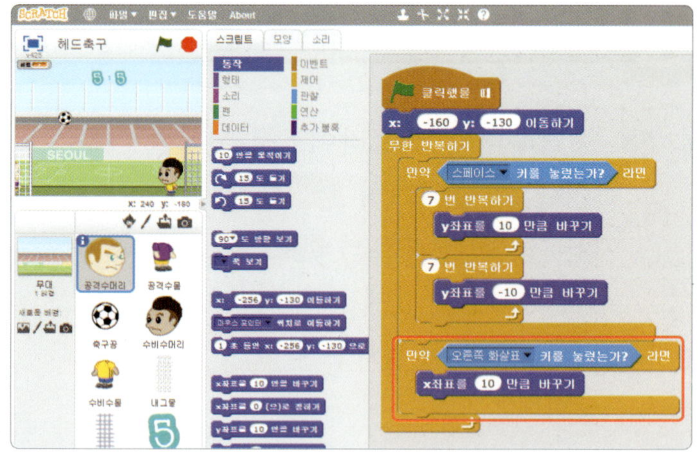

❺ 동일한 방법으로 [제어] 팔레트의 <만약 ~라면>을 연결한 다음 [관찰] 팔레트의 <스페이스▼ 키를 눌렀는가?>를 연결하고 ▼를 클릭하여 '왼쪽 화살표'를 선택합니다. [동작] 팔레트의 <x좌표를 10 만큼 바꾸기>를 연결한 다음 값에 '-10'을 입력합니다.

이렇게 코딩하면 키보드의 Space Bar 키나 ← 키, → 키 등을 눌렀을 때 '공격수머리' 스프라이트가 움직이게 됩니다.

② 공격수머리를 따라다니는 공격수몸

❶ '공격수몸' 스프라이트를 선택한 다음 [이벤트] 팔레트의 <클릭했을 때>를 삽입합니다. 이어서, [제어] 팔레트의 <무한 반복하기>를 연결합니다.

❷ [동작] 팔레트의 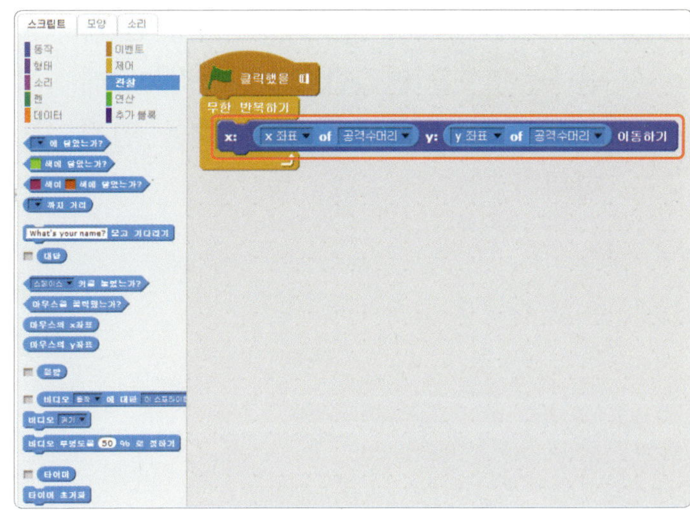 를 연결한 다음 [관찰] 팔레트의 `x좌표 of 축구공`를 'x:' 항목에 연결합니다. `x좌표 of 축구공`의 ▼를 클릭하여 '공격수머리'를 선택한 후, 동일한 방법으로 'y:' 항목에 `x좌표 of 축구공`를 연결하고 `y좌표 of 공격수머리`로 변경합니다.

3️⃣ 이리저리 튀는 축구공

❶ '축구공' 스프라이트를 선택한 다음 [이벤트] 팔레트의 `클릭했을 때`를 삽입하고 `message1 방송하기`를 연결합니다. 이어서, ▼를 클릭하여 [새 메시지...]를 선택한 후 '게임준비'를 입력하고 [확인]을 클릭합니다.

❷ [이벤트] 팔레트의 `message1 (을)를 받았을 때`를 삽입한 다음 ▼를 클릭하여 '게임준비'를 선택합니다. [동작] 팔레트의 `x: -113 y: 24 이동하기`를 연결하고 값을 '0', '0'으로 변경합니다. 이어서, `15 도 돌기`를 연결한 다음 [연산] 팔레트의 `1 부터 10 사이의 난수`를 연결하고 값을 '0', '360'으로 변경해 줍니다.

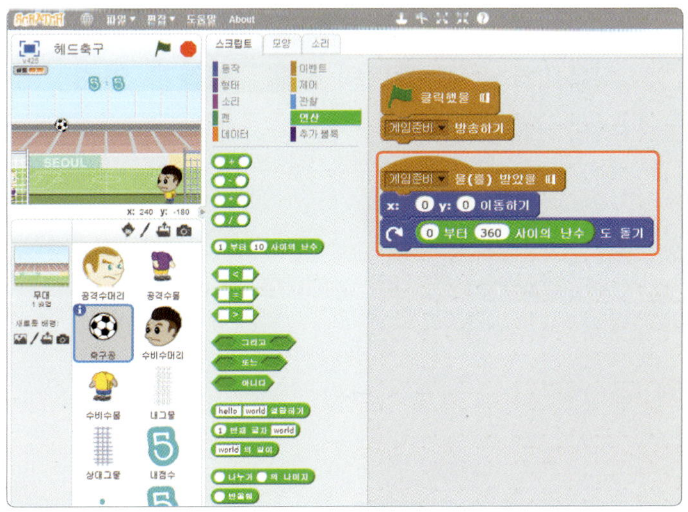

❸ [제어] 팔레트의 1 초 기다리기를 연결한 다음 무한 반복하기를 연결합니다. [동작] 팔레트의 10 만큼 움직이기와 벽에 닿으면 튕기기를 연결합니다.

4 축구공이 공격수, 수비수, 골대에 맞으면 튕기기

❶ [이벤트] 팔레트의 게임준비 (을)를 받았을 때를 삽입한 다음 [제어] 팔레트의 무한 반복하기를 연결합니다.

❷ [제어] 팔레트의 만약 라면을 연결한 다음 [연산] 팔레트의 또는을 연결합니다.

❸ [관찰] 팔레트의 〈▼에 닿았는가?〉를 〈   또는   〉
의 왼쪽과 오른쪽에 연결한 다음 ▼를
클릭하여 '공격수머리'와 '수비수머리'
를 각각 선택해 줍니다.

❹ [동작] 팔레트의 〈90▼도 방향 보기〉를 연결
한 다음 [연산] 팔레트의 〈○+○〉를 연
결합니다. 복사된 [관찰] 팔레트의
〈x좌표▼ of 축구공▼〉을 〈○+○〉의 왼쪽에 연
결한 다음 ▼를 클릭하여 '방향'을 선택
하고 오른쪽은 '180'으로 변경합니다.

'축구공' 스프라이트가 선택된 상태에서는 [관
찰] 팔레트에서 〈x좌표▼ of 축구공▼〉로 표시되지 않
기 때문에 다른 스프라이트에서 복사하여 사
용해야 합니다. '공격수머리' 스프라이트를 선
택하고 [관찰] 팔레트에서 〈x좌표▼ of 축구공▼〉를 '축
구공' 스프라이트로 드래그하여 사용합니다.

❺ [제어] 팔레트의 [만약~라면]을 연결한 다음 [관찰] 팔레트의 [▼에 닿았는가?]를 연결합니다. 이어서, ▼를 클릭하여 '공격수몸'을 선택합니다.

❻ [동작] 팔레트의 [90▼도 방향 보기]를 연결한 다음 [연산] 팔레트의 [1 부터 10 사이의 난수]를 연결하고 값을 '60', '120'으로 변경합니다.

❼ 동일한 방법으로 [제어] 팔레트의 [만약~라면]을 연결한 다음 [관찰] 팔레트의 [▼에 닿았는가?]를 연결합니다. 이어서, ▼를 클릭하여 '수비수몸'을 선택합니다. [동작] 팔레트의 [90▼도 방향 보기]를 연결한 다음 [연산] 팔레트의 [1 부터 10 사이의 난수]를 연결하고 값을 '-60', '-120'으로 변경해 줍니다.

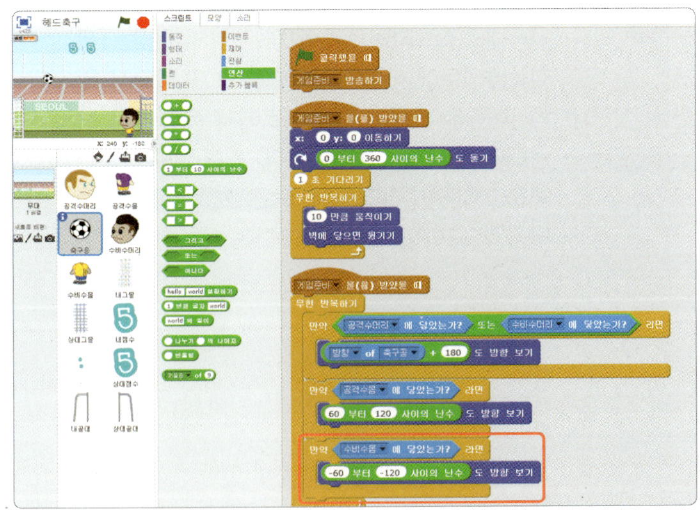

❽ [제어] 팔레트의 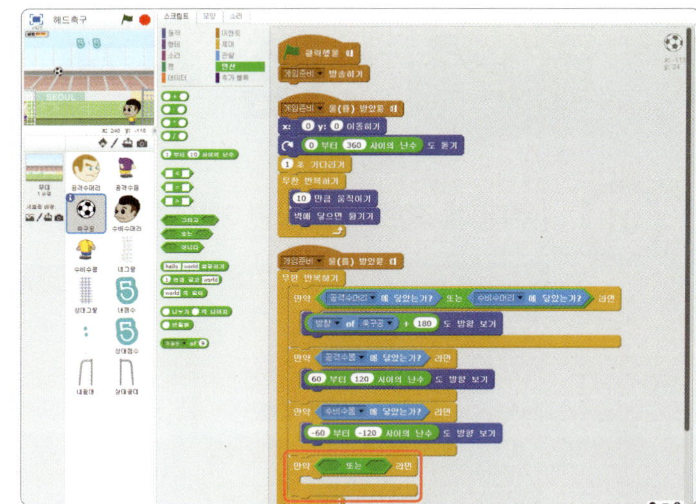을 연결한 다음 [연산] 팔레트의 을 연결합니다.

❾ 의 왼쪽에 [관찰] 팔레트의 를 연결한 다음 ▼를 클릭하여 '내골대'를 선택하고 오른쪽에도 [관찰] 팔레트의 를 연결한 다음 ▼를 클릭하여 '상대골대'를 선택합니다. 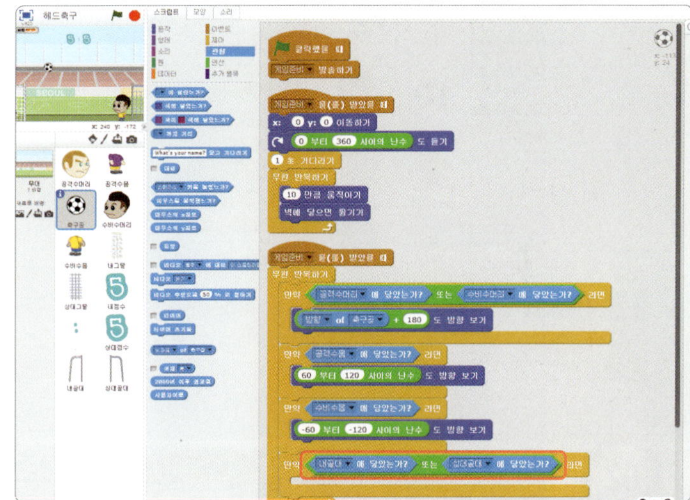

❿ [동작] 팔레트의 를 연결한 다음 [연산] 팔레트의 를 연결합니다. 다른 스프라이트의 [관찰] 팔레트에서 을 마우스 오른쪽 버튼을 눌러 복사한 후 의 왼쪽에 연결한 다음 오른쪽에 '180'으로 변경합니다. 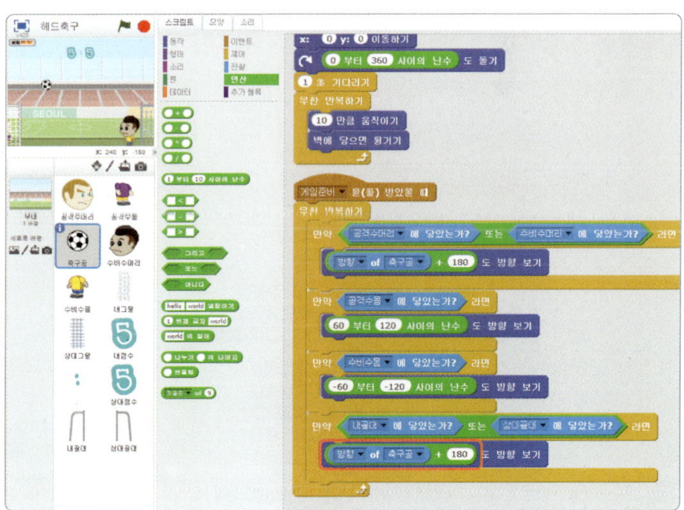

연습 문제

01 [무대]에 40초가 지나면 게임을 종료할 수 있도록 코딩해 보세요.

02 '축구공' 스프라이트의 [게임준비 을(를) 받았을 때] 스크립트에서 [10 만큼 움직이기] 명령 블록의 값(10~50)을 바꾸고 공이 어떻게 움직이는지 살펴보세요.

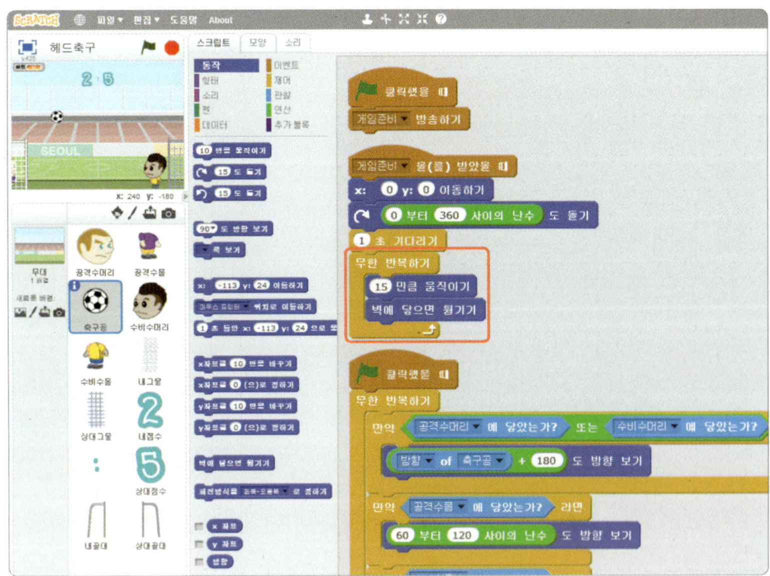

24 헤드축구 ❷

수비수가 축구공의 위치에 따라 자동으로 이동하고, 적절한 높이에 위치하면 헤딩을 할 수 있도록 코딩해 보겠습니다. 또한, 축구공이 내 그물이나 상대 그물에 닿으면 점수를 올리는 방법도 알아보겠습니다.

학습목표

- '축구공' 스프라이트의 위치에 따라 '수비수머리' 스프라이트의 위치를 바꿀 수 있습니다.
- 그물에 닿으면 점수를 올릴 수 있습니다.
- 스프라이트의 모양 번호를 확인하고 게임을 종료할 수 있습니다.

- **예제 파일** : 헤드축구.sb2
- **완성 파일** : 헤드축구(완성).sb2
- **사용 방법** : 축구공으로 상대편 골대에 넣을 수 있도록 몸을 움직여(←, →), 헤딩(Space Bar)을 하는 게임입니다.

❶ '수비수머리' 스프라이트를 선택한 다음 [이벤트] 팔레트의 [게임준비 (를)을 받았을 때]를 삽입하고 [동작] 팔레트의 [x: 160 y: -130 이동하기]를 연결합니다.

❷ [제어] 팔레트의 [무한 반복하기]와 [만약 ~라면 아니면]를 연결합니다.

❸ [연산] 팔레트의 [<]를 [만약 ~라면 아니면]에 연결합니다. 이어서, [관찰] 팔레트의 [x좌표 of 축구공]을 [<]의 왼쪽에 연결하고 오른쪽에 '20'으로 변경합니다.

❹ [제어] 팔레트의 을 연결한 다음 [연산] 팔레트의 를 연결합니다. [동작] 팔레트의 x 좌표 를 의 왼쪽에 연결한 다음 오른쪽에 '150'으로 변경합니다.

❺ [동작] 팔레트의 x좌표를 10 만큼 바꾸기 를 연결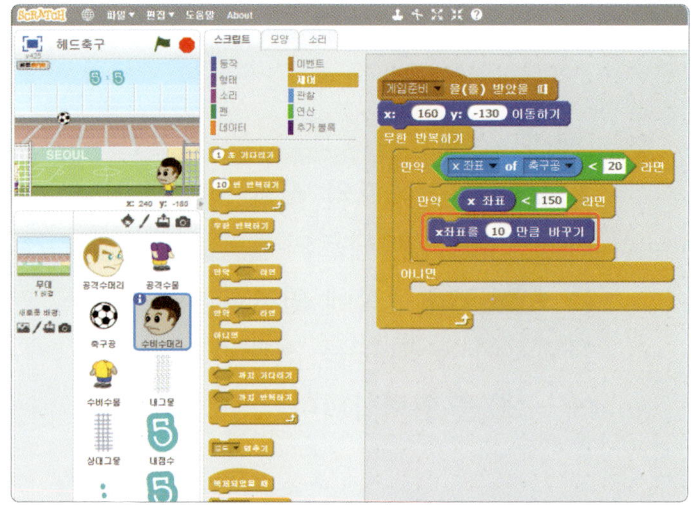합니다.

❻ [제어] 팔레트의 을 연결한 다음 [연산] 팔레트의 를 연결합니다. [동작] 팔레트의 x 좌표 를 의 오른쪽에 연결한 다음 왼쪽을 '20'으로 변경합니다. [동작] 팔레트의 x좌표를 10 만큼 바꾸기 를 연결한 다음 값을 '-10'으로 변경합니다.

❶ [이벤트] 팔레트의 `게임준비 ▼ (을)를 받았을 때`를 삽입한 다음 [제어] 팔레트의 `무한 반복하기`를 연결합니다.

❷ [제어] 팔레트의 `만약 라면`을 연결한 다음 [연산] 팔레트의 `□ < □`를 연결합니다. [관찰] 팔레트의 `x좌표 ▼ of 축구공 ▼`을 `□ < □`의 왼쪽에 연결한 다음 ▼를 클릭하여 'y 좌표'를 선택하고 오른쪽에 '−20'을 입력합니다.

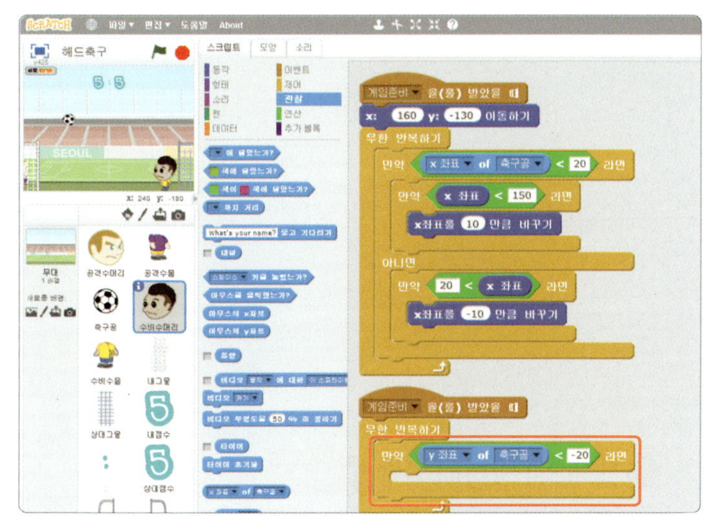

❸ [제어] 팔레트의 `10 번 반복하기`를 연결한 다음 값을 '7'로 변경하고, [동작] 팔레트의 `y좌표를 10 만큼 바꾸기`를 연결합니다.

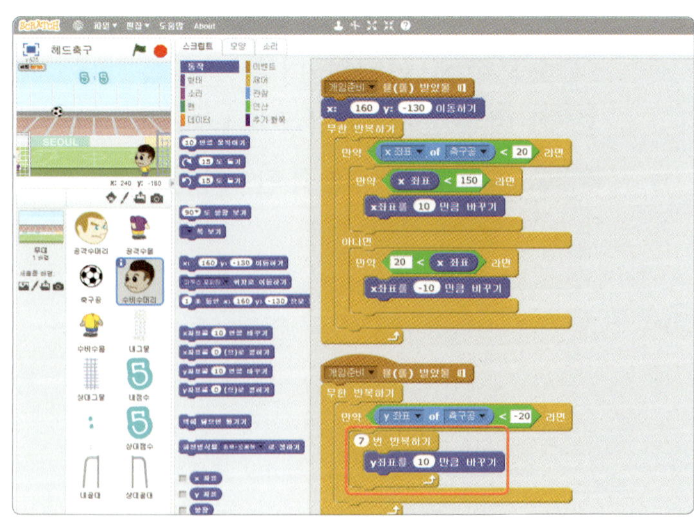

❹ 동일한 방법으로 [제어] 팔레트의 `10 번 반복하기`를 연결한 다음 값을 '7'로 변경하고, [동작] 팔레트의 `y좌표를 10 만큼 바꾸기`를 연결한 다음 값을 '-10'으로 변경해 줍니다.

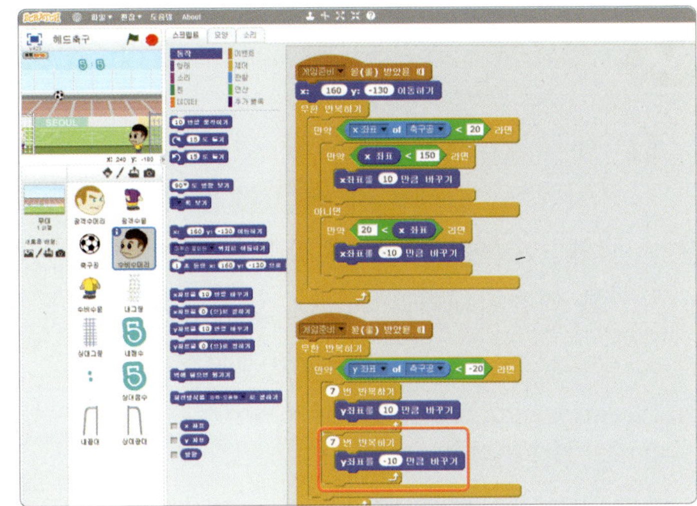

③ 수비수머리를 따라다니는 몸

❶ '수비수몸' 스프라이트를 선택한 다음 [이벤트] 팔레트의 `클릭했을 때`를 삽입한 다음 [제어] 팔레트의 `무한 반복하기`를 연결합니다.

❷ [동작] 팔레트의 `x: 160 y: -130 이동하기`를 연결한 다음 [관찰] 팔레트의 `x좌표 ▼ of 축구공 ▼`을 'x:' 항목에 연결합니다. 이어서, ▼를 클릭하여 '수비수머리'를 선택하고, 동일한 방법으로 [관찰] 팔레트의 `x좌표 ▼ of 축구공 ▼`을 'y:' 항목에 연결한 다음 `y좌표 ▼ of 수비수머리 ▼`로 변경해 줍니다.

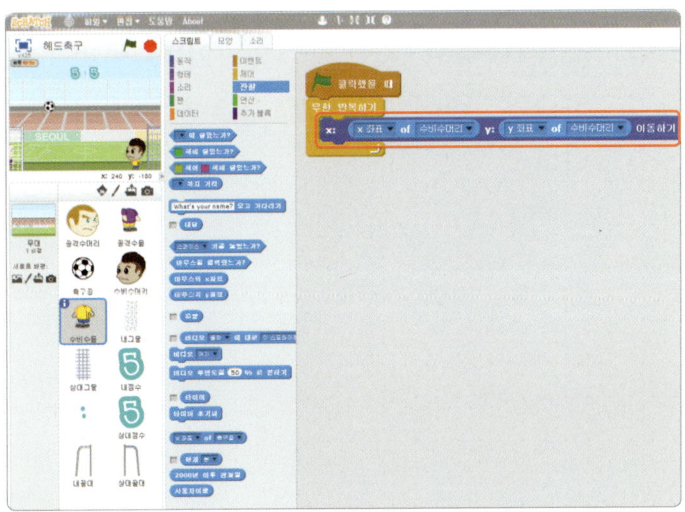

❶ '내그물' 스프라이트를 선택한 다음 [이벤트] 팔레트의 ▨▨▨▨▨를 삽입합니다. 이어서, [제어] 팔레트의 ▨▨▨▨▨를 연결합니다.

❷ [제어] 팔레트의 ▨▨▨▨▨를 연결한 다음 [관찰] 팔레트의 ▨▨▨▨▨를 연결하고 ▼를 클릭하여 '축구공'을 선택합니다.

❸ [이벤트] 팔레트의 ▨▨▨▨▨를 연결한 다음 ▼를 클릭하여 [새 메시지…]를 선택하고 '상대점수올리기'를 입력합니다. 이어서, ▨▨▨▨▨를 연결합니다.

❹ '상대그물' 스프라이트를 선택한 다음 [이벤트] 팔레트의 클릭했을 때 를 삽입하고, [제어] 팔레트의 무한 반복하기 를 연결합니다.

❺ [제어] 팔레트의 만약 라면 를 연결한 다음 [관찰] 팔레트의 ▼에 닿았는가? 를 연결하고 ▼를 클릭하여 '축구공'을 선택합니다. [이벤트] 팔레트의 게임준비 방송하기 를 연결한 다음 ▼를 클릭하여 [새 메시지...]를 선택하고 '내점수올리기'를 입력합니다. 이어서, 게임준비 방송하기 를 연결합니다.

⑤ 점수판 만들기

❶ '내점수' 스프라이트를 선택한 다음 [이벤트] 팔레트의 클릭했을 때 를 삽입하고, [동작] 팔레트의 x: -30 y: 130 이동하기 를 연결합니다. [형태] 팔레트의 크기를 50 % 로 정하기 와 모양을 5 ▼ (으)로 바꾸기 를 연결한 다음 ▼를 클릭하여 '0'을 선택합니다.

❷ [이벤트] 팔레트의  를 삽입한 다음 ▼를 클릭하여 '내점수올리기'를 선택합니다. [형태] 팔레트의 를 연결합니다. [제어] 팔레트의 을 연결한 다음 [연산] 팔레트의 를 연결합니다.

❸ 의 왼쪽에 [형태] 팔레트의 를 연결한 다음 오른쪽에 '5'를 입력하고, [제어] 팔레트의 를 연결합니다.

❹ '상대점수' 스프라이트를 선택한 다음 [이벤트] 팔레트의 를 삽입하고, [동작] 팔레트의 를 연결합니다. [형태] 팔레트의 와 를 연결한 다음 ▼를 클릭하여 '0'을 선택합니다.

❺ [이벤트] 팔레트의  를 삽입한 다음 ▼를 클릭하여 '상대점수올리기'를 선택합니다. 이어서, [형태] 팔레트의 `다음 모양으로 바꾸기` 를 연결합니다.

❻ [제어] 팔레트의  을 연결한 다음 [연산] 팔레트의 를 연결합니다.

❼ 의 왼쪽에 [형태] 팔레트의  `모양 번호` 를 연결한 다음 오른쪽에 '5'를 입력하고, [제어] 팔레트의 `모두 멈추기` 를 연결합니다.

연습 문제

01 '축구공' 스프라이트를 다음 조건에 맞도록 코딩해 보세요.

- 게임이 시작되면 '이동' 변수의 값을 '10'으로 정한다.
- '축구공' 스프라이트는 '이동' 변수의 값만큼 움직인다.

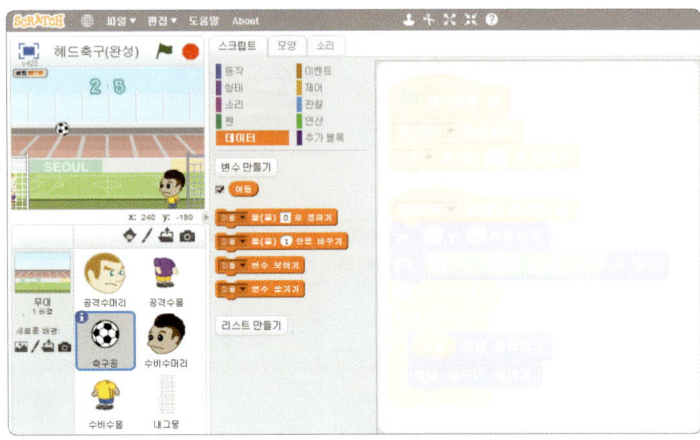

02 '축구공' 스프라이트에 [내점수올리기 ▼ (을)를 받았을 때] 스크립트를 추가한 후 다음 조건을 만족하도록 코딩해 보세요.

- 만약 '내점수' 스프라이트의 모양 번호가 '3'이면 '이동' 변수의 값을 '15'로 변경한다.

03 '축구공' 스프라이트에 [상대점수올리기 ▼ (을)를 받았을 때] 스크립트를 추가한 후 다음 조건을 만족하도록 코딩해 보세요.

- 만약 '상대점수' 스프라이트의 모양 번호가 '3'이면 '이동' 변수의 값을 '15'로 변경한다.

Memo

Memo